Standpunkt

Theorie und Praxis der Leibesübungen
Schriftenreihe der Institute für Sportwissenschaften der Universitäten
Graz–Innsbruck–Salzburg–Wien
sowie der Bundesanstalten für Leibeserziehung Graz–Linz–Innsbruck–Wien

Band 74

Hermann Andrecs

Standpunkt

**Aufsätze zu
Leibeserziehung und Schulsport
aus fünfundzwanzig Jahren**

Herausgegeben
von
Sepp Redl

ÖBV Pädagogischer Verlag, Wien

1. Auflage (1,00)

Druck: Novographic, 1232 Wien
ISBN 3-215-12033-X

Geleitwort

Hermann Andrecs lebt ein Leben mit und für die Leibeserziehung. Daß er jetzt am Ende seiner beruflichen Laufbahn angelangt ist, mag überraschen. Schon sehr früh gelangte er in jene Verantwortung für Sportunterricht und Schulwettkämpfe, die er als Abteilungsleiter und letztlich Gruppenleiter im Unterrichtsministerium wahrnahm. Für viele war er daher immer schon da.
Hermann Andrecs ist kein besonders lauter Mensch. Aber einer, den man leicht unterschätzt. Viele meinen, er sei kein besonderer Kämpfer, weil er in Auseinandersetzungen anders reagiert und agiert. Er sucht nicht so schnell den Infight - um es sportlich auszudrücken; aber er hat eine gesunde Gerade. Er versucht zu überzeugen und nicht zu überrumpeln.
Daß er daher mit dem Verhandlungsstil einer immer rauher werdenden Zeit nicht sehr glücklich geworden ist, liegt auf der Hand. Trotzdem hat er seine "Waffen", den Vortrag, die Referate und Berichte weiter genutzt, um auf die seiner Meinung nach richtigen Wege hinzuweisen.

Schon einmal hat er sich mit dem Gedanken getragen, jene Aufsätze und Reden, die auch über die Entwicklung der Leibesübungen in Österreich Zeugnis geben können, zu sammeln und zu veröffentlichen. Es war im Jahr 1980, ich selbst hatte gerade meinen Dienst in seiner Abteilung angetreten und wollte die Sammlung zum Druck befördern. Irgendwie kam es nicht dazu; es war das fehlende Geld oder der mangelnde Nachdruck, vielleicht beides. Hermann Andrecs drängt sich nicht auf und hat das Projekt offiziell nicht weiter verfolgt.
Nun sind noch einmal 15 Jahre vergangen; ein Arbeitsleben rundet sich ab. Der Anspruch der Texte von Hermann Andrecs, Entwicklungen und Veränderungen - zum Guten und zum Schlechten - aufzuzeigen, ist nicht geringer geworden.

So haben wir ihm seine Texte entwendet; sie sortiert und Themen zugeordnet.

Das war leicht: einen wesentlichen Schwerpunkt bedeutete ihm sichtlich ein Arbeitsleben lang die *Leibeserziehung* im Inland und Ausland. Hermann Andrecs war in sehr vielen Gremien tätig und hat die Errungenschaften der österreichischen Leibeserziehung in internationale Institutionen hineingetragen (etwa in den Internationalen Arbeitskreis für zeitgemäße Leibeserziehung). Nicht zuletzt, weil er auch deren Vorsitzender gewesen ist. Impulse setzte Hermann Andrecs nicht nur in den Ausbildungseinrichtungen der Universitäten und Pädagogischen Akademien, sondern auch an der "Front": in einer immer wieder gesuchten Diskussion mit den Praktikern in den Arbeitsgemeinschaften und Interessensverbänden.

Der zweite Teil betrifft den Bereich der Wettkämpfe, insbesondere der *Wettkämpfe in den Schulen*. Hermann Andrecs hat eine ganz besondere Vorstellung der pädagogischen Verantwortung im Bereich des Schulsportes (in den Bundeswettkämpfen und Schülerligen) und dieser Sicht auch im internationalen Raum (mit der Mitbegründung der Internationalen Schulsport Föderation) zum Durchbruch verholfen.

Die Schaffung des österreichischen Sportstättenplanes ist untrennbar mit Hermann Andrecs verbunden; sein Wirken im Österreichischen Institut für *Schul- und Sportstättenbau* war für beide Seiten fruchtbar. Seine Ideen haben Planung und Ausstattung von Schulsportstätten wesentlich beeinflußt und die fachlichen Ressourcen des ÖISS ergaben wirkungsvolle Richtlinien für die Schulverwaltung.

Die heimliche Liebe Hermann Andrecs seit seiner Zeit als Lehrer an verschiedenen Schulen galt dem *Skilauf*; und nur wenige wissen, daß er auch einmal an exponierter Stelle als Trainer wirkte. Die Konsolidierung des Skilaufes an den österreichischen Schulen ist mit ihm untrennbar verbunden. Und wiederum: seine langjährige Präsidentschaft im Internationalen Verband für den Skilauf an Schulen (und Hochschulen) und auch seine Unterstützung der Kommission Interterm verankerte Österreichs Vorsprung im Ausland und brachte Neues in die Schulen der Heimat.

Eine Welt, der Hermann Andrecs über seine Dienstzeit in der österreichischen Schulverwaltung hinaus verbunden bleiben wird, ist die *Olympische Idee*. Hier ist er selten kompromißlos, hier ahnt er eine reine Welt, die in Gefahr oder für die es möglicherweise zu spät ist, aber für die es sich einzusetzen lohnt.
Als Mitglied des Comités Pierre de Coubertin ist er in einem der profiliertesten Ausschüsse des Internationalen Olympischen Comités. Hier sieht er auch einen Tätigkeitsbereich in der Zukunft und eine Möglichkeit, Ideen im Sport nicht zugrunde gehen zu lassen.

Aus allen diesen Bereichen sind Texte zusammengetragen worden; sie sind nicht immer bequem und manchesmal überraschend in der Form. Nicht einmal habe ich Hermann Andrecs dabei überrascht, wenn er spät nach Dienstschluß *anderes* mit seiner altertümlichen Schreibmaschine und später (nach vieler Überredung) in den Computer tippte. Sein Interesse für die österreichische Nachkriegs- und Gegenwartsliteratur hat ihn sichtlich motiviert, sich selbst an kleinen Formen zu versuchen. Wir haben (ohne sein Einverständnis einzuholen und er möge es uns verzeihen) auch diesen Schrank geöffnet. Und ich wage zu behaupten, daß man den Menschen Hermann Andrecs nicht unmittelbarer erleben kann als in diesen Texten. Ich würde einen davon ("Der Sieger") sogar als Schlüsselerzählung zu seiner Lebensführung bezeichnen.

Aufsätze und Ansprachen aus fünundzwanzig Jahren zu sammeln ist das eine; zu glauben, daß man sie nach dieser langen Zeitspanne veröffentlichen soll, das andere. Wenn man aber berücksichtigt, daß die Leibeserziehung in der Schule in diesen Jahren vor einer entscheidenden Wende steht, dann wird der grund verständlich. Im Schulsystem von heute und morgen ist die Leibeserziehung - wenn es die Schulpartnerschaft so will - auf dem Weg in die Unverbindlichkeit. Eine Schülern, Eltern oder Lehrern falsch verstandene Autonomie kann durchaus eine Abkehr von jenen Erziehungswerten und jener "vorspringenden Fürsorge" (Häberlin) für die Gesundheit junger Menschen bedeuten, die unter Hermann Andrecs als gesichert schienen. Wir stehen damit dort, wo wir vor 25 Jahren waren.
Leidenschaftlos meine ich: mögen die Gedanken von Hermann Andrecs wenigstens zur Argumentationsfähigkeit der am Sportunterricht Interessierten am Schulstandort beitragen.

Als Herausgeber habe ich zu danken; Hermann Andrecs für die Fülle von Gedanken. Meinen Kollegen für die Beihilfe zum Diebstahl und die Unterstützung der umfangreichen Arbeiten; wir wollten Hermann Andrecs ja überraschen. Ganz besonders dankbar muß man aber Frau Eva Zacsek und Frau Elfriede Hangelmann für die unermüdlichen Schreib- und Korrekturarbeiten sein. Ohne ihre Anstrengung wäre das Vorhaben in der kurzen Zeit nicht gelungen.

Sepp Redl
Wien, im Juni 1995

Die Schuhe meines Vaters,
in die ich so sehnlich
hineinwachsen wollte,
waren, als ich aufwachte,
mir plötzlich zu klein.

Die Hände meiner Mutter,
die die meinen
so warm umschlossen,
wurden mir eines Tages
so heiß, daß ich fortging.

Wenn ich heute
für mich ganz allein bin,
denke ich oft an die Zeit,
als die Schuhe mir paßten
und die Wärme mir wohltat.

Statt eines Vorwortes

Wenn man in einer Funktion tätig ist, die immer wieder Stellungnahmen zu fachlichen Problemen erfordert, manchmal in kürzester Frist, ist man dankbar auf die gesammelten Aufsätze von Gaulhofer/Streicher zum „Natürlichen Turnen“ oder auf die Beiträge in Grolls „Idee und Gestalt der Leibeserziehung“ zurückgreifen zu können. Hier haben kompetente, die der Fachwelt der Leibeserziehung anerkannte Persönlichkeiten ihre Meinung zu verschiedenen leibeserziehlichen und schulischen Belange geäußert und somit eine gewisse Orientierung gegeben.

In der Vielfalt der pädagogischen Prozesse, der Erneuerungen und Strömungen in unserer Zeit sind Anhaltspunkte noch dringender geworden, zumal manche Tendenzen in entgegengesetzte Richtungen laufen. Einen Versuch, die Standpunkte, oder genauer meinen Standpunkt, zu einzelnen Fragen der Leibeserziehung und des Sports festzuhalten, stellt diese Sammlung von Aufsätzen dar. Es sind Beiträge, die in den Jahren zwischen 1968 bis 1994 entstanden sind.

Zei Dutzend Jahre sind ein kurzer Abschnitt. Er zeigt aber auch die rasche Entwicklung in unserem Fachbereich. Manches, was in Vorträgen vor Jahren gefordert oder als Ziel hingestellt wurde, ist in der Zwischenzeit realisiert; so etwa die Überführung der Schulversuche mit sportlichem Schwerpunkt in das Regelschulwesen, die Durchführung des Österreichischen Sportstättenplanes und ähnliche. Die seinerzeit erstmals mit dem Schwerpunkt Leibeserziehung durchgeführte Konferenz der Bezirksschulinspektoren ist nunmehr eine ständige Einrichtung und für die Zusammenarbeit zwischen Schulverwaltung und Sportverbänden gibt es einige vorbildliche Modelle.

Manches Anliegen ist aber auch über Jahre hinweg offen geblieben. Die bei den Artikeln angeführten Jahreszahlen mögen allerdings nicht nur auf die Langlebigkeit des einen oder anderen Problems hinweisen, sie sollen vielmehr das Umfeld, in dem die Beiträge entstanden sind, etwas aufhellen.

Jede Aussage verlangt einen Standort. Manche Äußerungen sind gut abgesichert, durch Untersuchungen der Institute für Sportwissenschaften belegt, manche stützen sich lediglich auf das augenblickliche Gefühl (der Verantwortung) und einige mögen durchaus utopisch erscheinen.

Aber wer in seinen Bemühungen nicht auch ein wenig Utopie, den Wunsch einer Änderung zum Besten, miteinfließen läßt, dürfte sich nicht auf den Weg der Erziehung begeben.

Hermann Andrecs

Inhaltsverzeichnis

Die Idee der Leistungsklassen und das Lehrbuch für Leibesübungen

"Es ist höchste Zeit, daß wir mit unserem Denken und mit der Erziehung der Menschen wieder von vorn anfangen - nach Grundsätzen welche dieser Zeitenwende entsprechen, die vieles umstößt, was geschehen ist, aber viel Gutes für die Zukunft bringen kann."
Coubertin

Das in der Überschrift umrissene Problem war nicht Gegenstand eines Vortrages beim Internationalen Lehrgang für Methodik der Leibesübungen in Graz, es ist aber verschiedentlich in den Diskussionen angeklungen, sodaß eine kurze Betrachtung hierüber auch in dieser Zusammenfassung gerechtfertigt erscheint.

Bei einer im Juni 1968 in Österreich durchgeführten Europaratstagung zum Thema "Der Schulbau unter Pädagogischen Aspekten" versuchten die Teilnehmer gewisse Richtlinien für den Schulbau zu erarbeiten, damit die jetzt gebauten Schulen den pädagogischen Entwicklungen auch der Zukunft entsprechen und nicht schon in 10 oder 15 Jahren völlig veraltet sind. Als Haupttendenzen im gegenwärtigen Bildungsprozeß wurden dabei angeführt:
a) die Demokratisierung der Schule
b) die Individualisierung des Lernprozesses.

Demokratisierung bedeutet, daß jedem Schüler die Möglichkeit geboten wird, eine seiner Eignung, seinen Interessen und Bedürfnissen optimaler Weise entsprechende Schulbildung zu erhalten. Unter Individualisierung des Lernprozesses versteht man, daß die Vorschriften für das Ausbildungsprogramm innerhalb der Grenzen, die durch die Forderung nach einer ausgewogenen Allgemeinbildung gesetzt sind, den Schülern eine Wahlmöglichkeit für Fächer bieten sollen, die mit ihren Fähigkeiten, Interessen und Bedürfnissen übereinstimmen.

Aufbauend auf diesen Annahmen wurde für den Schulbau die Forderung nach größtmöglicher Flexibilität gestellt, die dem Lehrer eine Arbeit in verschiedensten Situationen und Gruppengliederungen ermöglicht, und zwar unter Anwendung der neuesten Unterrichtsmittel und Methoden, die gleichzeitig aber auch spätere Änderungen im Funktionsschema der Räume zuläßt. Die Forderung nach der optimalen Entwicklung der Fähigkeiten des einzelnen wird seit Jahrzehnten von der Pädagogik gestellt, nur haben die bestehenden Schulsysteme und angewandten Unterrichtsmethoden sehr oft eine optimale Entwicklung des einzelnen verhindert. Die psychologische Erkenntnis, daß alle Erziehung im letzten Selbsterziehung ist, wurde akzeptiert, weniger oft jedoch der Weg für eine Verwirkichlung dieses Prinzips gefunden. Von der Überlegung ausgehend, daß für unser Verhalten in erster Linie das Maß von Lust und Unlust bestimmend ist, das unsere Tätigkeiten begleitet, und daß Formung und echte Bildung daher dort entsteht, wo Intensität, Interesse und Engagement vorhanden sind, müßte die Schule viel mehr von der Möglichkeit der Wahlfächer, überhaupt der Wahlmöglichkeit Gebrauch machen. Dies umsomehr, als die Schulzeit nur etwa ein Fünftel des Lebens ausmacht, und die Weiterbildung im weiteren Leben sehr stark von der Einstellung und vom Interesse des Einzelnen abhängt.

Diese Tatsache wurde auch in verschiedenen Referaten beim zweiten Internationalen Seminar für Soziologie des Sports, Mariazell, Oktober 1968, zum Thema "Sport und der junge Arbeiter" unterstrichen. So führte Kalevi Heinilä (Finnland) als Resumé seiner Untersuchung über die Arbeits- und Freizeitinteressen von finnischen Jugendlichen aus ("Werte, Sport, Jugend"): "Die Passivität und der Rückzug der älteren Jugendlichen vom Sport deuten offensichtlich gewisse Unzulänglichkeiten in den Programmen an, wie zum Beispiel, daß ihr Angebot nicht den gestellten Anforderungen entspricht, oder daß sie vielleicht in ihrem Sinngehalt den verschiedenen Interessen der Jugendlichen nicht entsprechen. Wenn diese Annahme stimmt, dann ist eine differenziertere Leibeserziehung mit Programmen und Möglichkeiten für eine weitgesteckte Teilnahme verschiedener Personen im besonderen von Jugendlichen notwendig. Pluralismus in den Angeboten und in den Programmen".

Die Forderung nach einer größeren Differenzierung im Unterricht aus Leibesübungen läßt sich aus dem Gesagten ohne weiteres ableiten. Mit der Einführung von Unverbindlichen Übungen aus Leibesübungen, den sogenannten Neigungsgruppen, in die Lehrpläne der mittleren und höheren Schulen Österreichs ist hier auch schon ein Weg beschritten worden, der zukunftsweisend ist, haben sie doch eine über den lehrplanmäßigen Unterricht im Gegenstand Leibesübungen hinausgehende allgemeine leibeserziehliche Förderung begabter und interessierter Schüler unter gleichzeitiger Betonung der Übung auf sportlichen Spezialgebieten zum Ziel. Auch organisatorisch wurde hier ein Fortschritt erzielt, da die Unverbindlichen Übungen nicht nur als Klassen-, sondern auch als Mehrklassen-, ja sogar als Mehranstaltenkurse geführt werden können. Eine weitere Erleichterung für die Erreichung des gesteckten Zieles stellt die geringere Schülerzahl in den Neigungsgruppen dar, wo für den Kursbeginn 15 und für die Fortführung 10 Schüler erforderlich sind.

Diese Unverbindlichen Übungen wurden vor ihrer endgültigen Aufnahme in den Lehrplan im Schuljahr 1966/67 zunächst einmal versuchsweise eingeführt und haben interessante Erfahrunge gezeigt: Trotz verschiedener organisatori-

scher Schwierigkeiten haben sich 147 Neigungsgruppen in ganz Österreich für diesen Versuch gemeldet. Die in den Neigungsgruppen zu höheren Leistungen geführten Schüler erwiesen sich auch im Rahmen des lehrplanmäßigen Unterrichts aus Leibesübungen als Ansporn für die Mitschüler. Die Eltern waren den Neigungsgruppen gegenüber sehr positiv eingestellt, da sie in ihnen eine sinnvolle Möglichkeit der Freizeitgestaltung für ihre Kinder sahen. Der Unterricht in den Neigungsgruppen ging durch die spezielle Zielsetzung in seinen Anforderungen durchwegs über den lehrplanmäßigen Unterricht hinaus. Durch die größere Homogenität der Gruppen konnten wesentlich bessere Erfolge erzielt werden, was bei den Schulwettkämpfen am Ende des Jahres in erheblichen Leistungssteigerungen zum Ausdruck kam.
Wir dürfen aber nicht übersehen, daß für die Leistungsgruppen bzw. Unverbindlichen Übungen sich in erster Linie jene Schüler melden, deren Interesse schon festgelegt, und die für den Sport engagiert sind.

Unsere Aufgabe ist die optimale Entwicklung aller Schüler; dies zwingt zu neuen Maßnahmen auch im Pflichtgegenstand.

Das Modell der Leistungsklassen geht von der Annahme aus, daß der Schüler stärker nach seinen Interessen, seiner Leistungsfähigkeit und seinen Bedürfnissen anzusprechen ist. Der Unterricht aus Leibesübungen sollte dabei

a) das Können der Schüler berücksichtigen,
b) den Interessen der Schüler durch ein vielfältiges Angebot entgegekommen und
c) die Anwendbarkeit der Übungszweige im späteren Leben (life time sports) im Auge behalten.

Können der Schüler

Im großen Klassenverband stellt die richtige Beurteilung der Leistungsfähigkeit des einzelnen und vor allem das Abstimmen des Übungsprogrammes oder der Belastung auf den einzelnen Schüler ein großes Problem dar. Werden an die Schüler zu hohe Forderungen gestellt, so werden nur ganz wenige der Klasse angesprochen. Die übrigen resignieren bald und machen nur noch auf Befehl oder Zwang mit. Sie vollziehen sozusagen einen "psychischen Sitzstreik". Um diese Klippe zu umgehen, richten viele Lehrer ihr Programm auf die schwächeren Schüler der Klasse aus und bleiben daher den Begabteren den erforderlichen Anreiz für ihre Entwicklung schuldig. Eine Unterforderung der Schüler ist heute viel häufiger und sie führt bei den besseren, leistungsstarken Schülern zu einer gewissen Interesselosigkeit.

Es ist aber auch zu bedenken, daß nicht alle Schüler auf allen Gebieten der Leibesübungen gleich stark und leistungsfähig sind. Einigen entsprechen die strengen Formen des Gerätturnens besonder, andere sprechen auf die meßbaren genormten Leistungen in der Leichtathletik mehr an, wieder andere aber entwikkeln ihre Fähigkeiten besonders im Spiel.

Interessen der Schüler

Dieser Tatsache der Differenzierung in den Interessen kommt das Prinzip der Vielfalt in den Leibesübungen entgegen. Die bisher üblichen Stundenbilder schenken jedoch gewissen Schwerpunkten nur einen kurzen Zeitraum in der Gesamtstunde, der für die Entfaltung der persönlcihen Fähigkeiten auf diesem Gebiet nur teilweise ausreicht. Es wäre daher zu überlegen, ob - zumindest in den obersten Klassen der Oberstufe - nicht ein Gruppenunterricht eingerichtet werden könnte, der den Schülern eine Bestätigung in jenen Leibesübungen ermöglicht, die ihrem Wesen am meisten zusagen.

Life-time-sports

Dieses Prinzip der Selbstentscheidung scheint auch für eine neue Wertung der Leibesübungen sinnvoll. Es besteht heute eine Diskrepanz zwischen den Leibesübungen, die in der Schule unterrichtet werden, und jenen, die der Erwachsene später ausübt. Auf Grund der klimatischen Verhältnisse werden etwa 70% aller Turnstunden in Österreich in den Turnhallen abgehalten und in diesen Saalturnstunden herrscht das Gerätturnen vor.
Eine Analyse, welche Sportarten im 30. Lebensjahr oder im 40. Lebensjahr zum Beispiel noch betrieben werden, wird aber sicherlich ergeben, daß das Geräteturnen als regelmäßige Leibesübung höchstens von einem oder zwei Prozent der Bevölkerung betrieben wird. Dies sollte die Pädagogen hellhörig machen, denn schließlich fordert der Lehrplan, daß die Leibesübungen den Schülern zu einer sinnvollen Freizeitgestaltung über die Schulzeit hinaus werden sollen. Nach der Schule herrschen aber andere Sportarten, wie Tennis, Kegeln, Skilauf usw. vor. In den USA werden seit vielen Jahren an den Schulen auch sogenannte "carry over sports" unterrichtet, also Sportarten, die man über die Schulzeit hinaus das ganze Leben betreiben kann. Es zeigt sich immer wieder, daß nach der Familiengründung hauptsächlich jene Sportarten gepflegt werden, die man auch im Familienverband betreiben kann. (Z.B. Tennis, Kegeln, Bogenschießen, Skilaufen, Golf etc.) Also hauptsächlich Leibesübungen, die in der Schule nicht gelehrt werden. Sportarten hingegen, die man in der Jugend nicht wenigstens im Groben erlernt, werden später nur noch selten aufgenommen (Schwimmen, Eislaufen, Radfahren bei Erwachsenen). Sollte nicht die Schule hier schon gewisse Grundbegriffe vermitteln, zum Beispiel einen Einführungskurs im Tennis anbieten? Wie dies geschehen kann, vor allem im Klassenverband ist eine andere Frage, die man vielleicht von Ländern wie Australien oder Großbritannien, die solche Versuche schon gemacht haben, beantwortet bekommt.

Findet sich also eine theoretische Begründung für die Führung von Leistungsklassen relativ leicht, so stellt die praktische Verwirklichung dieser Idee größere organisatorische Anforderungen. Überliefertes Denken bei den Schulbeamten vor allem in bezug auf die Haftung bei eventuellen Unfällen und die überlieferte Praxis (Stundenbildschema usw.) lassen Versuche im gleichzeitigen Arbeiten an mehreren Übungsstätten (Turnsaal und Spielhof), einen stärkeren Einsatz von Schülern als Übungshelfer nur schwer aufkommen. Ein Unterricht in mehreren Gruppen ist aber auf die Verwendung von Helfern angewiesen. Dabei wird Improvisation und Spontaneität im Unterricht auch eine gewisse Rolle spielen, weil der Lehrer nicht alle Gruppen gleichzeitig und im vollen Umfang betreuen kann. Gerade darin steckt aber auch eine Gefahr, weil eine gewisse Ratlosigkeit von sich selbst überlassenen oder teilweise sich selbst überlassenen Schülern auch eine negative Wirkung haben kann.

Das Problem könnte organisatorisch von 2 Seiten angefaßt werden:

a) mehrere Klassen werden im Gegenstand Leibesübungen zusammengefaßt und nicht nach dem Klassenverband sondern nach Leistungs- bzw. Interessenklassen aufgeteilt. Diese Lösung erfordert ausreichende Übungsstätten und Leibeserzieher mit besonderen Kenntnissen in gewissen Spezialsparten. Sie eignet sich gut für den Nachmittagsunterricht und wird auch im Rahmen der Unverbindlichen Übungen erfolgreich praktiziert.

b) Die Differenzierung geschieht innerhalb des Klassenverbandes. Dies ist schulorganisatorisch leicher, erfordert aber vom Lehrer eine intensivere Vorbereitung und eine stärkere Beanspruchung im Unterricht.

Zweifellos ist hier eine viel größere Mobilisierung der Schüler in bezug auf ihre Selbsttätigkeit und Selbstverantwortung erforderlich. Dies könnte aber vielleicht auch der besondere Beitrag der Leibesübungen für die Schule der Zukunft sein.
Für diese Form des Unterrichtes könnte ein Lehrbuch für Leibesübungen eine große Hilfe leisten.
Es könnte etwa beinhalten:

- Eine Sammlung von Übungsreihen, sodaß die Schüler selbst Übungen erarbeiten können
- Anleitungen zum Hilfegeben und Sichern
- Anleitungen für das leichtere Erkennen bestimmter Bewegungszusammenhänge
- Formen und Möglichkeiten der eigenen Leistungsüberprüfung (durch die Schüler selbst, oder durch Mitschüler)
- Ergänzende theoretische Abhandlungen, die das Bewegungsverständnis erleichtern und physiologische Vorgänge erklären (toter Punkt, Belastung bei Intervalltraining, etc.)
- Aber auch Lehrprogramme aufnehmen mit Zusatzaufgaben (Hausübungen), wenn die Rückkoppelung auf Fehler bzw. Schwächen hinweist.

Es könnten mit diesem Verfahren auch Grundkenntnisse von Sportsparten außerhalb des Schulbetriebes vermittelt werden, so zum Beispiel ein kurzer

Einführungskurs in das Tennisspiel, die Grundbegriffe des Segelns oder der Golftechnik.
Die hier dargelegten Anregungen erheben weder Anspruch auf Vollständigkeit noch auf systematische Ordnung. Sie sind als Anregung zu weiterer Diskussion gedacht. Wenn sie dazu beitragen, die derzeitige Form der schulischen Leibesübungen, vor allem die Art ihrer Vermittlung, eine Überprüfung auf ihrer Aktualität zuzuführen, haben sie ihren Zweck voll erfüllt.

(1968)

Zur Situation der Leibesübungen an den Pflichtschulen

Meine sehr geehrten Damen und Herren!

In den bisher gehaltenen Referaten sind verschiedene Punkte des mir gestellten Themas, nämlich der Situation der Leibesübungen an den Pflichtschulen, bereits angeklungen, ja im Vortrag von Frau Bezirksschulinspektor Regierungsrat Lanzelsdorfer sind sie sogar schon eingehend behandelt worden. Ich kann mich daher bei meinen Ausführungen kurz fassen und nur einige Fragen exemplarisch herausgreifen.

Ich bin sehr froh über diese Situation, denn dadurch wird einige Zeit des heutigen Morgenprogrammes frei für ein weiteres Referat des Leiters des schulärztlichen Dienstes im Bundesministerium für Unterricht, ein Referat zur Gesundheitserziehung. Aus den Ausführungen von Herrn Prof. Asperger gestern, und vielmehr noch aus Ihren Diskussionsbeiträgen haben wir ja schon gespürt, daß hier auch eine dringende Reform notwendig ist.

Im Jänner 1976 wurde ich zur Teilnahme an einer Fernsehdiskussion im Rahmen der Sendung "Telesport am Montag" eingeladen. Man hat mir mitgeteilt, es ginge um die Erhebung zum Österreichischen Sportstättenplan, an der ich, wie viele von Ihnen auch, mitgearbeitet hatte. Ich war daher ein wenig überrascht, als man dann in der Sendung selbst das Thema auf die Leibesübungen an den Pflichtschulen lenkte. Man hatte - ich möchte sagen in fast manipulierter Art - einige schlechte Beispiele von Übungsstätten und auch der Unterrichtsarbeit gefilmt und zu diesem Anlaß ausgestrahlt. Im Anschluß daran, an diese Filmvorschau sozusagen, hat man mich gefragt, was das Bundesministerium für Unterricht dagegen zu tun gedenke. Sehen Sie, meine Damen und Herren, damals wurde ich sehr konkret, vor allem aber sehr einseitig mit der Frage befaßt, die mich seither nicht mehr losgelassen hat. Es war eine schwierige Situation. Ich war sozusagen als Zeuge eines Falles, in diesem Fall eben der Sportstättensituation Österreichs, geladen und saß nun als Angeklagter in einer anderen Sache, nämlich "die Leibesübungen an den Pflichtschulen", vor sehr unkompetenten Richtern, und meine Verteidigung war natürlich auf diesen Fall in keiner Weise vorbereitet. Die Anklage hatte überdies sehr viele Helfer. So kamen an diesem Abend während der Sendung 54 Anrufe von Eltern ins Studio, die sich über Zustände beschwerten, von denen wir wissen, daß sie tatsächlich auch existieren. Was mir aber persönlich weh tat, war, daß sich von den vielen tausend Zeugen, die mich und uns, denn auch Sie, liebe Bezirksschulinspektoren, saßen auf der Anklagebank, die uns entlasten hätten können, nur eine einzige Stimme pro, also für unsere Sache meldete. Das Urteil dieses Prozesses fiel dementsprechend aus.

Aber in der langen Zeit der Haft haben wir inzwischen Beweise sammeln können, und so will ich nunmehr ein verspätetes Plädoyer zu halten versuchen.

Die Anklagepunkte waren damals:

1. Ein ungenügendes Stundenausmaß im Gegenstand Leibesübungen.
2. Schlechte oder fehlende Übungsstätten, und
3. Mangelhaft aus- und fortgebildete Lehrer

Hohes Gericht! Wir alle kennen die Forderung der täglichen Bewegungsstunde: Wir anerkennen ihre Berechtigung als Fernziel, aber wir wissen auch, daß die 2 bis 3 Wochenstunden, die bei uns im Stundenplan eingesetzt sind, unter Mithilfe des Elternhauses - und auf dieses wird in der Erziehung nie verzichtet werden können - ein vertretbares Ausmaß darstellen. Vor allem insoferne, als alle Landesschulräte bemüht sind, zum ehest möglichen Zeitpunkt die drei Stunden einzuhalten, die derzeit in nur zwei Landesschulbereichen eingehalten werden. Wir wollen streng darauf achten, daß keine dieser Stunden unter irgendwelchem Vorwand entfällt. Wir sind bemüht, hohes Gericht, und ich darf hier als Zeugen Herrn Hofrat Spreitzer nennen, auch an den Pflichtschulen generell die unverbindlichen Übungen aus Leibesübungen einzuführen. Diese, auch unter dem Namen "Neigungsgruppen" bekannte Lehrveranstaltung, öffnet den Weg zu einer Spezialisierung in bestimmter Richtung. Sie öffnet aber auch den Weg zu einer intensiveren Gruppenarbeit und führt sicher auch zu einer sportlichen Weiterbetätigung über die Schulzeit hinaus. Denn das Engagement des Schülers, die Selbsttägigkeit, der eigene Beitrag, schon in der Schule ein von ihm bevorzugtes Sportgebiet, ein Leibesübungsgebiet wählen zu dürfen, ist ein nicht unwesentliches Problem. Über diese lehrplanmäßigen Stunden hinaus haben im Schuljahr 1968/69 mehr als 40.000 Pflichtschüler ein einwöchigen Schulskikursen teilgenommen. Das ist ein gutes Beispiel einer schulischen Förderung für die sogenannten "Lifetime sports", wie sie in der gesamten fortschrittlichen Welt heute propagiert werden. Sportarten, die über die Schulzeit hinaus bis ins hohe Alter und unabhängig von einer Vereinszugehörigkeit ausgeübt werden können.

Man hat uns vorgeworfen, daß immer noch 250 bis 300 Leute in Österreich jährlich den Ertrinkungstod finden.

Hohes Gericht!
Auch hier sind Bemühungen im Gange. An den allgemeinbildenden höheren Schulen werden derzeit versuchsweise Schulschwimmwochen durchgeführt und es ist unsere Absicht, diese auch auf die Pflichtschulen auszudehnen, damit jeder österreichische Schulabgänger auch ein Schwimmer ist.

Wir haben auch von der Möglichkeit der Führung von Schulversuchen auf leibeserziehlich-sportlichem Gebiet Gebrauch gemacht. Neben den bereits seit zwei Jahren laufenden Schulversuchen am Bundesrealgymnasium in Eisenstadt, am Musisch-pädagogischen Realgymnasium in Wr. Neustadt sind auf dem Gebiet der höheren Schule auch das Skigymnasium in Stams und nunmehr seit diesem Schuljahr an der Bundeserziehungsanstalt Saalfelden und am Bundesgymnasium für Mädchen in Wr. Neustadt derartige Schulversuche eingerichtet. Es gibt aber auch spezielle Schulversuche mit sportlichem Schwerpunkt, in diesem Fall mit skisportlichem Schwerpunkt, an den Hauptschulen. So seit zwei Jahren an der Hauptschule in St. Johann im Pongau, an der Hauptschule in Windischgarsten, in Dornbirn, in Schladming - es ist nicht ganz sicher, ob dieser im laufenden Schuljahr durchgeführt wird - und in den nächsten Tagen wird auch die Durchführung eines derartigen Schulversuches an der Hauptschule in Lilienfeld diskutiert und vorbereitet.

Hohes Gericht!
Der 2. Punkt der Anklageschrift ist schwerer zu entkräften. Die Erhebung zum Österreichischen Sportstättenplan, die mit Stichtag 1.10.1966 durchgeführt wurde, hat ergeben, daß von den 3.890 Gemeinden in Österreich 1.419 mit insgesamt 600.000 Einwohnern keinerlei Freianlagen, also auch keinen kleinen Spielplatz bei der Schule aufweisen. Von den 3.890 Gemeinden verfügen 3.187 mit insgesamt 2,5 Millionen Einwohnern über keinerlei Schwimmeinrichtungen und von den 3.890 Gemeinden verfügen noch 3.015 mit insgesamt 2 Millionen Einwohnern über keinerlei Turnsäle oder Turnzimmer. Das heißt mit anderen Worten, daß von den rund 4.000 Volksschulen in Österreich 3.000 über keine gedeckte Turnmöglichkeit, also Turnsaal oder Turnzimmer, und etwa 1.000 nicht einmal über den kleinsten Spielplatz verfügen. Was das Fehlen einer nicht gedeckten Turnmöglichkeit bei unseren klimatischen Bedingungen für die Durchführung eines regelmäßigen Unterrichts aus Leibesübungen bedeutet, wissen Sie selbst allzu gut.

Der Bau von Übungsanlagen ist vor allem für die mittleren und kleineren Gemeinden ein sehr schwieriges Problem. Ich muß sagen, von diesen 4.000 Volksschulen in Österreich entfallen rund 1.500 auf ein- und zweiklassige Schulen. Und wenn man jetzt bei optimaler Ausnutzung, also bei den drei Wochenstunden, die Wochenfrequenz einsetzt, so fällt für eine zweiklassige Volksschule ein Wochenstundenausmaß von sechs Stunden für den Turnsaal an. Das gibt eine sehr schlechte Rentabilität. Der Bau eines Turnzimmers oder Turnsaales kommt also in diesem kleinen Gemeinden nur dann zustande, wenn die Gemeindeväter von der Notwendigkeit der Schaffung solcher Anlagen überzeugt werden können. Die meisten kleinen Gemeinden sind finanziell schwerstens belastet und versuchen daher dort zu sparen, wo sie glauben, am ehesten Abstriche machen zu können.
Wir fordern daher die Lehrer immer wieder auf, sich für die Errichtung von Übungsstätten entsprechend einzusetzen und die Vertreter der Parteien, die ja meist Eltern sind, davon zu überzeugen, daß die Mittel, die für Zwecke der Leibeserziehung eingesetzt werden, gute Investitionen sind, die sich auf lange Sicht sicher amortisieren werden.

Es sind aber auf diesem Gebiet seit der Erhebung zum Österreichischen Sportstättenplan erfreuliche Veränderungen im Gange.
Noch nie wurde für den Übungsstättenbau so viel getan, wie in den letzten paar Jahren. Ich darf dazu sagen, daß allein im Bundesland Salzburg acht Lehrschwimmbecken bei Hauptschulen in Planung und in Bau sind. Das ist eine kolossale Leistung eines Bundeslandes.
Ich war vor einigen Wochen in einem Bezirk im Burgenland und habe dort feststellen können, daß an jeder Hauptschule gute Turnmöglichkeiten, also Turnsaal und Übungsstätten im Freien, vorhanden sind. Wir wissen das auch von verschiedenen anderen Bundesländern.

Man beginnt an sich schon bei jenen kleinen Schulen, wo die Errichtung eines Turnsaales oder eines Turnzimmers auf finanziellen Gründen nur sehr schwer zu vertreten ist, Turngärten zu errichten oder kleine Wiesen oder Hartspielplätze. Ich denke da vor allem an die große Entwicklung, die in den letzten Jahren auf dem Gebiet der Allwetterbeläge gemacht wurde - die früheren Tennenbeläge konnten nur wenige Wochen im Schuljahr benützt werden, die Hartplätze, wie Sie ja bei der Hochsprunganlage hier in Schielleiten gesehen haben, ist praktisch ganzjährig benützbar, wenn die Schüler Trainingsanzüge haben und die Außentemperaturen nicht allzu tief sind. Wir wollen aber, und wir sollen vor allem auch auf die Schüler viel stärker einwirken zur Pflege und Sauberhaltung der Schulturnanlagen. Das ist eine erzieherische Funktion, die nicht außer Acht gelassen werden sollte. Ein Rasen, wie wir ihn hier draußen haben, ist ein wunderbares Turngerät, aber er kann nur dann erhalten werden, wenn man ihn wirklich Woche für Woche wenigstens einmal mäht, und wenn das jetzt ein kleiner Rasenfleck ist, genügt eine billige Handmähmaschine, wo sich 5 oder 6 Schüler im Wechsel betätigen, und der Rasen ist dann zu halten. Natürlich muß man ihn in den sehr heißen Sommermonaten auch irgendwie berieseln.
Ich habe Ihnen hier einige Broschüren zur freien Entnahme aufgelegt, vor allem für diejenigen, die das Mitteilungsheft des Österreichischen Institutes für Schul- und Sportstättenbau noch nicht bekommen haben. Sie können es kostenlos über das Österreichische Institut für Schul- und Sportstättenbau beziehen. Es enthält viele Anregungen und es soll Sie vor allem darauf aufmerksam machen, daß hier eine Institution geschaffen wurde, von Stellen des Bundes in Zusammenarbeit jetzt auch mit allen Bundesländern, die bereit ist, kostenlose Beratungen durchzuführen, damit Fehlplanungen auf dem Gebiet des Sport- und des Schulbaues vermieden werden.

Hohes Gericht, ich darf nun auch auf den 3. Punkt eingehen:
Die mangelnde Aus- und die mangelnde Fortbildung der Lehrer auf dem Pflichtschulsektor. Dieser Vorwurf trifft uns umso härter, als wir wissen, daß die Leibesübungen der 6- bis 10-jährigen heute eine ganz andere Einschätzung erfahren als etwa vor 50 Jahren. Heute geht man in der Schweiz, in Holland, in Deutschland daran - von den Oststaaten will ich gar nicht reden - für die 3. und 4. Klasse der Volksschulen bereits den Fachlehrer zu fordern, weil man glaubt,

mit dem Klassenlehrer, mit dem als Klassenlehrer Ausgebildeten im Fach Leibesübungen nicht mehr die erforderlichen Schwerpunkte setzen zu können. Nun, es wird ja heute noch das Problem von Herrn Hofrat Spreitzer über die spätere Ausbildung zum Schwerpunktfach besprochen werden.

Die Bedeutung der Leibesübungen für diese Altersstufe wurde besonders beim IV. Internationalen Kongreß für zeitgemäße Leibeserziehung 1966 in Hamburg herausgearbeitet, der auf diese Thematik abgestimmt war. Sie findet aber auch in der Literatur vielfach ihren Niederschlag, etwa in der Formulierung von Frau Seybold, die von der "ungenutzten Unterstufe" spricht. Wir wissen, von Untersuchungen auf dem Gebiet der Kybernetik, daß verschiedene motorische Verhaltensmuster in ihrer Grobform im Alter von 8 bis 10 Jahren am leichtesten erlernt werden; jene komplizierten Steuerungsvorgänge im sensomotorischen Bereich, die einmal festgelegt, oder man könnte auch sagen einmal gefunden, nie wieder verlorgen gehen. Denken Sie nur an das Radfahren, vielleicht auch an das Schwimmen oder Eislaufen.

Eine sehr interessante Versuchsreihe hat der berühmte Rudertrainer Karl Adam in Ratzeburg gestartet, wo er 8 10-jährige Jungen in Renngig gesetzt hat, in welchem die Balance unheimlich schwer zu halten ist. Wenn jemand mit 16 oder 18 Jahren das Rudertraining beginnt, rauft er monatelang nur mit diesem Balancehalten. Diese Schüler im Alter von 8 oder 10 Jahren haben innerhalb von vier Stunden dieses Balancegefühl so gefestigt, daß es nie wieder verlorengeht. Das sagt noch lange nicht, daß man jetzt mit diesen 8- und 10-jährigen ein Rudertraining beginnen muß. Aber so machen dieser Buben und Mädchen diese spielerischen Übungen im richtigen Alter und wenn sie dann nach 6 Jahren mit dem Rudertraining beginnen, können sie auf einem viel höheren Ausgangspunkt ansetzen.

Ja, Herr Gerichtsrat, die wichtigsten Voraussetzungen sind gute Lehrer. Die Wirkung und die Durchführung des Unterrichtes aus Leibesübungen steht und fällt mit dem Lehrer, mit dem Leibeserzieher. Von seiner Ausbildung und seinem Können und seinem Einsatz hängt der Erfolg in der Schule und in vielen Fällen auch in den Sportvereinen ab. Wir wissen, daß die heutige Ausbildung an den Pädagogischen Akademien und Universitäten in erster Linie eine Berufsvorbildung ist und nicht eine Ausbildung selbst. Für die Ausbildung ist eine ständige Weiterbeschäftigung, Weiterentwicklung notwendig. Kein moderner Betrieb könnte es sich leisten, heute mit Methoden von gestern konkurrenzfähig zu bleiben. Bei uns werden seit vielleicht zwei Jahren jährlich rund 2.000 Volksschullehrer in Fortbildungskursen für Leibeserziehung erfaßt. Bis vor zwei Jahren waren es rund 1.000. Das heißt, ein Lehrer hat die Chance, rund einmal in zwanzig Jahren zu einem Fortbildungskurs auf leibeserziehlichem Gebiet zu kommen, soweit nicht die Teilnehmer viele Jahre hintereinander diesselben sind. Und dazu sind wir noch stolz, daß wir auf leibeserziehlichem Gebiet besonders aktiv sind. Dieses Manko der Lehrerfortbildung, einer permanenten Weiterbildung, kann nur in Zuammenarbeit aller Institutionen, der Pädagogischen Institute, der Landesschulbehörden, der Bundesanstalten für Leibeserziehung und der Bezirksschulräte behoben werden.

Darum sind diesbezüglich drei Maßnahmen geplant:

1. Wird im nächsten Jahre ein Lehrbehelf für Leibesübungen für das Alter der 6 bis 12-jährigen herauskommen, der alle Übungsgebiete erfaßt, und dem Lehrer eine wertvolle Hilfe zur eigenen Weiterbildung bringen wird.
2. Streben wir eine Intensivierung der Lehrerfortbildung auch an den Bundesanstalten für Leibeserziehung in Graz und Innsbruck an. Wir haben derzeit diese, die Abteilung Lehrerfortbildung, nur in Wien mit Professor Schmidt hauptamtlich besetzt.
3. Versuchen wir, eine Vermehrung der Dienstposten der Fachinspektoren für Leibeserziehung, damit in jedem Bundesland eine echte Kontaktstelle zwischen Landesschulräten, Bezirksschulräten und Leibeserziehern hergestellt ist. Die Fachinspektoren sind mit der Beratung der Pflichtschullehrerschaft in Angelegenheiten der Leibeserziehung betraut. In einigen Landesschulbereichen ist die Zusammenarbeit zwischen Landesschulrat und Bezirksschulrat und den Fachinspektoren eine hervorragende. Sowohl auf dem Gebiet der Lehrerfortbildung, der Arbeitsgemeinschaften und der Wettkämpfe. In einigen Bereichen ist in dieser Richtung noch viel zu tun. Am besten wäre hier eine Annäherung von beiden Seiten, und wir haben diese Veranstaltung auch in diesem Sinne geplant, daß diese Kontaktnahme vor sich geht.

Hohes Gericht!
Wir kennen in dieser Angelegenheit kein Prestigedenken, keinen Standesdünkel, keinen Brotneid; wir wissen, daß der Acker, den wir zu bepflügen haben, so groß ist, daß er genug Arbeit für uns alle läßt, und auch sein Ertrag für uns alle reicht. Es geht uns allen nicht um unsere Person, sondern um eine Verbesserung der schulischen Möglichkeiten und Voraussetzungen.

Hohes Gericht, wir haben vor den Augen und Ohren aller ORF-Konsumenten unsere Argumente dargelegt.
Wir haben unser redliches Bemühen kundgetan und wir erlauben uns als mildernden Umstand anzuführen, daß die österreichische Leibeserziehung in weiten Teilen Westeuropas sowie in Süd- und Nordamerika in ihren ideelen Grundzügen als vorbildlich hingestellt wird. Wir erlauben uns aber auch, als weiteren mildernden Umstand anzuführen, daß im Oktober 1969, 100 Jahre nach dem Entstehen des Reichsvolksschulgesetzes, in Schielleiten alle mit der Verantwortung für die Leibesübungen an den Pflichtschulen betrauten Aufsichtsorgane sich zu einer gemeinsamen Tagung auf diesem Gebiete zusammengefunden haben.

In Anbetracht dieser Umstände bitten wir, 2 Jahre und 10 Monate nach dem Schuldspruch um eine Revision des Urteiles.

(Vortrag anläßlich der Tagung der Bezirksschulinspektoren 1969)

Zur Deutung des modernen Sports

Jede Kultur kann als eine Art Organismus angesehen werden, in welcher das Geschehen nach einer bestimmten Rahmengesetzlichkeit verläuft. Es gehört zur Struktur des Organismus, für seine eigene Erhaltung, seine Festigkeit und seinen Fortbestand zu sorgen.

Eine gesunde Kultur wird dhaer keine Extremerscheinungen zulassen; ein inneres Gleichgewicht (sphärische Harmonie) zeichnet sich aus. Tauchen Extremformen auf, kommt es von sich aus zu entgegengesetzten Tendenzen bis die Mitte wieder hergestellt ist. Die Entwicklung verläuft sozusagen in Form von Tendenzen, Gegentendenz, Rückkehr zur Balance. Es wird, bildlich gesprochen, immer die Kugelgestalt angestrebt (daher: sphärische Harmonie), die bei kleinster Oberfläche den Inhalt faßt. Sie stellt die günstigste Kraftverteilung dar, die Entfernungen der Grenzpunkte haben überall gleiche Abstände zur Mitte. Die Kugel ist die vollendetste Form; sie ist ökonomisch. Und in der Natur scheint das Gesetz der Ökonomie von großer Bedeutung zu sein.

Solange nun ein Organismus funktioniert, intakt ist, werden aus ihm selbst heraus Kräfte wirksam, die eine gestörte Balance in seinem System ausgleichen. Ähnlich wie ein krankes Rind - einem inneren Gesetz folgend - nach Gräsern sucht, die seine Heilung bewirken, gibt es auch in einem größeren Organismus Tendenzen, welche nach Ausgleich und erneuter Festigung des Systems suchen, wenn irgendwelche Einflüsse seine Geschlossenheit gefährden. Man spricht hier von einer Sebststeuerung des Organismus.

So könnte man die Entstehung des modernen Sports als einen Selbststeuerungsprozeß der Kultur ansehen. Im Zeitpunkt der Entstehung des modernen Sports nämlich begann die innere Harmonie der damaligen Gesellschaft ins Wanken zu geraten. Die Industrialisierung hatte eine Verschiebung der Akzente mit sich gebracht, die den Menschen aus seiner ursprünglich herrschenden Rolle in die des Dienenden (der Maschine dienenden) verwies. Die Störung wirkte sich vor allem auf drei Gebiete aus (nach H. Plessner):

a) die Anonymisierung der Massen,
b) die einseitige Beanspruchung des Organismus,
c) den Zerfall der Arbeitsgemeinschaft (vorher vielfach zugleich Familiengemeinschaft)

Alle drei Extremwirkungen mußten ein Ausschlagen ins Gegenteil, eine Reaktion des gesunden Organismus (der Gesellschaft) bewirken. Wäre unsere Zivilisation, die abendländische Kultur, vollkommen intakt gewesen, hätte eine

Gegenreaktion einen neuerlichen Zustand der Ballance herbeigeführt und den Fortbestand der ursprünglichen Gemeinschaft gesichert. Zweifellos waren jedoch die jungen Einflüsse (Industrialisierung und Kommerzialisierung) zu übermächtig und stark, die begonnene Entwicklung unaufhaltsam und ein Niedergang der bisherigen Lebensform unvermeidlich. Im wirklichen Bereich der Arbeitswelt war eine entgegengesetzte, ausgleichende Entwicklung (Rückkehr zum Familienbetrieb, zum Handwerk, zur Bauernwirtschaft, zur Lebensform des Dorfes) wohl denkbar, aber doch nicht gelungen. So vollzog sich, als Ventil gleichsam, dieser Prozeß nur noch in der außerwirklichen Atmosphäre des Spiels. Eine neue Darstellungsform der frustrierten menschlichen Gesellschaft bildete sich im modernen Sport aus. Er erlaubte durch seine Einfachheit die Beteiligung aller, durch seinen imaginären Aktionsraum den erneuten Zusammenschluß (wenn auch nur vorübergehend) der sonst durch die Maschinen, Fabriken, Städte bereits Vereinsamten und Getrennten und er ermöglichte eine allseitige den ganzen Menschen umfassende Bestätigung.

Man dürfte eigentlich nicht sagen "nur noch" im außerwirklichen Bereich des Sportes oder Spiels. Das Spiel ist selbst ein bedeutender Faktor der Kultur, ist eine Kulturleistung. Also könnte man die Entstehung des Sportes als eine gesunde Reaktion eines von Krankheit bedrohten Organismus ansehen, solange zumindest, als der Sport Spiel blieb und in seiner außerwirklichen Atmosphäre verharrte. Solange also, als das Gefühl des Völlig-verschieden-Seins von der Arbeitswelt im Sportler bzw. Menschen noch vorhanden war.

Bedauerlicher wird freilich die Diagnose, wenn man die Entwicklung des modernen Sports weiterverfolgt und dabei Schritt für Schritt miterlebt, wie er von seinem übermächtig großen Gegenspieler, der Arbeit, verschlungen wird. Die Einfachheit geht verloren, das Regelwerk verkompliziert sich und macht die Beteiligung aller nur scheinbar möglich. Die Leistungen werden in die Höhe geschraubt, das Training wird Arbeit, unter dem unerbittlichen Gesetz von maximalem Einsatz und maximaler Leistung wird "das Pensum" abgeleistet, der Professionalismus nimmt zu und der Einfluß von Handel und Wirtschaft bestimmt den Ablauf der Veranstaltungen. Die Arbeit bemächtigt sich also auch der Spielsphäre, läßt auch dort ihre Gesetze walten und zerstört die in den Sport geflüchtete Gemeinschaft auch da. Der Sport als echtes Kind der Zivilisation macht also (schon erbbedingt) die Entwicklung der Eltern genauso durch, nur eben etwas später. Wie ein pubertierender Jüngling hat er sich zuerst kompromißlos gegen die korruptiven Einflüsse des Alters aufgelehnt, ist aber schließlich im Verlauf seine eigenen Älterwerdens in die unersehnten Fußstapfen der Eltern geraten, und zwar je heftiger dies zu vermeiden versucht wurde, umso schneller (Das Gesetz, der das Gegenteil bewirkenden Anstrengung, scheint auch hier Gültigkeit zu haben).

An diesem Tatbestand rütteln übrigens auch nicht die vielen ehrlichen und standhaften Sportler unserer Zeit, die sich vor negativen Einflüssen verschließend in idealistischer Weise dieser Lebensform hingeben. Sie sind sozusagen die Romantiker dieser Richtung, die in würdiger Haltung einer vergangenen Ära nachtrauern oder nacheifern, sie durch ihr Vorbild wiederherzustellen versuchen, oder zumindest das Vorhandensein anderer Tendenzen - wenn man unbewußt - verleugnen wollen.

So wird der Sport letzthin zum Barometer einer niedergehenden Kultur. Sein Einsetzen zeigt den Verfall der ursprünglichen Gesellschaftsform an, die sich in ihm noch ein letztes Ventil schafft; er wird zu Selbstdarstellung der Gemeinschaft in einer Ersatzwelt. Aber gerade dieses Bild der Ersatzwelt offenbart noch die harmonisierenden Kräfte, die stets die glücklichste Form unter gegebenen Umständen anstreben.

Sein Verfall würde bedeuten, daß die Gemeinschaft nun auch in dieser Scheinwelt des Spieles ihre bindende Kraft und damit eine letzte positive Form der Selbstdarstellung eingebüßt hat und der allgemeine Niedergang der Kultur durch nichts mehr aufzuhalten ist.

Es wäre jedoch auch denkbar, daß der Sport deshalb seine bindende Kraft verloren hat, weil der Mensch sich in der umorganisierten Zivilisationswelt nun wieder vollmenschlich zurechtfindet, in ihr ganz engagiert ist und dieser Ersatzwelt nicht mehr bedarf. Der Sport hätte dann seine Schuldigkeit getan, er könnte gehen. Er hätte den Menschen geholfen, ihrer schwere Krise glücklich zu meistern. Dem Sport eine solche Funktion zusprechen zu dürfen, bleibt ein Wunsch auf's innigste zu wünschen!

(Aus: Signale der Zeit Festschrift zum 70. Geburtstag von Prof.Dr. Josef Recla. Hrsg. von THALLER Franz und RECLA Heinz. Schorndorf 1975, 25-27).

Die Bedeutung von Sport und Spiel für den berufstätigen jungen Menschen

In unseren Bemühungen um die Verankerung des Pflichtgegenstandes Leibesübungen an den Berufsschulen soll dieses Referat die Notwendigkeit einer derartigen Maßnahme begründen helfen.

Ich habe dabei die Bezeichnung "Sport und Spiel" bewußt gewählt, um den weiten Bereich vom spontanen Sporttreiben einer zufällig zusammenkommenden Gruppe, über die vereinsmäßig organisierten oder von den Schulgemeinden aufgezogenen Turniere zu den Leibesübungen im Unterricht anzudeuten. Im Bereich des Sports sind viele Ansatzpunkte gegeben, jeweils beeinflußt von der Initiative des einzelnen, von den Angeboten der Umgebung, von der Motivation im Betrieb oder den Tendenzen in der Jugendgruppe.

In der Schule sind wir durch die vorgegebenen Strukturen auf engere, gesetzliche oder erlaßmäßige Regelungen beschränkt.

Für beide Bereiche stellt sich aber die Frage:

- Was kann Sport für den jungen Menschen überhaupt bringen
- und im spezifischen Bereich, welche Möglichkeiten der Entfaltung oder des Ausgleichs bietet er speziell für den berufstätigen jungen Menschen, den Lehrling.

Wenn man die geschichtliche Entwicklung des modernen Sports verfolgt, muß man sich eigentlich wundern, daß in der Berufsschule, einer Schule mit schon im Beruf stehenden jungen Menschen, die Leibesübungen nicht schon lange verankert sind. Denn trotz seiner Entstehung in adeligen Kreisen hat der moderne Sport seine echte Verbreitung durch die arbeitenden Menschen des späten 19. Jahrhunderts gefunden.

Ich darf mir einen kurzen Rückblick in die Geschichte erlauben: Um 1750 entstehen in England die sogenannten "patronised sports". Angeheuerte Leute veranstalteten Schaukämpfe, an denen sich der Adel unterhielt und vergnügte. Sehr bald jedoch versuchten die zunächst nur als Zuschauer angesprochenen Adeligen sich selbst in den Spielen und Wettkämpfen und sie fanden selbst Gefallen an einem derartigen Tun. So entstand der "gentlemensport". Von dort, das heißt über die Söhne der Adeligen, ist die Betätigung auch in die Schulen eingedrungen, natürlich nur als Freizeitbeschäftigung, als Spaß. In den großen Privatschulen, den public schools, die ja mit Internat verbunden waren, hat man diese Freizeitbeschäftigung aber sehr rasch als ein ausgezeichnetes Ventil erkannt und daher gefördert. Bis in das 18. Jahrhundert hinein behielt der englische Sport seinen privaten Charakter. Seine Entstehung in den Nobelkreisen ist wohl verantwortlich dafür, daß der Engländer seit jeher mit dem Sport sehr stark das Gentleman-Ideal verband. Dann plötzlich bemächtigt sich der Sport auch der arbeitenden Klasse, er wird enorm populär, weil er einem besonderen Bedürfnis dieser Bevölkerungsschichte entgegenkommt. Es ist kein Zufall, daß diese Entwicklung mit der "industrial revolution" zusammenfällt, mit jener Zeit, in die die Industrialisierung, die Mechanisierung und das Einsetzen des Fließbandes fällt. Der deutsche Soziologe Helmut Plessner hat versucht, für die Entstehung des modernen Sports einige Motive zu finden, und er führt als solche an:

1. Das gestörte Körpergefühl
Die geänderten Arbeitsbedingungen durch Industrialisierung, Fließband und Automation beanspruchen den Menschen einseitig. Er wird körperlich nicht mehr voll gefordert und ausgelastet. Hier bietet sich der Sport als Ausgleich und Ventil an.

2. Der Widerstand gegen die Anonymität des Einzelnen in der Masse
Der moderne Arbeitsprozeß bietet keine selbstschöpferische Tätigkeit mehr. Der Mensch an der Maschine erfüllt nur Teilfunktionen in einem unüberschaubaren Ganzen. Diese Arbeit befriedigt nicht. Im Sport hingegen gibt es viele Möglichkeiten der Eigenrealisation. Und noch etwas ist wichtig: im Sport kann man auch bei mittelmäßiger Begabung bald aus der Masse hervortreten. Der Weg zum Ruhm ist, gemessen an anderen Bestätigungen, im Sport kurz.

3. Der Widerstand gegen die Entfremdung aller für alle durch die Intellektualisierung
Für die Masse etwas bedeuten, so daß jeder es sehen kann, kann ich nur dort, wo alle es verstehen können. Im Sport sind die Regeln einfach. Man vergleiche nur ein Fußballspiel mit einer modernen Kunstausstellung. In einem Gespräch über ein Länderspiel kann jeder mitreden. Jeder ist ein Stratege, jeder wird vollgenommen.
Plessner sieht also im Sport eine Ausgleichsreaktioin, eine Antwort auf unzureichende Erlebnismöglichkeiten in einer immer humaneren moderneren Arbeitswelt. Denn der Sport bietet eine Möglichkeit - in der irrealen Welt des Spiels zumindest -, in die ich frei ein- und aussteigen kann, mir einen eigenen Bereich zu schaffen. Und von dieser Funktion hat der Sport nichts eingebüßt.
Eine Reihe von Untersuchungen des Institutes für Leibeserziehung Wien über die Situation des Betriebssports in Österreich, über die Einstellung zum Sport und das Freizeitverhalten stellt klar heraus, daß gerade bei den Lehrlingen der Sport in den Freizeitinteressen stark dominiert (obwohl nur etwa 40% angeben, einen Sport auch aktiv auszuüben).
Es muß aber auch überraschen, daß in unserem Land, wo bereits im Jahre 1869 im Reichsvolksschulgesetz der Turnunterricht verpflichtend für die Volks- und

Bürgerschule vorgesehen wurde (bei den Gymnasien war dies bereits 20 Jahre vorher der Fall), in einem Land ferner, das insbesondere nach dem 1. Weltkrieg viele Impulse für eine Neugestaltung der Leibeserziehung gesetzt hat, die über die Grenzen Österreichs hinaus bekannt und nachgeahmt wurden, daß in diesem Land bis heute in einem großen Schulbereich die Leibesübungen nicht verankert sind. Mehr als 170 000 Jugendlichen wird so das Recht auf eine harmonische Ausbildung, die in gleicher Weise die geistige Entwicklung, die berufliche Ausbildung und die musisch-körperliche Bildung berücksichtigen sollte, vorenthalten. Zweifellos hängt dies mit der besonderen Organisationsform dieser Schulen zusammen, die nur kurzfristig und teilweise Schulen sind, zum Großteil aber durch ein Arbeitsverhältnis ersetzt werden.
Sie sind jedenfalls zu wenig Schulen, um alle Aufgaben, die eine Schule sonst erfüllen kann, zu übernehmen. Ein Tag pro Woche, oder acht bis zehn Wochen pro Jahr sind für das Wachsen einer Klassengemeinschaft zu große Intervalle, zu starke Hypotheken. Ich möchte das Schulsystem damit nicht kritisieren, es hat auch viele Vorteile und es ist sicher auch bei unserer Struktur der Wirtschaft das beste. Aber ich möchte auf die Schwierigkeiten hinweisen, dic sich daraus für manche Fächer ergeben. Und ich möchte auch auf die Schwierigkeiten eingehen, die für manchen Jugendlichen aus dieser Situation resultieren.
Bei einem Teil ist der Beginn der Lehrzeit mit dem Ausscheiden aus dem Familienverband gleichzusetzen; mit Übersiedlung in ein Internat, in einen neuen Wohnort, oder mit Pendlertum. Die Schüler stecken in dieser Zeit meist noch in der Pubertät, sind unsicher, haben persönliche Schwierigkeiten, die durch den Neubeginn in einem meist ganz ungewohnten Metier nicht erleichtert werden.

Ich möchte die Situation nicht dramatisieren und sagen, daß der durchschnittliche Lehrling zu Beginn seiner Lehrzeit eher frustriert ist; aber wer den Umgang mit diesen Burschen und Mädchen etwa vom Sportverein her gewohnt ist, weiß, wie problembeladen sie oft auf den Sportplatz kommen, wie isoliert und unverstanden sie sich oft fühlen, wie affektgeladen durch unbewältigte Konflikte sie manchmal sind und wie sehr sie danach verlangen, in ihrer Persönlichkeit, in ihrem Wollen doch erkannt zu werden.. Diese Jugendlichen verkraften viel, sie werden rascher erwachsen durch die Berufsrealität wie ihre Kollegen, die noch voll die Schulbank drücken; aber sie haben auch weniger Freiheit und Freizeit - vielleicht auch ein bißchen weniger an ungebundener Jugend.
Wie kann nun der Sport in dieses Aktionsfeld eingeordnet werden, oder anders: Welche Möglichkeiten liegen im Bereich von Leibesübungen und Sport, insbesondere in der Berufsschule und im Internat.

Die vielfältigen Beiträge (= Ziele) lassen sich auf drei Bereiche reduzieren.
a) die optimale Entfaltung der psychosomatischen Anlagen
b) die Schaffung richtiger Sozialbezüge
c) und im kognitiven Bereich auf die Vermittlung von Kenntnissen, von Einsichten und Haltungen im Bereich des Sports und der Gesundheitserziehung.

1. Optimale Entfaltung

Das erstgenannte Ziel würde im Lehrplantext etwa lauten: "Setzen eines hohen Maßes an Entwicklungsreizen" oder in modernen Terminologie "Entfalten der motorischen Eigenschaften und vielseitiger Fertigkeiten". Worum geht es dabei? Die Leibesübungen sind ein Mittel zur persönlichen Entwicklung, zunächst im motorischen Bereich, das heißt für die Verbesserung der Bewegungsdimensionen. Es gibt aber heute keine Dualität mehr zwischen Körper und Geist.

Wir brauchen für unser Wachstum, unseren Fortschritt Entwicklungsreife (challenge and response). Wachstum vollzieht sich in einem System von richtig dosierten Belastungen und entsprechenden Antworten darauf. Wo diese Belastungsreize fehlen, kommt es zur Verkümmerung (Gipsverband). Dies setzt natürlich nicht erst im Jugendalter ein. Von Geburt an ist diese Wechselwirkung gegeben. Das Kleinkind begreift, erfaßt die Umwelt. Und welche Horizonterweiterung ergibt sich durch das Aufrichten des Körpers, welche neue Formen der Umwelteroberung durch das Gehen, das Laufen. In einer breiten Skala von Entwicklungsreizen bieten sich Erfolgserlebnisse, Ich-Stärkung an, und es werden unendlich viele Bewegungsmuster erprobt und dabei die eigene Körperlichkeit kennengelernt.

Die Bewegung ist eine Urdimension unseres Daseins, die wir für die Lebensbewältigung und auch für die innere Balance brauchen. Der Organismus ist eine psychophysische Einheit. Bewegungsübungen bewirken nicht nur funktionell-motorische sondern gesamtpersönliche Entwicklungsreize beim Menschen. Damit bekommt aber die Motorik eine zentrale Bedeutung für die Erziehung. Man hat heute insbesondere auch erkannt, welch große Hilfeleistung in der Therapie bei gehirngeschädigten Kindern die Bewegungserziehung leisten kann. Die Forschung in den Sportwissenschaften hat in den letzten Jahren eine Fülle von Ergebnissen geliefert. Wesentliche Denkanstöße sind uns dabei aus zwei Extrembereichen gekommen:

Dem Hochleistungssport (durch das Ausloten der letzten Grenzen) und aus der Rehabilitation. (Ausfallerscheinungen machen die Funktion der Bewegung besonderes deutlich.) Es gibt heute starke Bemühungen hinsichtlich einer Früherkennung, um Ausfälle möglichst gering zu halten und früh zu kompensieren.

Viele Erkenntnisse wirken sich aber auch auf den Normalunterricht aus Leibesübungen befruchtend aus. Es wird heute den motorischen Eigenschaften und ihrer Entwicklung viel größeres Augenmerk geschenkt. So zum Beispiel der Entwicklung der Kraft (sie ist eine unentbehrliche Grundlage, aber beim Aufbau in der Belastung muß sorgfältig vorgegangen werden), aber auch der Schnelligkeit und Ausdauer. Gerade letztere hat in unserer Zeit eine stärkere Bedeutung erfahren, sind doch Kreislauferkrankungen und Herzversagen heute die Todesursache Nr. 1. Dies resultiert aus einer unphysiologischen Lebensweise, die bei wenig Bewegung und geringer körperlicher Belastung viel psychischen Streß bringt. In Amerika, wo die Negativerscheinungen des zivilisierten Lebens früher augenscheinlich werden, gibt es eine Bewegung unter dem Namen "Renn um

dein Leben". Ähnlich verhält es sich auch mit den motorischen Eigenschaften Gelenkigkeit und Gleichgewicht. Es kommt immer wieder darauf an, die Reize im richtigen Alter zu setzen (Erlernen von Schwimmen und Radfahren), weil im späteren Alter für die Entwicklung der motorischen Eigenschaften viel mehr Energie erforderlich ist beziehungsweise Versäumtes überhaupt nicht mehr aufgeholt werden kann. Dies spielt auch hinein in den Bereich der motorischen Fertigkeiten (Kunststücke, sportliche Techniken, Bewegungsrepertoire). Es gibt immer noch Kinder, die mit einem Ball nichts anzufangen wissen, die nicht (noch nicht) erfahren haben, was der Ball tut, was sie selbst mit dem Ball tun können. Die alten Kinderspiele, wie Prellen des Balles gegen die Wand mit allen möglichen Aufgabenstellungen, das Tempelhüpfen oder die Sprünge über die doppelte Gummischnur sind ausgezeichnete Beispiele für den Erwerb solcher Fertigkeiten (Verbesserung der Koordination, Ökonomie, Ästhetik). Wo diese Vorkenntnisse fehlen, muß später viel Zeit aufgewendet weden. Daher werden Grundformen von sogenannten lifetime sports heute auch im Unterricht vermittelt.
Eine gewisse Vielfalt im Angebot ist sehr wichtig, um die volle Harmonie zu erreichen. Die Lehrpläne und Lehrbücher helfen hiebei und sorgen dafür, daß ein breites Feld von Fertigkeiten angesprochen wird. Sie geben dem Lehrer Sicherheit, daß er wesentliche Bereiche nicht übersieht. Es ist daher außerordentlich erfreulich, wenn schon in der Anfangsphase unserer Bemühungen in Österreich ein ausgezeichneter Lehrbehelf zur Verfügung steht, von österreichischen Autoren erstellt, auf unsere Verhältnisse abgestimmt. Es sind dies die Lehrgänge für Leibesübungen/Berufsschulen von Manninger/Tollich.

2. Soziologie

Der zweite Bereich von Möglichkeiten im Sportunterricht ist durch die Schaffung von Sozialbezügen gekennzeichnet. "Anregen zu partnerschaftlichem Verhalten und Handeln", heißt es im Lehrplan. Die Leibesübungen mit ihrer Disposition zum Handeln fordern zu verschiedenen Formen des Kooperierens heraus, erfordern Eigenständigkeit und Eigenverantwortlichkeit. Zum Beispiel im Spiel das Einordnen in das größere Gefüge der Mannschaft, das Mitdenken, Mithandeln, Mitverantworten mit der Mannschaft. Und dieses Verhalten wird immer wieder in neuen Situationen geübt. Aber auch bei der Gruppenarbeit im Unterricht, bei verschiedenen Formen des Sicherns und Helfens und in Mannschaftswettkämpfen wird das Zusammenarbeiten angesprochen.

Die größte Aufgabe in diesem schwierigen Bereich der Stimmung und Gefühle liegt wohl im Angstabbau, denn Angst ist in vielen Fällen mit Isolation gleichzusetzen, in einem Vermitteln von Sicherheit und Geborgenheit. Im Bereich der Leibesübungen bieten sich viele Möglichkeiten eines Aufbaues des Könnenbewußtseins und Selbstwertgefühles an und der gute Lehrer wird es an Ermutigungen nicht fehlen lassen. Vor allem geht es um eine richtige Spielerziehung, um eine Betrachtung der Fairneß. Jeder Wettstreit trennt, denn er will Rangunterschiede, er ist im Grunde eine Form des Kampfes. Aber das Bewußtsein, daß es doch auch ein Spiel ist, bildet den eigentlichen Kitt zwischen den Kämpfern. Ein schönes Beispiel in dieser Hinsicht: In Wimbledon müssen Spieler auf ihrem Weg von der Kabine zum Centrecourt an einem Tor vorbei, auf dem zwei Zeilen eines Gedichtes von Rudyard KIPLING stehen, die lauten: "Wenn Du Triumph und Niederlage tragen kannst, und beides nur als trügerischen Schein erkennst...". Es gäbe manchen aktuellen Anlaß, an den man hier anknüpfen könnte.

3. Kenntnisse, Einsichten und Hoffnungen

Und der dritte Aspekt (nach der Bewegungserziehung und nach dem Schaffen von Sozialbezügen) ist der kognitive Bereich.

Es geht dabei primär um die Vermittlung von Kenntnissen auf dem Gebiete des Sports: Regelkunde, Wettkampfbestimmungen, aber auch um das Erkennen von Bewegungszusammenhängen, Bewegungsabläufen. Über das Erkennen der Zusammenhänge und über die bloßen Kenntnisse hinaus wird auch ein Verstehen und Werten erwartet.
Hier sind wir, glaube ich, den Schülern noch am meisten schuldig geblieben, haben die Chancen zu wenig genützt, den Sinn sportlichen Tuns zu verdeutlichen. Gerade hierin läge auch ein Beitrag und eine Möglichkeit zu einer Verbesserung der Gesundheitserziehung. Anknüpfend an unmittelbare Anlässe im Sport, könnten Informationen das Verständnis über Vorgänge im Körper verdeutlichen: Toter Punkt, Muskelkater, Massage, Erste Hilfe, Leistungsbeeinträchtigung durch Alkohol und Nikotin, Fragen der Sauberkeit von richtiger Kleidung und gutem Schuhwerk, Umweltfragen.

Meine Damen und Herren, ich vermute, daß ich im Grundsätzlichen mit meinen Ausführungen bei Ihnen Übereinstimmung finde, aber es bleibt die Frage im Raum:
Wo sind die organisatorischen Voraussetzungen? Ich bin daher froh, daß Ministerialrat Radlegger im folgenden Referat über die derzeitige Situation berichten wird. Ich kenne die Ergebnisse seiner Erhebung nicht, wage aber trotzdem zu behaupten, daß die Voraussetzungen für die Einführung des Pflichtunterrichtes aus Leibesübungen an den Berufsschulen heute günstiger sind, als jene bei der Einführung der Leibesübungen an den Pflichtschulen im Jahre 1869.

Die Gemeinden und die Schulerhalter aber auch eine Reihe von Betrieben haben in den letzten Jahren große Anstrengungen unternommen, um hier eine Verbesserung der Situation zu erreichen. Aber ich möchte Sie bitten unser Anliegen nicht isoliert zu betrachten, nur vom Gesichtspunkt der unmittelbar Betroffenen.

Die Auswirkungen sind vielfältiger und weiter:

- zu schaffende Übungsmöglichkeiten werden über die Schule hinaus auch anderen Interessenten zur Verfügung stehen

- eine verbesserte Einstellung zur Gesundheit ist auch für die Sozialversicherungen ein dringendes Anliegen
- ein stärkeres Zusammengehörigkeitsgefühl beeinflußt auch das Klima im Betrieb, in der Schule und motiviert zu höheren Leistungen. "Man stirbt für das allein, aus dem man leben kann" (Exupery). Etwas, womit ich mich identifiziere, an dem mein Herz hängt.
- eine eventuelle Beschäftigung oder Teilbeschäftigung von Sportlehrern schafft Existenzmöglichkeiten, und dies käme auch den Vereinen zugute
- in einer Zusammenarbeit Schule - Verein - Arbeitgeber könnten neue Modelle der Sportaktivierung und Förderung gefunden werden.

Meine Damen und Herren, der Weg, der vor uns liegt, ist noch ein weiter. Es wird großer Anstrengungen und bester Kooperation bedürfen, unserem Anliegen zum Erfolg zu verhelfen.
Aber der hiefür erbrachte Einsatz ist als eine Investition zu betrachten, eine Investition in den Menschen, die sich bestimmt bald amortisieren wird.

(Enquete Leibesübungen an Berufsschulen, Wien 1977)

Gesundheitserziehung in der Schule

Es muß eigentlich verwundern, daß ein so wichtiger Bereich wie die Gesundheitserziehung bei uns noch nicht zu einem eigenen Gegenstand in der Schule geführt hat (die einzige Ausnahme bildet der Polytechnische Lehrgang). Immerhin hat aber dieses Anliegen eine Aufwertung seit kurzem dadurch erfahren, daß man es als Unterrichtsprinzip anerkennt. An sich wäre ein Unterrichtsprinzip mehr als ein einzelner Gegenstand, weil es zu einem Anliegen aller Lehrer wird und somit gegenstandsübergreifend in die Schulwirklichkeit hineinwirken kann, tatsächlich ist es aber auch weniger, weil hiefür Lehrer nicht speziell ausgebildet, keine eigenen Wochenstunden angeboten, und keine Stoffgebiete genau zugeordnet werden. Die übrige Stoff-Fülle in unseren Schulen und in den einzelnen Fächern ist aber so groß, daß selbst für die Fachanliegen im engsten Bereich zu wenig Zeit bleibt und damit auch wenig Chancen bestehen, die nicht genau definierten Unterrichtsprinzipien entsprechend zu behandeln. So hat der Stoff weiterhin Vorrang vor dem Leben.

In diesem Beitrag möchte ich einige Diskussionsanstöße geben, und zwar geht es um die Frage, wie können im Unterricht aus Leibesübungen (Pflichtgegenstand, bei den unverbindlichen Übungen, im Rahmen der Schulveranstaltugen aber auch im Sportkundeunterricht der Sonderformen) Möglichkeiten gefunden werden, gesundheitserziehliche Aspekte erkennbar zu machen, sie anzuwenden, sie zur Gewohnheit werden zu lassen.

Was ist Gesundheit?

Die Weltgesundheitsorganisation hat uns schon 1947 eine Definition gegeben, wonach Gesundheit mehr ist als frei sein von Krankheit, sie beinhaltet ein volles körperliches, soziales und geistiges Wohlbefinden.
Oder anders ausgedrückt, Gesundheit ist eine Verfassung eines Lebewesens, die ihm die Aufrechterhaltung eines natürlichen Gleichgewichtes mit der Umwelt gestattet. Wohlbefinden, Anpassungs- und Leistungsfähigkeit (besonders in einer Leistungsgesellschaft), Freude sind wichtige Kriterien. Der deutsche Pädagogie Hartmut von Hentig weist nun dem Leibeserzieher eine ganz wesentliche Funktion zu, wenn er sagt: „Von allen Lehrern ist der Leibeserzieher am besten in der Lage zu erkennen, wie Kinder heute sind, die diese Gesellschaft geformt oder verformt hat, zu erkennen, welche Bedürfnisse offen oder verborgen in ihnen stecken!“

Es ist eine hohe Zielsetzung, um nicht zu sagen eine Überforderung für Lehrer, in einer Zeit, in der das Anliegen der Gesundheit zwar in allen Medien ununterbrochen angesprochen, aber gleichzeitig auch auf das übelste manipuliert wird.

Durch Zahncremen wird der Kariesteufel besiegt, das Zahnfleisch erhalten, durch Raumsprays wird die Luft reiner, die Frische des Ozeans umweht uns verführerisch. Es wird durch die Werbung ununterbrochen die Vorstellung erzeugt, daß mit Sprays und Mittelchen alle Versäumnisse und Verstöße gegen ein gesundes Leben wieder ins Lot gebracht werden können.
Man kann sich bis zur Übelkeit überessen, keine Sorge: Samarin hilft, man kann im Streß seine Energien abbhauen, Biovital renkt alles ein und macht sie auch abends springlebendig und unternehmungslustig, und sie können ihr Zimmer vollqualmen mit Nikotin, Velosa-Raumspray bringt frisches Raumkilima, ohne zu lüften.

Welche Position in der Erziehung kommt heute der Gesundheitserziehung zu?
Wenn man das Schulleben vor etwa 50 Jahren betrachtet, kann man sagen, es hat sich einiges geändert. Man braucht nur Bilder von Schulklassen aus den 20er oder frühen 30er Jahren ansehen: die schlecht ernährten Kinder, zum Teil kahlgeschoren wegen der Läuse, mit reichlich Haltungsschäden, die wenig beachtet werden, Bchinderungen durch Kinderlähmungsfälle waren nicht selten, die TBC noch eine gefürchtete Seuche.
Und von der Ausbildung her, Schulhygiene wurde auch damals für alle Lehramtskandidaten unterrichtet, doch beschränkte sich diese im wesentlichen auf Seuchen-Vorsorge, Impfungen, öffentlicher Gesundheitsdienst, Ernährung, Luft, Licht (Definition, was ist ein Lux), Reinlichkeit, Zahnpflege.
Heute hat die Gesundheitserziehung zweifelsohne eine größere Bedeutung. Man erkennt dies einerseits in der Umbenennung des Gegenstandes Naturgeschichte in Biologie und Umweltkunde, in der Einführung des Unterrichtsprinzips Gesundheitserziehung, in der Verankerung des Gegenstandes Gesundheitserziehung im Polytechnischen Lehrgang. Zwar ist die Ausbildung an den Universitäten und Pädagogischen Akademien für diesen Bereich nach wie vor ungenügend, aber es wird versucht, den Lehrern durch eine Fülle von Informationen Handreichungen zu geben, um das in der Ausbildung Versäumte im privaten Nachziehverfahren wettzumachen.
Dafür gibt es aber auch eine reichere Palette von Problemen, wie Kreislauferkrankungen, vegetative Störungen, die Zunahme der Fettsucht, Probleme der Sexualerziehung, der weite Bereich der psycho-somatischen Leiden, die sich auch in der Kindheit schon zeigen. Die Fragen der geistigen Situationsbewältigung, die Umweltfrage als Aufgabe des einzelnen und als Überlebensfrage für alle. Die Drogenabhängigkeit, die Probleme der Verkehrserziehung als Schule gegen Unfälle etc.

Daß sich etwas geändert hat am Gesundheitszustand der Jugend, ist auch erkennbar aus den Ergebnissen der Stellungskommissionen, die leider nur für die männliche Bevölkerung vorliegen.

Wir sehen heute, daß neben einer weit verbesserten öffentlichen Gesundheitsvorsorge und Fürsorge, neben wesentlich leichteren Lebensbedingungen für einen Großteil der Bevölkerung (z.B. dürfen Vitaminmangelerscheinungen wegen fehlender Frischkost heute nicht mehr auftauchen), neben viel verbesserter Information der Bevölkerung, doch auch ein Ansteigen der Probleme feststellbar ist. Hilft also Information nicht? Gibt es ein Gesundheitsbewußtsein bei der Jugend als wesentliche Voraussetzung für eine Veränderung ihres Verhaltens? Wenn wir die Studie „Motivation im Sport" (Grössing, Speiser, Altenhuber) und vergleichbare Untersuchungen aus dem Ausland betrachten, finden wir, daß Gesundheitserziehung erst ein fünft- oder sechstrangiges Motiv für das Sporttreiben der Jugendlichen ist. In der Jugend ist man einfach nicht, oder noch nicht, krank und daher wird ein Zusammenhang zwischen Sporttreiben und Gesundsein nicht erkannt.

Ich möchte daher im folgenden versuchen, einige Möglichkeiten aufzuzeigen, die sich in einer Verbindung mit dem Unterricht, also unmittelbar aus und mit der Praxis ergeben können. Vielleicht gelingt es mir dadurch, Sie anzuregen, in der Unterrichtssituation von dem einen oder anderen Gebrauch zu machen.

- Sie dienen damit einem mehrfachen Anliegen:
- Sie geben Einblick in den Sinn unserer Bemühungen im Sportunterricht (Prinzip der Bewußtheit)
- Sie machen dadurch Erziehung leichter, effektiver (alle Erziehung ist Selbsterziehungz, ein bewußter Mitvollzug ist notwendig.)
- Sie unterstreichen die Wichtigkeit ihres Berufes
- Sie liefern einen wesentlichen Beitrag gegen die Manipulation
-

Eine vordringliche Aufgabe liegt in der Bewußtmachung des Funktionierens des Körpers; so der Zusammenhänge in der Bewegungssteuerung, der Energieproduktion, der Leistungsgrundlagen. Die Bedeutung von Streß und Entspannung (Abschalten-können). Das Problem der Atmung (außer Atem sein, warum, toter Punkt), die Bedeutung des Pulses (Ruhepuls, Belastungspuls, Arbeitspuls), Fragen der Ermüdung und Erschöpfung, über den Sinn des Aufwärmens, die Ursachen eines Muskelkaters, der Zuwachs an Kraft, die Verbesserung der Ausdauer, der Gelenkigkeit. Die Verbesserung der Koordination als Ökonomieeffekt ist wichtig für das ganze Leben.

Es geht auch um ein Bewußtmachen des Zusammenhanges von Leistung und Erhöhung des Selbstwertgefühls, von der Überwindung der Angst als Grundlage der Sozialisation (Heimat haben bei anderen Menschen). Die modernen Methoden des Arbeitsprozesses führen zu einem Isolationseffekt, die Arbeit ist wenig überschaubar, es gibt kein Schaffen im Sinne von Schöpfen.
Plessner nennt daher den Sport eine Ausgleichsreaktion. Das Leben ist Anpassung und die Gesundheit ist eine wichtige Anpassungsleistung.
Daß es in unserem Zeitalter der Automatisierung und Technisierung ein Bedürfnis gibt, die Bewegungsdefizite abzubauen, ist leicht erkennbar, so in den Fitaktionen, in der Joggingbewegung, in den großen Volksläufen. Leider führen manche dieser Bewegungen zum Gegenteil, manche laufen kopflos von absolu-

tem Nichtstun in extreme Belastungen, sie laufen auf Asphalt, im Abgasgestank, in der Hitze mit ungenügender Ausrüstung, ohne Plan. Es zeigt von einer falschen Selbsteinschätzung, wie sie oft auch bei Leibeserziehern zutage tritt. Man braucht nur einmal nach längerer Zeit sich wieder einer ÖSTA-Abnahme unterziehen. Die größte Zahl der Sportverletzungen gehen auf solche abrupte Entschlüsse zurück.
Es wurden daher in den letzten Jahrzehnten eine Reihe von ausgezeichneten Programmen entwickelt, wie zum Beispiel der Cooperlauf, das Fitnesstraining der Kanadischen Luftwaffe oder das Astronautentraining nach Morehouse. Wichtig bei diesen Programmen ist die Entdeckung, daß die Pulsfrequenz die sicherste Ausage für die Belastung und den Trainingseffekt darstellt.

Gesundheit ist aber natürlich nicht nur Pulsfrequenz. Mensch und Umwelt sind wesentlich voneinander abhängige Faktoren und unabhängig von unserem eigenen Bemühen können Umwelteinflüsse sehr störend wirken, wie Lärm, Abgase, Hektik, Streß. Wie sehr diese Faktoren Großstadtmenschen belasten, sieht man in der Stadtflucht, die jedes Wochenende tausende Menschen erfaßt. Es ist dies ein typischer Rettungsversuch, leider oft mit untauglichen Mitteln. Man sitzt einige Stunden im Verkehrsstau bei der Fahrt ins Grüne und am Ende dieser 1 1/2tägigen Erholungszeit kehrt man unter ähnlichen Bedingungen zurück und oft ist bei der Ankunft auch der Erholungswert schon wieder verloren. Aber die Stadtflucht zeigt, daß der Reflex noch gut ist. Der Drang hinaus in die Natur, nach frischer Luft, nach grüner Umgebung, die beruhigt, meist mit köperlicher Arbeit verbunden, die die innere Balance wieder sichert. Neue Anforderungen beim Bebauen des Bodens, bei der Einrichtung von Urlaubshäusern, bei der Schaffung von Wasserzuleitungen usw. werden gestellt. Die Menschheit hat in den letzten Jahrzehnten viel dazu beigetragen, die natürliche Umwelt zu denaturieren.
Beton, Asphalt, Pastik und Glas herrschen heute vor, ein Temperaturausgleich des Körpers ist durch Heizung und Klimaanlagen kaum gefordert, gegen Ungeziefer wird tonnenweise mit Giftstoffe vorgegangen, die zum Aussterben der Singvögel führen, die Pflanzen nehmen die Umweltgifte auf, über sie auch die Tiere; z.T. sind auch Konservierungsmittel gesundheitsgefährdend, die Bleirückstände aus den Treibstoffen beeinträchtigen die Knochensubstanz. Überhaupt verlangt der Verkehr große Opfer: Die die Natur belasten den Streusalze werden aufgebracht, damit man auch zur Winterzeit schnell vorankommt, Öle verseuchen Boden und Wasser und die Rücksichtslosigkeit führt zu einer großen Anzahl von Unfällen mit erheblichen und gesundheitlichen Beeinträchtigungen. Manchmal hat man das Gefühl, daß wir ganz so leben, als ob wir die letzte Generation wären, ohne einen Sinn für die Zeit über uns hinaus.

Wo kann hier Erziehung noch ansetzen?

Hier müßte vor allem eine Erziehung zur Selbstbeschränkung Platz greifen (Askese im Sport, Selbstgenügsamkeit, Verzicht).

Es müßte mehr Mithilfe bei der Erhaltung und Verbesserung der Umwelt und damit insgesamt mehr Respekt vor der Umwelt gewonnen werden (Pflege der Sportplätze der Schule, Reinhaltung der Flußufer etc. Ein gesundes Leben kann nur ein Leben mit der Natur sein, nicht gegen sie). Es gibt heute schon wieder starkte Tendenzen: Die Betonung der biologischen Nahrung, die Verwendung homöopathischer Mittel anstelle der vielen Antibiotika, das Erkennen der Funktion des Fiebers, etc.

Auch der Aspekt der Sicherheit ist ein Anliegen der Gesundheitserziehung. Viele Verletzungen bei Skikursen sind beispielsweise vermeidbar durch sorgfältige Planung, durch eine gute Organisation des Unterrichtes, durch richtige Einschätzung des Geländes, durch rechtzeitige Überprüfung der Ausrüstung. Auch das Tourenprotokoll hat eine ähnliche Aufgabe, nämlich die einer Warnung der Schüler vor den winterlichen Gefahren, wenn sie später alleine unterwegs sind. Ebenso wichtig ist eine gute Unterweisung in Erster Hilfe, ein gewisses Sicherheitstraining im Verhalten und richtigen Reagieren bei unvorhergesehenen Ereignissen und schwer überschaubaren Situationen (Unterrichtsversuch am BG Klosterneuburg).

Einen wesentlichen Aspekt möchte ich nochmals aufgreifen, es ist der psychosoziale Aspekt der Gesundheit. Es wird heute oft behauptet, die Schule selbst sei der erste Krankmacher der Kinder durch Streß, Überlastung, Einseitigkeit, Frustrationserlebnisse. Die hohe Zahl der Schülerselbstmorde erscheint dies zu bestätigen. Es hängt aber sicherlich mit der Labilität dieses Alters generell zusammen. Die Ursachen sind meistens woanders. Aber es ist trotzdem angebracht, sich als Lehrer immer wieder einige Fragen zu stellen, etwa

- Haben die Kinder Interesse (Freude) an meinem Unterricht?
- Haben sie Gelegenheit, Aggressionen abzubauen (nicht zu verdrängen), sie zu bewältigen?
- Finden sie reichlich Möglichkeit zur Selbstbestätigung?
- Haben sie Einsicht in den Sinn ihrer Anstrengungen?
- Bin ich einer, zu dem ein Kind kommen kann, weil es vielleicht zuhause mißverstanden wird, von seinen Kameraden nicht gemocht wird?
- Kümmere ich mich um ein gesundes Kilima in der Schule?

Ich habe hier viele Aufgaben genannt und es mag wohl etwas verwirrend sein.

Das wesentliche aber für uns alle ist, daß wir bei den Problemen nicht wegschauen, daß wir die Kinder beobachten, um helfen zu können. Es ist eine Herausforderung unserer Zeit an uns alle und wir sollten bei den kleinen Aufgaben beginnen:
Bei der Körperreinigung; es gibt ganze Legionen von Schülern, die in ihrer gesamten Schulzeit nicht ein einziges Mal nach dem Turnunterricht geduscht haben, obwohl die Einrichtungen vorhanden gewesen wären.

Die Frage der richtigen Kleidung, der Körperhaltung (formende Übungen!), der richtigen Pausengestaltung, Frage des Schuhwerks.

Ich möchte abschließend nochmals an den Ausspruch von Hartmut von Hentig erinnern, in welchem er behauptet, daß unter allen Lehrern vor allem der Leibeserzieher in der Lage ist, zu erkennen, wie diese Gesellschaft den jungen Menschen geformt bzw. verformt hat. Und ich möchte ergänzen, er kann dies nicht nur erkennen, er kann auch einen wesentlichen Beitrag dazu liefern, daß Verformungen nicht überhandnehmen. Sonst werden unsere Schüler, allerdings viel zu spät, erkennen, daß Gesundheit zwar nicht alles, aber ohne Gesundheit alles nichts ist

(Referat im Rahmen der Fortbildung der Leibeserzieher Niederösterreich, St.Pölten, 30. Mai 1979).

Ein Blick über die Grenzen

Vorbemerkung

Als ich im Jahre 1962 in das Bundesministerium für Unterricht und Kunst zur Mitarbeit in der Abteilung Leibeserziehung einberufen wurde, war eine der ersten Aufgaben die Vorbereitung einer Beratung des unmittelbar davor gegründeten Internationalen Arbeitskreises für zeitgemäße Leibeserziehung. Dieser Arbeitskreis, der jährlich einmal tagen sollte und der sich zur Aufgabe stellte, die Internationalen Kongresse für zeitgemäße Leibeserziehung thematisch vorzubereiten und anstehende Fragen der Leibeserziehung zu diskutieren, vereinigte je drei Vertreter der den Kongreß tragenden Länder Deutschlands, Hollands, Schweiz und Österreich. Die Belange der BRD vertrat der Ausschuß deutscher Leibeserzieher und sein damaliger Vorsitzender Prof. Paschen gehörte von Anfang an diesem Gremium an.

Die Beratungen wiesen meist eine eher kurze Tagesordnung auf und zeichneten sich durch eine sehr aufgelockerte, freundschaftliche Atmosphäre aus. Der ungeschriebene aber stets so empfundene Haupttagesordnungspunkt war das Gespräch, die gegenseitige Information, auch die Mitteilung von fachlichen Sorgen, weit vom nationalen Prestigedenken entfernt, und so wurde aus dem Arbeitskreis bald eine Art „Internationaler Ideenkorb", in den Erfahrungen, Erfolge, Fehlschläge, Reformgedanken und Gegenbewegungen als Kapital eingebracht wurden und es blieb jedem offen, aus dem Hort der Erfahrung vieler für seinen Bereich Entscheidungshilfen mitzunehmen. Als Sekretär dieses Arbeitskreises zunächst unter dem Vorsitz meines ehemaligen Chefs MR Dr.Zdarsky und nach dessen Tod unter dem Vorsitz von Prof. Dr. Rijsdorp verdanke ich viele Erkenntnisse und Hinweise für meine berufliche Tätigkeit diesen Beratungen. Ich habe aber aus diesem Erfahrungsaustausch auch gelernt, daß revolutionierende Erfolge auf dem Gebiet der Leibeserziehung in keinem der im Arbeitskreis vertretenen Länder erzielt werden, wohl aber, daß Verbesserungen durch zähes, langjähriges Bemühen in einer Politik der kleinen Schritte zu erreichen sind.

Ist eine Beurteilung von außen möglich?

Es erscheint mir ein überaus schwieriges Unterfangen, die als "Schulsportmisere" zunächst von Paschen und seither von mehreren anderen Autoren apostrophierte Situation im deutschen Schulsport "von außen her" zu beurteilen. Gibt es sie, gibt es sie nicht, die Misere? Darf man in einem Land mit stark föderativer Struktur Verallgemeinerungen unter Mißachtung von Bundesländereigenheiten wagen? Reicht ein etwas oberflächlicher Einblick in das stark differenzierte Erziehungswesen eines Nachbarlandes aus, ein gerechtes Urteil zu fällen? Diese Fragen drängen sich auf und sie bewegen mich dazu, die Frage nach dem gegenwärtigen Zustand der Leibeserziehung eher für Österreich zu stellen, wo mir die erforderlichen Einsichten erschließbar und die Strukturen geläufiger sind. Der Vergleich wird dadurch nicht ausgeschlossen, viel eher angeregt und es steht dem Leser offen, Vergleiche mit den Gegebenheiten im eigenen Lande anzustellen.

Der Ausgang von österreichischen Verhältnissen ist auch deshalb leichter, weil trotz unserer ebenfalls föderalistischen Struktur und trotz gewisser Kompetenzen der Länder im Pflichtschulbereich bei uns doch von einem einheitlichen Schulsystem gesprochen werden kann. Drei Bundesgesetze, das Schulorganisationsgesetz (SCHOG), das Schulunterrichtsgesetz (SCHUG) und das Schulzeitgesetz (SCHZG) legen den Rahmen für alle schulischen Veranlassungen fest und sorgen dafür, daß in einem kleinen Land in Zeiten einer zunehmenden Mobilität Kinder bei einem Umzug der Eltern von einem Bundesland zum anderen im schulischen Bereich nicht vollkommen umlernen müssen.

Ich möchte nun von den Schwerpunkten, die Paschen immer wieder angesprochen und aufgegriffen hat, einige exemplarisch für Österreich betrachten:

Die tägliche Turnstunde: eine Utopie?

Aus langjähriger Erfahrung bei Lehrplanverhandlungen müßte ich diese rhetorische Frage für Österreich bejahen. 5 - 6 Wochenstunden verpflichtenden Sportunterricht für das Gros der Schulen erscheint mir echt eine Utopie. Der Vorschlag einer täglichen Bewegungszeit in der Grundschule durch Aufteilung von drei wöchentlichen 50-Minuteneinheiten auf 6 zu je 25 Min. oder 5 (in der Fünftageschule) zu 30 Minuten scheint mir das Problem nicht zu lösen, da erfahrungsgemäß die "tote Zeit" um die eigentliche Bewegungszeit herum (Aufsuchen der Übungsstätten, Umkleiden, Reinigen) dadurch doppelt so oft anfallen und damit noch mehr Bewegungszeit stehlen würde. Ein Verzicht auf Umkleiden und Reinigen (letzteres ist schon jetzt eine beliebte Ausrede unter Hinweis auf die volle Ausnützung der Turnzeit!) kann aber sicherlich nicht der Gesundheit und dem Schulklima dienlich sein.

In einer Zeit, in der im Fächerkanon einer Schule bis zu 15 Pflichtgegenstände aufscheinen, bei einem durchschnittlichen Stundenausmaß von 30 - 35 Wochenstunden (beides bezogen auf Schulen von der 5. - 12 Schulstufe) die tägliche "Turnstunde" zu verlangen, hieße die Leibesübungen zu isoliert betrachten, wiewohl der tägliche körperliche Ausgleich auch den meisten anderen Fächern in ihrer Effektivität zugute käme. Aber welches Fach gibt schon einen Anteil des Stundenausmaßes ab, um ein anderes aufzufetten oder um einer geforderten

Herabsetzung der Gesamtstundenzahl (Sichten und Lichten) zu entsprechen. Ein Blick in die Studie über den Schulsport in 18 europäischen Ländern zeigt hier die gegenwärtige Lage in den meisten europäischen Staaten sehr deutlich.

In Österreich bietet sich heute für den Gegenstand Leibesübungen folgendes Bild: in der Grundschule in der 1. und 2. Schulstufe je zwei, in der 3. und 4. Schulstufe je drei Stunden Pflichtunterricht. Dazu kommt die Möglichkeit in jeder der angeführten Schulstufen noch zwei Stunden Unverbindliche Übungen im Gegenstand Leibesübungen zu führen.

Daß es bis heute nicht gelungen ist, in den Berufsschulen (Lehrlingsschulen) den Unterricht aus Leibesübungen pflichtgemäß zu verankern, ist eine Misere. Rund 180.000 junge Menschen, die früh einer einseitigen Belastung ausgesetzt sind, wird ein wichtiger Erziehungsbereich, hier vor allem im Sinne des Ausgleiches, vorenthalten.

Es gibt allerdings auch Schulen, in welchem die tägliche Turnstunden eine Realität ist: die Sonderformen der Hauptschulen und der AHS mit leibeserziehlich-sportlichem Schwerpunkt. Nach einer 8jährigen Versuchsphase wurden diese Schultypen im Rahmen der 5. SCHOG-Novelle rechtlich verankert und neben den anderen Auffächerungen des Gymnasiums auch das Sportrealgymnasium (und auch die Sporthauptschule) institutionalisiert. Die Stundendotierung sieht in den acht Gymnasialklassen 8,8,8,7,7,7,7,6 und in der Sporthauptschule je 7 Wochenstunden für Leibesübungen vor. Im Sportgymnasium kommen überdies in der 9. - 12. Schulstufe insgesamt 6 Wochenstunden Theorie im Gegenstand "Sportkunde" dazu. Hier fehlt noch eine gute Streuung dieser Sonderformen über das ganze Bundesgebiet.

Lifetime sports

Ein anderes Anliegen, das Paschen zunächst im Arbeitskreis diskutierte und später auch in verschiedenen Veröffentlichungen heftig vertrat, ist die stärkere Ausrichtung des Sportunterrichtes auf freizeitbezogene Sportarten und auf eine lange über die Schulzeit hinausreichende Sportbetätigung. In unseren Schulen wird dieses Anliegen einerseits in den Unverbindlichen Übungen berücksichtigt, die der Ergänzung und Erweiterung des Stoffangebotes im Pflichtgegenstand dienen sollen. Derzeit liegt der Schwerpunkt der Neigungsgruppenarbeit jedoch eher auf einer Intensivierung und Vertiefung traditioneller Sportarten.

Anders verhält es sich mit den im SCHUG verankerten Schulveranstaltungen, von welchen die Schulskikurse Schulschwimmwochen und Schulsportwochen das Erlernen, Erfahren und Erleben neuer Übungsbereiche zum Ziele haben. Schulskikurse - seit mehr als 50 Jahren im Rahmen der Schule (in der Schulzeit) betrieben - nehmen den wichtigsten Platz ein. Mehr als 250.000 Schüler nehmen jährlich an dieser einwöchigen Schulveranstaltung teil, die für die Verbreitung des Skilaufes in unserem Lande einen sehr wesentlichen Beitrag geleistet hat. Mit den Schulsportwochen wird nunmehr versucht, die Schüler in freizeitrelevante Sportarten, die im Rahmen des Normalunterrichtes kaum angeboten werden können (wie Bergwandern, Rudern, Segeln, Surfen, Tennis und Reiten) einzuführen.

Schulwettkämpfe

Auch in diesem Bereich wissen wir uns mit den Kollegen in der BRD einig: Wir sehen in den Sportwettkämpfen der Schulen eine Möglichkeit der Motivation für die am Wettkampf interessierten Schüler (Freiwilligkeit), wir betonen die Mannschaftswettkämpfe und Bemühen uns die Bewerbe in einen größeren erziehlichen Rahmen hineinzustellen. Unterschiede bestehen dzt. nur hinsichtlich der Beteiligung an internationalen Bewerben. Österreich nimmt die Möglichkeit der Beteiligung an derartigen Wettkämpfen gerne wahr, da mit Ausnahme der Gymnasiaden die Wettkämpfe der Internationalen Schulsportföderation nach den gleichen Prinzipien wie unsere eigenen organisiert werden und auf diese Weise internationale Kontakte unter den Schülern gewährleistet werden.

Übungsstätten

Unter den Begründungen für die Schulsportmisere hat der Übungsstättenmangel einen festen Platz und dies in fast allen Ländern. Wenn man aber durch Europa fährt und bei solchen Reisen auch immer wieder Schulsporteinrichtungen besichtigt, muß man die großen Anstrengungen auf diesem Gebiet bewundern. Was in den letzten 20 Jahren an Sportanlagen und Einrichtungen geschaffen wurde, ist ganz beachtlich. Natürlich hilft die schönste Zentralsportanlage, die 20 Gehminuten von der nächsten Schule ohne entsprechende Einrichtungen entfernt ist, wenig für die Beseitigung der Schwierigkeiten dieser Schule.

Noch 1960 ergab eine Untersuchung in Österreich, daß nur 25 % aller Pflichtschulen über eine gedeckte Turnmöglichkeit verfügten und 1/3 aller Volksschulen keinen Spielplatz aufwiesen. Neidvoll blickten wir auf das große Programm des Goldenen Planes.

Aber in den ersten 10 Jahren der Laufzeit des Österreichischen Sportstättenplanes (1966 - 1976) wurden allein soviele Sporthallen gebaut (fast 2.000 Einheiten) wie es bis zu diesem Zeitpunkt überhaupt in Österreich gab. Die Zahl der sportgerechten Hallenbäder in unserem Lande wurde von 45 auf 167 erhöht. Dies wirkt sich insbesondere auch auf den Schwimmunterricht der Schulen aus. Lange Zeit konnte wegen der klimatischen Gegebenheiten und dem Fehlen gedeckter Schwimmöglichkeiten ein regelmäßiger Schwimmunterricht in den meisten Schulen nicht erteilt werden. Noch 1960 war die Nichtschwimmerrate beim Österr. Bundesheer 50 %, unter der Entwicklung des Bäderbaues sank sie bis 1971 auf 24 und bis 1976 auf 14 %; immer noch eine Misere, der mit Hilfe der Schulschwimmwochen (für Schulen in Orten ohne Hallenbad) beizukommen versucht wird.

Internationale Vergleiche

In den letzten Jahren sind sowohl seitens der UNESCO (Konferenz der für den Schulsport verantwortlichen Minister, Paris 1976) als auch seitens des Europarates Konferenzen über die Situation der Leibeserziehung in der Schule abgehalten worden. Ein umfangreiches Datenmaterial (Dokumentation) wurde hiefür gesammelt und in vergleichenden Studien zusammengestellt. Wenn man diese Daten studiert und die Resolutionen liest, kann man generell feststellen, daß den Forderungen in der BRD voll entsprochen wird. Die in den Resolutionen geforderten Maßnahmen sind ja meist auch für Länder bestimmt, deren Schulwesen erst im Aufbau begriffen ist und deren Entscheidungsträger durch internationale Empfehlungen erst angesprochen werden müssen.

Die Vertreter vor allem jener Länder, die über eine blühende Wirtschaft, einen hohen Stand der Technisierung und ein gut organisiertes Schulwesen verfügen - sie zählen meist auch zu den Formulierern der Resolutionen - fühlen sich durch die Forderungen wenig betroffen. Aufgrund der einschlägigen Gesetze und Verordnungen in ihrem Lande können sie sie als erfüllt betrachten. Dies verhindert natürlich nicht, daß in zahlreichen Einzelfällen aufgrund "widriger Umstände" die Forderungen nicht oder nur teilweise erfüllt sind.

In Österreich ist seit 1869 der Turnunterricht an den Volksschulen als verpflichtend verankert (Reichsvolksschulgesetz) aber jahrzehntelang haben die schulerhaltenden Gemeinden daraus nicht den Schluß für die Bereitstellung auch der erforderlichen Übungsstätten gezogen. Auch hinsichtlich der Gestaltung des Unterrichtes hat es lange gedauert bis die Gedanken der österreichischen Turnerneuerung, so weitblickend und revolutionär sie für ihre Zeit waren, sich auf breiterer Basis durchgesetzt haben. Und es ist Paschen zu danken, daß er mit dem „Kongreß für zeitgemäße Leibeserziehung 1966“ in Hamburg gerade die Leibesübungen der Sechs- bis Zehnjährigen in den Mittelpunkt stellte und damit international die Diskussion für eine Verbesserung des Sportunterrichtes gerade in diesem wichtigen Entwicklungsabschnitt neu belebte. Und es war auch bei diesem Kongreß, daß der von Gaulhofer und Streicher betonte prozeßorientierte Unterricht (Bewegungsaufgabe) für diese Altersstufe aktualisiert wurde.

Wenn man heute im internationalen Raum von der Schulsportmisere spricht, müßte man wohl unterscheiden zwischen der tatsächlichen, die in vereinzelten Bereichen und Ebenen existiert, und der relativen, die sich aus der Diskrepanz zwischen (hohen) Zielvorstellungen und dem im Augenblick erreichten ergibt. Vielleicht spricht man heute von Misere auch deshalb, weil die Bedeutung der Leibeserziehung schon viel stärker ins Bewußtsein der Bevölkerung gedrungen ist und Mißstände daher überhaupt wahrgenommen und als solche empfunden werden. Wenn beispielsweise Untersuchungen zur Motivation im Sport von einem Nachlassen des Sportinteresses der älteren Jugendlichen sprechen und diese Tendenz als Katastrophe hingestellt wird, so kann ich dem nur eine Zahl aus dem Jahre 1909 entgegenhalten, in welchem in Österreich an den Gymnasien nur 55 % der Schulen den verpflichtenden Turnunterricht auch verpflichtend durchführten, und in welchem Jahre nicht weniger als 34 % der Schüler eine Turnbefreiung aufwiesen.

Wir nehmen es ohne weiteres zur Kenntnis, daß im Mathematikunterricht einer Klasse oder bei den so wichtigen modernen Fremdsprachen nur eine Handvoll begeistert dem Unterrichtsgeschehen folgen und sich mit seinen Anliegen voll identifizieren; aber im Sportunterricht erwarten wir, daß jeder Schüler voll angesprochen, gefordert und begeistert wird! Wir nehmen zur Kenntnis, daß in einer Reihe von Fächern 40 % aller Schüler höherer Schulen eine Nachhilfe brauchen, ein ähnliches Engagement der Eltern für die Leibesübungen würde viele Mißstände beseitigen helfen. Vielleicht müssen wir in Hinkunft im Sinne einer gerechteren Beurteilung dessen, was Schule zu bewirken vermag, einige Abstriche auch im Bereich des Sportunterrichtes machen.

Wenn ich abschließend die Entwicklung im Sportunterricht in unseren beiden Ländern, der BRD und Österreich, auch aus der Kenntnis der Situation in verschiedenen anderen Ländern beurteilen darf, kann ich ruhig sagen, daß von einer Schulsportmisere generell nicht gesprochen werden kann. Die Situation in Österreich unterscheidet sich insoferne, als bei uns im gesamten Schulwesen noch mehr Ruhe, weniger Druck (kein numerus clausus, kein Sportabitur) und weniger Hektik bei Erprobung neuer Modelle besteht.
Auch fehlt uns der Glaube, daß eine Verwissenschaftlichung allein schon zu einer Verbesserung des Unterrichtes beiträgt. Wir kommen dadurch sozusagen nicht in den Genuß der vielen Innovationen, die Probleme der Sozialisation, die Kreativität, der Emanzipation und Koedukation sind in der Fachdiskussion nicht so vorrangig.
Dadurch laufen wir manchen Entwicklungen in der BRD etwas nach, aber wir laufen auch nicht Gefahr, uns so oft zu verlaufen.

Zur Frage der "Schulsportmisere" in der Bundesrepublik Deutschland, Ende 1979

Die Grenze im Sport

Nach einer Periode des wirtschaftlichen Aufschwunges, nach einer scheinbar unbegrenzten Entwicklung in Wissenschaft und Technik, die in der Erkundung des Weltraumes ihren sichtbaren Ausdruck fand, und die mit den Experimenten "Sputnik" und "Mondlandung" die Menschen der industrialisierten Welt mit einem unbeirrbaren Zukunftsglauben versah, stößt die Menschheit wieder einmal an die Grenzen des Fortschritts. Engpässe in der für unsere technisierte Gesellschaft so wichtigen Erdölversorgung, Pannen bei der Aufbereitung der Kernenergie, oder unverhoffte politische Ereignisse, wie jüngst im Iran, die die Verwundbarkeit selbst von Großmächten verdeutlichen, stellen Barrieren dar, die nicht so ohne weiteres übersprungen werden können.
Ernst zu nehmende Gruppen von Wissenschaftern, wie der Club of Rome, aber auch einzelne Forscher, wie der österreichische Nobelpreisträger Konrad Lorenz warnen schon lange nachdrücklich vor einer weiteren bedingungslosen Ausbeutung der Naturschätze und sehen im angestrebten Wirtschaftswachstum eine bedrohliche Gefahr für das Gleichgewicht in der Natur.
Eigentlich hätten aber auch die verschiedenen Bewegungen in der Jugend, die zu einem Leben in Einfachheit, zu einer Existenz in materieller Beschneidung zugunsten einer intensiveren geistigen Entwicklung aufriefen, aufhorchen lassen müssen. In ihnen zeigt sich eine gesunde Reaktion, eine kritische Antwort auf den blinden Glauben einer Gesellschaft an die Machbarkeit in allen Bereichen, die letztlich immer mehr zu dem von den Jugendlichen klarer empfundenen Verlust an Ursprünglichkeit, an Lebenskraft und an innerer Substanz führt.
Der moderne Sport als Kind dieser leistungsorientierten Gesellschaft ist gewissermaßen ein Spiegel ihrer Strukturen und der in ihr vorherrschenden Tendenzen. So finden wir auch in ihm den Zug zur Maßlosigkeit, die Vorliebe für Rekorde, die Lust zur Auslotung der scheinbar unbegrenzten Möglichkeiten mit all ihren positiven und negativen Aspekten. Die Grenze im Sport einer Betrachtung zu unterziehen, erscheint mir daher in dieser Zeit durchaus sinnvoll.
Ich möchte dies, in eher bescheidenen Andeutungen, in dreifacher Hinsicht versuchen:

1. vom physiologischen Aspekt;
2. vom intelektuellen - technischen und
3. vom moralischen Gesichtspunkt.

1. Der physiologische Bereich

Die Begrenzung der menschlichen Existenz in den verschiedenen Phasen ihrer Entwicklung ist wohl kaum in einem Bereich so augenscheinlich wie im motorischen. Von der Geburt an stößt das Kind an die materiellen Begrenzungen, die es dann allmählich er"faßt" und "begreifen" lernt. eine ganz neue Grenzziehung

bringt das Aufrichten des Körpers mit der damit verbundenen Horizonterweiterung, das Gehen- und Laufenlernen mit der Eroberung weiterer Räume mit sich. Im ständigen Kontakt mit der Umwelt, mit ihren vielen Aufforderungen, optischen und akustischen Signalen, auf die adäquat reagiert werden muß, bilden sich die motorischen Fähigkeiten und Fertigkeiten heraus, die für die Lebensbewältigung notwendig sind.
Die Vielfalt der motorischen Erlebnisse schaftt die Voraussetzung für das Erkennen des Körperschemas, das Begreifen der Funktionen, wenn auch unbewußt, durch das Erleben der Atemnot, der Ermüdung, des Nachlassens der Kraft etc.

Adäquate Reize sind die wichtigste Grundlage für den Leistungszuwachs, für die Verbesserung der motorischen Eigenschaften; eine Vielfalt an Aufgaben mit Aufforderungscharakter stellt eine unerläßliche Voraussetzung für die Erweiterung des Repertoirs im Bereich der Fertigkeiten dar.

Eine besondere Bedeutung bekommt das Grenzerlebnis im Pubertätsalter, in einem Lebensabschnitt also, in dem sich der Jugendliche mehr seiner Situation, seines Verhältnisses zur Umwelt gewahr wird. Der Mensch dieses Alters sucht seine Identität. Er braucht für die richtige Selbsteinschätzung und Selbsteinordnung die Grenzerfahrung. Jeder Versuch zur Grenzüberschreitung bringt die Grenzerfahrung mit sich und schafft bei richtiger Reflexion auch Sicherheit für das Ich. Es kann aber nicht geleugnet werden, daß manchmal die Versuche zur Grenzüberschreitung bzw. der Ich-Erweiterung auch mit untauglichen Mitteln unternommen werden. Mancher Jugendliche wird in seiner Suche hiezu auch durch Werke der Literatur verführt, durch Philosophen oder Versprechungen religiöser Sekten. Ein Ausspruch, wie jener von Leary: "Man muß seine eigene Identität einmal zerrissen haben, um zu wissen, wer man ist!" könnte labile Jugendliche verleiten, diese Zerreißprobe mit Rauschgift zu versuchen, oder aus der Gesellschaft voll auszubrechen, sich einer radikalen Gruppe anzuschließen. Auch die heute wieder viel weiter verbreiteten Formen der Meditation sind ein Versuch, über das kanalisierte und rationalisierte Leben hinauszugreifen und so eine Lebenserweiterung zu erfahren.

Die Vermittlung des Grenzerlebnisses hat also eine wichtige Aufgabe in der Erziehung und dies besonders im Jugendalter. Hier könnte der Sport eine relativ ungefährliche Hilfe anbieten. Im Sport sind die Grenzen durch die unmittelbare Rückmeldung, vor allem bei den meßbaren Leistungen, leicht erkennbar; aber auch die Reaktion der Mitsportbetreibenden, etwa bei einem Spiel, ist eine spontane und für den Spieler leicht registrierbare. Es wäre Aufgabe des Sporterziehers, einen Unterricht anzubieten, der viele Situationen schafft, in welchen Grenzerfahrungen möglich sind. Situationen, die herausfordern die Grenzen zu überspringen, die Aufgaben zu lösen, die Situation zu reflektieren. Reflektieren, was in der gegebenen Situation mit dem Einsatz welcher Mittel und unter welchen Voraussetzungen erreicht werden kann. Hier bietet sich auch eine

Möglichkeit für das Erleben des Abenteuers, des Risikos, des Verkraftens eines Sieges und das Ertragen einer Niederlage.
Wir sollten alle Anstrengungen auf uns nehmen, einer stark verunsicherten Jugend Angebote zu machen, die ihr verlockend erscheinen, die die Jugendlichen akzeptieren und die ihnen eine Chance zur Überwindung der Identitätskrise bieten und sie auf diese Weise davon abhalten, sich freiwillig ins Exil zu begeben oder Erfahrungen etwa mit Drogen zu suchen, die ihnen eine Rückkehr ins normale Leben erschweren oder unmöglich machen.

2. Die Grenzüberwindung durch den technisch-geistigen Fortschritt

Die Bedeutung, die dem Sport in unserer Welt zukommt, seine Popularität und sein Einsatz als politisches Instrument im internationalen Bereich bringt auch hier die Auslotung immer neuer Grenzen mit sich. Die Leistungsvoraussetzungen werden durch die Ausnützung immer besserer Kenntnisse, durch die Anwendung von Forschungsergebnissen der Physik, der Neurophysiologie, der Technik und der Psychologie enomr entwickelt. Seit jeher hat die Sportwissenschaft durch Erkenntnisse in Grenzbereichen, wie sie der Hochleistungssport darstellt oder beispielsweise die Rehabilitation, den größten Nutzen gezogen.
Im Bereich der Technik sind durch die Verbesserungen allein der gerätemäßigen und materiellen Voraussetzungen große Leistungssteigerungen erreicht worden. So zum Beispiel in der Leichtathletik durch die Kunststoffbeläge, im Stabhochsprung durch den Glasfiberstab mit seiner Katapultwirkung oder durch eine besondere Aerodynamik der Speere. Besonders augenscheinlich ist auch die Entwicklung der Verbesserungen im Skilauf durch die Erzeugung biegefester Konstruktionen, durch günstigere Laufflächenbeläge, durch sichere Bindungssysteme oder durch genauere Beachtung der aerodynamischen Strömungsverhältnisse in der Abfahrtshaltung.

Die Forschungen für eine Leistungsverbesserung bezogen sich natürlich nicht nur auf die äußeren Gegebenheiten, sie setzten in erste Linie beim Menschen selbst an. Die stark erweiterten Kenntnisse in der Trainingslehre, unterstützt durch Forschungsergebnisse der Sportmedizin, der Leistungsphysiologie und der Pharmazie führten zu einer gewaltigen Leistungsentwicklung, vor allem in jenen Sportarten, in welchen aerobe Ausdauerkapazität oder anaerobe Energiebereitstellung unbedingte Voraussetzungen sind. Die Belastbarkeit des Kreislaufes in seinen verschiedenen Ausprägungsformen wurde unter extremen Bedingungen getestet, immer neue Systeme des Trainings und der Kontrolle des Leistungszuwachses wurden erarbeitet und in die Sportpraxis umgesetzt.
Auch die Psychologie hat bei der Entwicklung verschiedener Verfahren ihren Beitrag geleistet, so insbesondere bei der Nutzbarmachung des autogenen Trainings für den Sport, beim mentalen Training aber auch der Ökonomisierung des Lernprozesses. Daß bei der Ausschließlichkeit, die heute ein Engagement im Hochleistungssport fordert, auch eine gesellschaftliche Sicherstellung für den Athleten erwartet wird, sei es durch berufliche Freistellung, durch Ermögli-

chung eines sozialen Aufstiegs oder in der Frühphase durch eigene Schulformen, die intensives Training und Schulbesuch verbinden lassen, ist beinahe selbstverständlich.

3. Die Grenze im moralischen Bereich

Bei dem großen Erwartungsdruck, der auf dem Spitzensport in vielen Nationen heute lastet, sei es aus politischen Gründen, sei es aus ökonomischen (Skisport), oder sei es ganz einfach zur Selbstfindung von jungen Nationen, wie dies im afrikanischen Raum der Fall ist, stoßen wir ständig auf die Frage, die allerdings fast nie beantwortet wird, was noch verantwortbar ist, wo die Preisgabe des Menschen um der Leistung willen beginnt. Es ist zweifellos ein sehr schwieriges Problem, das noch der Lösung harrt.
Denn sowohl der Einsatz von Anabolika, deren schädliche Wirkung klar erwiesen ist, und die deshalb unter die Kategorie der Dopings fallen, in der schwerathletischen Praxis aber nach wie vor weit verbreitet ist, wirft ebenso die Frage der Verantwortbarkeit auf, wie etwa die Anwendung des Blutaustausches vor dem Wettkampf oder etwa das Kindertraining. In manchen Sportarten, in welchen man eine sportliche Höchstleistung bereits im Alter von 15 oder 16 Jahren erbringen kann, für die Erreichung der vollen Leistungshöhe aber 6 bis 7 Jahre systematisches Training braucht, werden kinderfremde Trainingsformen und eine extreme Spezialisierung bereits im Vorschulalter eingesetzt. Auch die Frage der Entwurzelung von Kindern dieses Alters in Sportinternaten, die möglichen Entwicklungsschäden durch eine Art Hospitalismus, die Anwendung von Wachstumshemmern müssen dabei erwähnt werden. Es sind dies Probleme, die dem Außenstehenden leicht lösbar erscheinen, die aber dem unter dem Erwartungsdruck der Öffentlichkeit stehenden Trainer bzw. Funktionär ein hohes Maß an Verantwortung auferlegen.

Ganze Industrien und Forschungsteams werden zur letzten Auslotung der Leistungsgrenze mobilisiert und lassen vieles als machbar erscheinen. Selten werden dabei auch die negativen Begleiterscheinungen offen dargelegt. Für die Gesellschaft stellt sich daher auch die Frage, ob alles, was machbar erscheint, und dem Fortschritt d.h. der Verbesserung der Leistung dient, auch wirklich gemacht werden soll. Man müßte heute in einer Langzeituntersuchung jeden einzelnen Fall weiterverfolgen: nachforschen, was aus einem Athleten geworden ist, und unter Einsatz welcher Trainingsmittel seinerzeit gearbeitet wurde. Es gäbe eine Reihe von negativen Beispielen. Aber es gibt auch viele, die bewiesen haben, daß eine zeitweilige Verarmung des Lebens durch einen enormen Trainingsaufwand mit einer gewissen Ausschließlichkeit auch zu einer Horizonterweiterung führen kann, wenn das Durchschreiten dieses engen Kanals zu einer neuen Lichtung führt. Das heißt, wenn man bereit ist, die vielen Erfahrungen in engen Spezialisierungsbereichen wieder zu erweitern und auf andere Lebensbereiche zu übertragen. Wenn es einem gelingt, die Rückkehr aus der besonderen Welt des Sports ins wirkliche Leben zu vollziehen. In einer Zeit, in

der der Sport nicht mehr ausschließlich jenen gehört, die ihn betreiben, sondern vielmehr jenen, die in vermarkten, ist dies besonders schwierig.
Das Aufsuchen von Grenzen ist immer mit einem Wagnis verbunden. Es bedeutet Versuchung im wahrsten Sinne des Wortes. Erst die Beherrschung der Grenze macht den Meister, der wie der Artist bis an den Rand seines Könnens geht, der es voll auslotet, mit dem vollen Wissen, von wo an es tödlich sein kann. So ist der Sport heute ein wesentlicher Beitrag zur Grenzerfahrung, er ist eine Möglichkeit zur Bestimmung der Grenzen des Ich. Und das Wesentliche scheint mir daran, und dies ist vom Schulsport noch zu wenig beachtet worden, daß dieses Grenzerlebnis in den Leibesübungen jedermann zugänglich und erschließbar ist. Es sollte unser Anliegen sein, dieses nutzbar zu machen durch die verschiedensten Angebote, vor allem auch für jene, welchen es durch Schwächen im motorischen Bereich an Selbstvertrauen und Sicherheit mangelt.
Ohne die Erfahrung des Grenzerlebnisses wird in einer Erziehung immer etwas fehlen. In unserer Zeit der allgemeinen Maßlosigkeit, der Entgrenzung des Bewußtseins durch vorgefertigte Angebote, durch beschränkte Erlebnismöglichkeiten, wird die Ich-Entdeckung immer schwieriger. Ohne Selbsteinschätzung und ohne Selbstsicherheit ist aber eine Integration in eine Gemeinschaft umso schwerer. Bewegung, das Ausloten von Raum und Zeit mit den eigenen gegebenen Möglichkeiten ist immer auch mit einer Verunsicherung verbunden, mit der Preisgabe des Gleichgewichtes, des Ruhens im besten Punkt der Schwere, es ist immer auch ein bißchen Kipplage.

In dieser Welt der Verunsicherung, der bewegten Grenzen, die für den Sporttreibenden aber auch für den Trainer besteht, bräuchten wir ein Leitbild, einen Wertmaßstab zur sicheren Orientierung. Ein Sportler ohne moralische Grundsätze, ohne Beachtung des Fair-Play, der Ehrlichkeit, ohne Rücksicht auf die Mannschaft, ohne Verantwortung gegenüber seiner Gesundheit ist wie ein Skiff ohne Steueranlage. Unser Anliegen als Sportpädagogen muß es daher sein, mit der Verbesserung der sportlichen Fähigkeiten und Fertigkeiten, mit der Aktualisierung der materiellen Voraussetzungen und Trainingssysteme auch die moralische Kraft des Athleten, sein Verantwortungsgefühl mitzuentwickeln. Wir brauchten, um mit den Worten des ehemaligen Unterrichtsministers Dr. Piffl zu sprechen, im Sport Menschen mit der feinen Fähigkeit der Grenzziehung, "wo guter Geschmack endet und Geschmacklosigkeit beginnt, wieweit etwas durch ein Wertsystem gedeckt ist oder nicht." Dr. Piffl erinnert in seinem Buch "Zuspruch und Widerspruch" in einem sehr nachdenklich machenden Kapitel über das Ziemende daran, daß Ziemen und Zähmen hergeleitet ist, daß Gesittung durch Zähmung der Triebe, der Leidenschaften, der Eigensucht, der Ausschweifungslust, des Übermuts, durch Zähmung der Lust entsteht. Ohne Bedachtnahme auf Verantwortung für sich und den Mitmenschen und für das in langer Menschheitsgeschichte Erarbeitete ist jeder Fortschritt nur Schein.

Auch im Sport werden wir zur Kenntnis nehmen müssen, daß nicht jeder Fortschritt ein Gewinn ist. Manchmal sollten wir uns in unserem Eifer selbst

über die Schulter schauen können, um zu erkennen, daß der größte Erfolg eines Einzelnen, erkauft mit dem Leid oder der Frustation anderer nicht lohnt. Jeder Eingriff in die Natur des Menschen, jeder Mißbrauch durch Übertreibung, durch zu frühe Einseitigkeit, durch Manipulation hat langfristige Folgen. Bei den Verlockungen, die heute in manchen Sportzweigen einem Spitzenathleten bzw. auch dessen Trainer winken, durch das Spektakuläre und die sich dabei bietende Möglichkeit der Vermarktung, ist Skepsis gegenüber dem eigenen Handeln ein wichtiges Hemmungselement.
Die Entwicklung der sportlichen Rekorde hat in den letzten Jahren erneut einen unerwarteten und ungeahnten Aufstieg erfahren. Er wurde durch eine Verfeinerung der Methoden des Trainings, durch eine Verbesserung der Kenntnisse im physiologischen, biomechanischen und pharmakologischen Bereich erzielt.

Dieser stürmischen Entwicklung in der Technik und der Methodik auch eine Entwicklung entgegenzusetzen, die den moralischen Bereich beinhaltet, die Entscheidungen erleichtert, was unter den gegebenen Verhältnissen noch vertretbar ist, das ist eine Herausforderung für die Sportwissenschafter, Trainer und Leibeserzieher unserer Zeit, der wir uns nicht entziehen dürfen.

(Vortrag zum 20jährigen Bestehen der Sportwissenschaftlichen Gesellschaft der Universität Graz am 30.11.1979)

Realisierungsmöglichkeiten für die Gesundheitserziehung in den Leibesübungen.

Aber ein Anderes ist der Gedanke,
ein Anderes die Tat,
ein Anderes das Bild der Tat.
Das Rad des Grundes rollt nicht
zwischen ihnen.

F. Nietzsche (Zarathustra)

Dieser Ausspruch des deutschen Philosophen könnte sehr treffend die Situation in der Gesundheitserziehung unseres Landes kennzeichnen: Da ist einmal der Gedanke: die Wunschvorstellung, der Vorsatz, die von der Theorie begründete Zielsetzung.
Und da ist die Tat: die Realität, die zähe Bemühung, das von der Wissenschaft und der Gesellschaft als notwendig und sinnvoll Erachtete in mühevoller Tagesanstrengung umzusetzen.
Und da ist das Bild der Tat: die Beschreibung unserer Veranlassungen und Ergebnisse, die Beschönigungen - oder einfach das, was bleibt auf lange Sicht, wenn die unmittelbaren Anlässe vorbei sind.
Das Unbehagen über die Diskrepanz zwischen Vorstellung, Realiserung und Glorifizierung (kein unbegründeter Zusammenhang) begleitet auch meine Ausführungen.
Es ist interessant, daß dieses wichtige Gebiet Gesundheitserziehung bei uns - wie übrigens in den meisten mitteleuropäischen Ländern - kein eigener Gegenstand, sondern ein Unterrichtsprinzip ist. Das ist zwar mehr, weil es in viele Gegenstände hineinwirkt, sozusagen ein Anliegen aller ist, es ist aber tatsächlich weniger, da es keine Ausbildung, keine eigenen Wochenstunden, keine Stoffimpulse, die diesen Bereich zugeordnet sind, gibt. Und die Stoffülle in den anderen Fächern ist so groß, daß schon für die "eigenen Anliegen" dieser Fächer zu wenig Zeit bleibt. Leider hat der Stoff Vorrang vor dem Leben!
Es geht darum, vom Unterricht aus Leibesübungen aus Möglichkeiten zu suchen, gesundheitserziehliche Aspekte aufzuzeigen, erkennbar zu machen, sie anzuwenden, um sie zur Gewohnheit werden zu lassen.
Ich fasse den Begriff der Gesundheit weit wie die Weltgesundheitsorganisation und sehe darin eine gelungene Anpassungsleistung, die Wohlbefinden, Leistungsfähigkeit, Freude ebenso einschließt, wie das Freisein von Krankheiten.
Hartmut von Hentig weist nun dem Leibeserzieher eine ganz wesentliche Funktion zu. "Von allen Lehrern ist der Leibeserzieher am besten in der Lage, zu erkennen, wie Kinder heute sind, die diese Gesellschaft geformt oder verformt hat, zu erkennen, welche Bedürfnisse offen oder verborgen in ihnen stecken!"

Es ist eine hohe Zielsetzung, um nicht zu sagen eine Überforderung, in einer Zeit, in der das Anliegen der Gesundheit zwar in allen Medien ununterbrochen angesprochen aber gleichzeitig auch auf das Übelste manipuliert wird.
Durch Zahncremen wird der Kariesteufel besiegt, das Zahnfleisch erhalten, unabhängig von den übrigen Ernährungsgewohnheiten; durch Raumsprays wird die Luft reiner, die Frische des Ozeans umweht uns verführerisch. Es wird die Vorstellung erzeugt, daß mit Sprays und Mittelchen alle Versäumnisse oder Verstöße gegen ein gesundes Leben wieder ins Lot gebracht werden. Man kann sich bis zur Übelkeit überessen, keine Sorge, Samarin hilft, kann kann im Streß seine Energien abbauen, Biovital renkt alles ein und macht Sie auch abends springlebendig und unternehmungslustig, und Sie können Ihr Zimmer vollqualmen mit Nikotin, Velosa-Raumspray bringt frisches Raumklima ohne Lüften.

Welche Position in der Erziehung hält die Gesundheitserziehung heute? Wenn man dreißig oder fünfzig Jahre zurückblickt, kann man sagen, es hat sich einiges geändert. Bilder von Schulklassen aus den Zwanziger oder späten Vierziger Jahren zeigen schlecht ernährte Kinder, zum Teil mit kahl geschorenen Schädeln, mit reichlich Haltungsschäden, die aber wenig beachtet waren, es gab Kinderlähmungsfälle und die TBC war noch eine gefürchtete Seuche.
Heute sind viele dieser damaligen Volksseuchen dank einer ausgezeichneten öffentlichen Gesundheitspflege und Vorsorge beinahe ausgerottet. Dafür aber gibt es eine reichere Palette von anderen Problemen. Die Kreislauferkrankungen und vegetativen Störungen nehmen zu, Fettsucht und auch Magersucht sind nicht selten, psychosomatische Leiden sind im Vormarsch, die hohe Zahl der Selbstmorde von Jugendlichen, die auf eine ungenügende Situationsbewältigung (zu geringe Frustrationstoleranz) hindeuten, die Umweltfrage als Aufgabe des einzelnen und als Überlebensfrage für alle, das Drogenproblem und Fragen der Sicherheit sind zu nennen.
Wir müssen erkennen, daß neben einer weit verbesserten öffentlichen Gesundheitsvorsorge und -fürsorge, neben wesentlich leichteren Lebensbedingungen für einen Großteil der Bevölkerung, neben einer erweiterten Information der Menschen doch auch ein Ansteigen der Probleme feststellbar ist.
Gibt es ein Gesundheitsbewußtsein bei der Jugend als wesentliche Voraussetzungen für eine Veränderung des Verhaltens? Wenn wir Untersuchungen zur Motivation im Sport bei uns und in vergleichbaren Ländern betrachten, finden wir, daß Gesundheit erst ein viert- oder fünftrangiges Motiv für das Sporttreiben ist. In der Jugend ist man einfach nicht oder noch nicht krank und daher wird der Zusammenhang nicht erkannt.

Lehrplanforderungen

Vom weiten Aufgabenbereich der Schule deckt die Leibeserziehung einen Teil ab. Sie erfüllt zum Teil fächerübergreifende Funktionen, d.h., sie arbeitet mit an Zielen, die andere Fächer auch erbringen können, wie beispielsweise die Erziehung zur Toleranz, zum gegenseitigen Verstehen usw. Darüberhinaus hat sie aber auch fachimmanente Ziele, d.h. solche, die kaum von anderen Fächern übernommen werden, wie z.B. die Bewegungserziehung, die Förderung des sportmotorischen Bereichs. Die Bildungs- und Lehraufgaben, die übergeordneten Lernziele, die mittels des Lehrstoffes vermittelt werden können, sind in den neuen Lehrplänen wie folgt umrissen:

Der Unterrichtsgegenstand Leibesübungen hat die Aufgabe, die Schüler zu befähigen, in vielfältigen Bewegungssituationen eigenverantwortlich zu handeln und ihnen dadurch ein freudvolles Erleben allein und in der Gemeinschaft mit anderen zu eröffnen. Der Unterrichtsgegenstand Leibesübungen soll zu sozialer Verantwortung gegenüber den Mitmenschen und der Umwelt erziehen, zur Selbstentfaltung und Selbstfindung des jungen Menschen beitragen und damit sein gegenwärtiges und zukünftiges Leben bereichern.

Der Unterrichtsgegenstand Leibesübungen ist daher die Fähigkeit zum Bewegen, zum Spielen, zum Leisten und zu gesunder Lebensführung beim Schüler durch folgende Zielsetzungen zu entwickeln: (Im Lehrplan werden zunächst einige Lernziele zum Bereich Bewegen, zum Spielen und zum Leisten angeführt, dann heißt es expressis verbis)

- Bewußtmachen der Körperfunktionen und Bewegungswirkungen für das physische, psychische und soziale Wohlbefinden durch Verbessern der organischen Leistungsfähigkeit;
- Erfahrenlassen der Wirkung aktiver Erholung und ausgleichender Bewegung in und außerhalb der Schule und über die Schulzeit hinaus, sowie des psychosozialen Wohlbefindens in Sportgruppen;
- Erziehen zu Sicherheitsbewußtsein durch Erkennen und Vermeiden der Gefahren beim sportlichen Handeln sowie Anleiten zu tätiger Hilfe und situationsgemäßen Verhalten bei Sportunfällen;
- Entwickeln einer verantwortlichen und kritischen Haltung zu den Auswirkungen des Sports auf das Individuum, die Gesellschaft und die Umwelt;
- Vermitteln grundlegender Kenntnisse aus der Gesundheitslehrer und des Umweltschutzes.

Der neue Lehrplan orientiert sich also nicht so sehr an den Fertigkeiten, an fixen motorischen Zielen, sondern vielmehr an Fähigkeiten und Einstellungen. Körpererfahrung ist dabei ein wichtiger Bereich. Mrazek (1983) meint, daß zahlreiche Indizien dafür sprechen, daß in modernen Industriegesellschaften das Verhältnis des Menschen zu seinem eigenen Körper immer komplizierter wird. Die Ursache dafür sei, daß der einzelne in diesen Gesellschaften, die durch Komplexität, Differenzierung und Spezialisierung gekennzeichnet sind, den Anforderungen einer zunehmenden Vielfalt von Situationen und Bedingungen durch den vollständigen Wechsel zwischen verschiedenen Rollen und Verhaltensmustern begegnen muß. Das hat zur Folge, daß es für ihn immer schwieriger wird, eine Identität aufzubauen und aufrecht zu erhalten, da die in ihrer

Komplexität kaum noch überschaubare Umwelt keine verläßlichen Ankerpunkte oder Konstanten zur Identifikation mehr bietet. Die letzte Konstante, die noch bleibt, ist der eigene Körper; d.h., daß Identität zunehmend über den eigenen Körper gewonnen wird.
Nun ist der eigene Körper, den wir meist als selbstverständlich und natürlich hinnehmen so weit er normal funktioniert, durchaus nicht so konstant wie es zunächst scheinen mag. Von der Geburt an bis zum Ende der Pubertät ist er starken biologischen Veränderungen unterworfen, mit denen ebenso große psychische Veränderungen einher gehen, sodaß sich eine relativ stabile Persönlichkeit mit stabiler Identität erst gegen Ende der Publität entwickelt haben kann. Doch auch im Erwachsenenalter, wo körperliche Veränderungen in der Regel sehr langsam und unmerklich vor sich gehen, ist der Körper nur eine relative Konstante.
Viele Menschen haben Probleme mit ihrem Körper, weil er auf der einen Seite unterfordert ist (Bewegungsmangel, geringe körperliche Beanspruchung), auf der anderen Seite aber überfordert ist. Der psychosoziale Streß (Belastungen am Arbeitsplatz und im Privatleben) kann nicht mehr adäquat abgebaut werden und fördert Erkrankungen des Organismus. Die zunehmende Zahl von Menschen, die an gesunder Ernährung, gesunder Lebensführung und gesunder Umwelt Interesse haben, die aus Gesundheitsgründen Sport treiben, das Vordringen körperbetonter Psychotherapien und alternativer Lebensformen sind ein Ausdruck dieser Entwicklung, welcher wir mit unseren neuen Lehrplänen Rechnung tragen wollen.
Ich möchte hier noch auf einige konkrete Beispiele eingehen, die sich in Verbindung mit dem Unterricht, also unmittelbar aus und mit der Praxis ergeben können. Wenn wir diese Chancen in den Unterrichtsituationen nützen, dienen wir einem einfachen Anliegen:

- Wir geben Einblick in den Sinn unserer Bemühungen im Sportunterricht (Prinzip der Bewußtheit)
- Wir machen dadurch Erziehung leichter, effektiver, da alle Erziehung ja letztlich Selbsterziehung ist. Ein bewußter Mitvollzug, eine Einbringung des Erlernten, Erfahrenen in den eigenen Alltag sichert den Unterrichtsertrag. (Wenn man das Ergebnis manchen Unterrichts über acht Jahre sieht, müßte man die Schule sofort abschaffen).
- Wir unterstreichen die Wichtigkeit unseres Berufes als Gesundheitsingenieur.
- Wir helfen damit aber auch gegen die Manipulation.

Da ist eine Aufgabe einmal das Bewußtmachen, das Gewahrwerden des Funktionieren unseres Körpers; der Zusammenhänge in der Bewegungssteuerung, in der Energieproduktion als Leistungsgrundlage. Das Verhältnis von Anspannung und Entspannung, um dadurch auch sich entspannen zu lernen. Die Fragen im Zusammenhang mit der Atmung toter Punkt, die Rolle des Pulses, der Ruhepuls, der Belastungspuls, die Erholungszeit, Ermüdung und Erschöpfung, vom Sinn des Aufwärmens, Maßnahmen zur Verbesserung in den motorischen Eigenschaften, Ausdauer, Kraft, Gelenkigkeit. Der Übungseffekt oder die verbesserte Koordination als wichtiger Beitrag für die Ökonomie, der negative Einfluß von Alkohol und Nikotin.

Bewußtmachen auch des Zusammenhanges von Leistung und Erhöhung des Selbstwertgefühles, auch als Voraussetzung für die Sozialisation

Eingehen auch auf außerschulische Trends, die gerade in Mode sind, wie z.B. die Jogging-Welle, die Fit-Aktion, aber auch Aufzeigen der Problematik (Extreme, Verletzungsgefahr, ungünstige Voraussetzungen wie ungeeignete Ausrüstung, harte Straßen, Abgase). Das Entwickeln besonderer Fitneß-Programme für die einzelnen Schüler mit einfachen Selbstkontroll-Verfahren (z.B. Puls, Wiederholungsziffern etc.) die vielen Fragen im Zusammenhang mit der Umwelt, vor allem beim Sporttreiben im Freien, aber auch der Aspekt der Sicherheit (Projekt: Sicheres Fallen, Skitouren-Protokoll, richtiges Heben, Maßnahmen zur Ersten Hilfe). Es gibt in einem engagierten Unterricht beinahe eine ununterbrochene Reihe von Anlässen für gesundheitspädagogisches Wirken.

Einen wesentlichen Punkt möchte ich in diesem Zusammenhang noch aufgreifen, das ist der psychosoziale Aspekt der Gesundheit. Es wird heute oft behauptet, die Schule selbst sei der erste Krankmacher der Kinder durch Streß, Überlastung, Einseitigkeit und viele Frustationssituationen.
Die hohe Zahl der Schülerselbstmorde scheint dies manchmal zu bestätigen (hängt aber sicher mit der Labilität dieses Alters zusammen). Die Ursachen sind meist woanders. Aber es ist trotzdem angebracht, sich als Lehrer immer wieder einige Fragen zu stellen, etwa:

- Haben die Kinder Interesse (Freude) an meinem Unterricht?
- Haben sie die Gelegenheit, Angst oder Aggressionen abzubauen (nicht zu verdrängen, sondern sie zu bewältigen)
- Finden sie reichlich Möglichkeit zur Selbstbestätigung?
- Haben sie Einsicht in den Sinn ihrer Anstrengungen?
- Bin ich einer, zu dem ein Kind kommen kann, weil es zu Hause nicht verstanden wird, von seinen Kameraden nicht gemocht wird?
- Kümmere ich mich um ein gesundes Klima in unserer Schule?

Ich habe hier einige Aufgaben angedeutet, die Liste ließe sich noch lange fortsetzen. Das Symposium selbst bietet eine ganze Reihe von Anregungen für die praktische Arbeit. Es erscheint mir besonders wichtig, nicht wegzuschauen in schwierigen Situationen, sondern die Kinder zu beobachten und ihnen zu helfen. Wir sollten uns nicht scheuen, bei den kleinen Dingen zu beginnen, bei der Körperreinigung, bei der richtigen Turnkleidung, beim Hinweis auf Haltung, auf richtige Pausengestaltung, auf sinnvolles Schuhwerk.
Eine gute Beispielsammlung gerade für diese kleinen Schritte gibt Molecz (1979). Es sind Vorschläge, die im Laufe eines Proseminares von den Studierenden des Institutes für Sportwissenschaften in Wien gesammelt wurden.

Ein weiterer Beitrag, der von Kolleginnen und Kollegen der Arbeitsgemeinschaft der Leibeserzieher Niederösterreichs erarbeitet wurde, ist die Broschüre Hoschek/Schmid "Gesundheitserziehung in den Leibesübungen". Darin gibt es zu einer Reihe von Problembereichen zunächst allgemeine Informationen, die das Wissen um die Anliegen der Gesundheitserziehung erweitern. Darauf aufbauend werden spezielle Informationen angeboten, die die Kenntnis von besonderen Maßnahmen oder Übungen im jeweiligen Bereich zum Ziel haben und Möglichkeiten der pädagogischen Anwendung in der Schulwirklichkeit aufgezeigt.

Die Unmittelbarkeit der Anlässe

Es scheint mir besonders wichtig zu sein, aus der Gesundheitserziehung in den Leibesübungen keine eigene Theorieveranstaltung zu machen und auch überhaupt nicht zu sehr zu theoretisieren. Dafür sind die Leibesübungsstunden in unseren Lehrplänen noch zu gering bemessen und selbst dieser Anteil ist heute wieder bedroht. Es kommt darauf an, bestehendes Interesse wachzuhalten bzw. Interesse zu schüren und durch kurze Erläuterungen im Zusammenhang mit dem Tun mehr Verständnis zu schaffen.
Es sollten Aha-Erlebnisse provoziert werden und keine gesundheitserziehliche Indoktrination vorgenommen werden. Was wir brauchen, sind mehr fragende Schüler, weil wir aus ihren Fragen ihre Interessenslage ausmachen können und so eine unmittelbare Verknüpfung von Erleben, Erfahren und Bewußtwerden schaffen.
"Kritische Reflexion an sich ist intellektuelle Spielerei oder faule Ausrede, solange sie keinen Bezug zum eigenen Verhalten hat. Persönliches Betroffen-Sein in der kritischen Reflexion setzt persönliches Betroffen-Sein durch die Sache voraus. - Wenn das stimmt, dann hätten wir über den Sport hinaus eine Erklärung für die relativ geringe Wirksamkeit pädagogischer Bemühungen. (Volkamer 1987, 37).
Wir müssen akzeptieren, daß Sport nicht für jeden dasselbe bedeutet, nicht bedeuten kann. Aber Kinder und Jugendliche benötigen zu ihrer Entwicklung bestimmte Grunderfahrungen, die ihnen in der Schule vor allem über Bewegung und Sport vermittelt werden können. Wir sind in unseren Schulen in der glücklichen Lage, daß wir verschiedene Anlässe und somit Möglichkeiten anbieten können, körperliche Erfahrungen zu sammeln. Im Pflichtgegenstand Leibesübungen, in den Unverbindlichen Übungen, wobei hier auch besonders der Förderungsgruppe für Schüler mit motorischen Defiziten eine besondere Bedeutung zukommt, bei den Schulveranstaltungen und bei den schulbezogenen Veranstaltungen. Die große Zahl der Wochenstunden aus Leibesübungen in den Sonderformen mit sportlichen Schwerpunkt (in den Gymnasien mit einem zusätzlichen eigenen Theoriebereich) bieten eine ganz besondere Chance in dieser Hinsicht. Daneben kann auch über das Kurzturnen, über eine sinnvolle Pausengestaltung, über ein gesundheitsfreundliches Schulklima die Gesundheitserziehung positiv beeinflußt werden.

Die Bemühungen im Unterricht aus Leibesübungen gesundheitserziehliche Anliegen zu realisieren gehen weit zurück und man kann sagen, daß auf dem langen Weg zur gesunden Schule manches verwirklicht ist. Allerdings werden auch immer wieder neue Aufgaben gestellt und die Lösung der Probleme schwieriger, da in einer pluralistischen Gesellschaft viele Faktoren zusammenwirken und viele verschiedene Einflüsse mitberücksichtigt werden müssen. Bei der Gesundheitspädagogik geht es nach Peyker (1985) darum, Wege zur Eigenverantwortlichkeit im Bereich Gesundheit zu finden. Dies ist jedoch mit Information allein nicht zu erreichen. Die Fülle der Informationen, die die Schule glaubt an die ihr anvertrauten Schüler weitergeben zu müssen, läßt jenen schöpferischen Prozeß der Entdeckung der Wirklichkeit mit den eigenen Kräften nur selten aufkommen. Piagets warnender Satz: "Alles, was Du dem Kind beibringst, hat es nicht selbst herausfinden können!" muß uns zu denken geben. Viel zu oft fehlt die Zeit, Erkenntnis reifen zu lassen. Aber nur das selbst Erkannte ist wahres Wissen und wird auch in Verantwortung vertreten. "Inhalte und gelebte Wirklichkeit müssen in Verbindung gebracht werden, die Schule muß sich am Leben, am Prozeß der gesellschaftlich-kulturellen Entwicklung beteiligen, sie muß hinausgehen aus ihrem isolierten "künstlichen" System, offen werden und den Informationsaustausch mit ihrer Umwelt suchen (Peyker 1985, 67)".
Wenn Erziehung Betroffenheit, Beteiligung, Anteilnahme am Leben und damit Verantwortlichkeit bewirken will, muß sie offener werden, sie muß Nichtwissen, Sprachlosigkeit und Ratlosigkeit als Wege zum Sein zulassen, um das allmähliche Gewahrwerden von Zusammenhängen und die Gewinnung von Intensität und Identität zu ermöglichen.

Ganzheitlichkeit, Vernetzung, Zusammenarbeit

Die Veränderungen und die Komplexität der Wirklichkeit eilen unseren Möglichkeiten der Beschreibung stets voraus. Deshalb kommen wir mit Information allein nicht zurecht. Der österreichische Nobelpreisträger Erwin Schrödinger stellte einmal fest, daß es zumindest 50 Jahre dauert, bis eine bedeutende wissenschaftliche Entdeckung in das Bewußtsein der Öffentlichkeit eindringt. Die Menschheit könne sich heute aber nicht mehr leisten, ein halbes Jahrhundert auf die Umsetzung der neuen Erkenntnisse in weiten Bereichen zu warten.
Der Preis, den wir in unserer Umwelt, in unseren Beziehungen, mit unserer Gesundheit, unseren Konflikten und unserer bedrohten gemeinsamen Zukunft bezahlen, ist zu hoch.
Wir müssen die Wahrheit suchen, und unser Bewußtsein für die Veränderungen öffnen.

Die allseitige Beteiligung am Informationsprozeß und -austausch ist eine notwendige Bedingung, Wissen im Zusammenhang zu erwerben. Dieses Wissen im Zusammenhang ist wichtig für die Integration der Information in das eigene Leben. Wir werden uns für diese schwere Aufgabe Verbündete suchen müssen: den Schularzt, die Lehrerkollegen, vor allem die Eltern, die in diesen Erkenntnis- und Überzeugungsprozeß miteinbezogen werden müssen. Und die Aufgabe ist so schwierig und durch so viel Manipulation gefährdet, daß nur gemeinsame Anstrengungen auf lange Sicht einen Erfolg bewirken werden. Wenn sich dieser Erfolg allerdings einstellt, werden wir für die Schule, die Gesellschaft und für den einzelnen Menschen eine große Veränderung und für die Welt von morgen eine Hoffnung verwirklicht haben.

Literaturhinweise

Ferguson, M.: Die sanfte Verschwörung. Basel 1982

Hentig, H.v.: Fahrstuhl, Kniebeuge, Goldmedaille - oder die Dialektik des Sportunterrichtes. In: Ausschuß Deutscher Leibesesrzieher (Hrsg.): Sport lehren und lernen. Schorndorf 1976, 24-39

Hoschek, A./Schmid,K. (Hrsg.: Gesundheitserziehung in den Leibesübungen, BMUKS, Wien, o.A. (1980)

Molecz, G./Chytill, E.: Gesundheitserziehung in der Schule. In: Leibesübungen-Leibeserziehung, 33 (1979), S: 67-71

Mrazek, J.: Zufriedenheit mit dem eigenen Körper. In: Kölner Beiträge zur Sportwissenschaft, Bd. 12, St. Augustin 1983

Peyker, J.: Gesundheitspädagogik. Von der Selbstverantwortung zur Mitverantwortung. Retzhof bei Leibnitz 1985

Volkamer, M.: Von der Last mit der Lust im Schulsport. Schorndorf 1987

(Referat beim Symposium „Gesundheitserziehung in den Leibesübungen, Wien 1987)

Zum Förderungsaspekt in den Leibesübungen

Eine der Forderungen der „Enquete '85. Zur Situation der Leibeserziehung", die im März 1985 im Brucknerhaus in Linz stattfand und die aktuelle Fragen und Anliegen des Leibeserziehungsunterrichtes in verschiedenen Arbeitskreisen behandelte, war die Einführung eines Förderunterrichtes auch im Bereich der Leibesübungen.

Es ist dies ein Anliegen, das beim Internationalen Kongreß für zeitgemäße Leibeserziehung 1982 in Regensburg zum Thema "Der leistungsschwache Schüler im Sportunterricht" aufgegriffen wurde und auf dessen Dringlichkeit die ASKÖ den damaligen Unterrichtsminister Dr. Sinowatz aufmerksam machte. Wenngleich derzeit in den diesbezüglichen Bestimmungen der Förderunterricht nur auf die Gegenstände Deutsch, Mathematik und Englisch beschränkt ist, würde die Definition des Förderunterrichtes in §8, lit.f, des Schulorganisations-Gesetzes durchaus auch für Einrichtung einer solchen Maßnahme im Unterricht Leibesübungen sprechen, denn man versteht darunter "nicht zu beurteilende Unterrichtsveranstaltungen für Schüler, die in Pflichtgegenständen eines zusätzlichen Lernangebotes bedürfen, weil sie die Anforderungen in wesentlichen Bereichen nur mangelhaft erfüllen oder wegen eines Schulwechsels Umstellungsschwierigkeiten haben".

Für rund 20% aller österreichischen Schüler ist Turnen keineswegs ein "leichtes" Fach, in dem sie sich erholen und austoben können. Oft treibt ihnen schon allein der Gedanke daran Schweißperlen auf die Stirn. Es handelt sich dabei selten um faule Schüler, wohl aber um solche, die vom Elternhaus oft zuwenig für den Sport motiviert sind, die geringe Vorerfahrungen haben, die ängstlich sind oder Koordinationsschwierigkeiten aufweisen.
Nun gibt es zwar im Rahmen der Unverbindlichen Übungen auch die Möglichkeit, Haltungsturnen, Sonderturnen und Leibesübungen für sportlich weniger begabte Schüler anzubieten, aber bei der Begrenzung der Neigungsgruppen durch die Kenn- und Grenzwerte setzen sich die interessanteren Angebote in Zusammenhang mit der Vorbereitung für die Schülerligen und andere Sportarten stärker durch. Dies ist auch aus der Schulstatistik eindeutig feststellbar: Während Neigungsgruppen, wie Fußball, Volleyball und andere Sportarten ständig steigende Schülerzahlen aufweisen, sinken die Zahlen für einen allgemeinen erweiterten Leibesübungsbetrieb im Rahmen der Unverbindlichen Übungen stark ab, und Gruppen für Sonderturnen stellen eine ausgesprochene Seltenheit dar.
Da durch die vorgegebenen Kenn- und Grenzwerte für Unverbindliche Übungen nur ein kleiner Freiraum bleibt, stehen hier Angebote für die sportlich weniger begabten Schüler auf verlorenem Posten. Gerade deshalb war eine der Forde-

rungen der Enquete eben die Einführung des Förderunterrichtes auch für Leibesübungen.
Weil sich aber weder eine Aufnahme der Leibesübungen in den Förderunterricht noch eine Herausnahme der "Förderkurse für Leibesübungen" aus den Kenn- und Grenzwerten realisieren ließ, das Anliegen andererseits doch so wichtig erschien, wurde ein anderer Weg zur Durchsetzung dieser Forderung beschritten.

Mit Rundschreiben Nr. 255/1986 (BMUKS-Zl. 36.377/108-V/1d/86 vom 3. Juli 1986) hat Herr Bundesminister Dr. Moritz folgendes verfügt:
"Der Unterricht aus Leibesübungen hat im Rahmen seiner Zielsetzungen auch die Aufgabe, Versäumnisse in der motorischen Entwicklung aufzuholen und gesundheitlichen Mängeln entgegenzuwirken. Da trotz einer inneren Differenzierung des Unterrichtes diese Anliegen nicht immer in ausreichendem Maße verfolgt werden können, setzt das Bundesministerium für Unterricht, Kunst und Sport als besondere Förderungsmaßnahme für alle jene Schüler, die eine gering ausgeprägte körperliche Leistungsfähigkeit oder zu wenig Vorerfahrung haben und eines zusätzlichen Lernangebotes bedürfen, weil sie in wesentlichen Bereichen die Anforderungen nur mangelhaft erfüllen können, fest: Bei der Planung von Unverbindlichen Übungen aus Leibesübungen ist die besondere Förderung der "leistungsschwächeren" Schüler in vielfältigen Bewegungssituationen vorzusehen. Andere Inhalte wären erst dann zu berücksichtigen, wenn nach Rücksprache mit dem Schularzt und nach Befassung des Schulgemeinschaftsausschusses bzw. des Schulforums feststeht, daß an der betreffenden Schule kein Bedarf für die Einrichtung einer Unverbindlichen Übung aus Leibesübungen besteht oder die notwendigen Voraussetzungen gemäß §3 der Verordnung über die Führung von alternativen Pflichtgegenständen, Freigegenständen, Unverbindlichen Übungen und Förderunterricht sowie die Teilung des Unterrichtes bei einzelnen Unterrichtsgegenständen in Schülergruppen (Verordnung vom 27.1.1981, BGBl. Nr. 86) nicht gegeben sind".
Diese Maßnahme stellt zwar einen Kompromiß gegenüber der Forderung der Enquete dar, sie setzt aber ein deutliches Signal in drei Richtungen:

1. Es wird dadurch unterstrichen, daß eine Förderung der motorisch weniger Begabten im Rahmen der Unverbindlichen Übungen ein ebenso wichtiges Ziel ist wie die Betreuung von besonders Sportbegeisterten. Hier wird die gesundheitliche Entwicklung aller vor die besondere sportliche Leistung einiger weniger gestellt.
2. Der Erlaß spricht für die Feststellung, ob an der betreffenden Schule ein Bedarf für eine derartige Gruppe gegeben ist, den Schulgemeinschaftsausschuß bzw. das Schulforum an, und macht damit auch die Eltern auf diese Maßnahme und ihrer Verantwortlichkeit aufmerksam und
3. wird erstmals expressis verbis auch eine Zusammenarbeit zwischen Schularzt und Leibeserzieher in dieser Frage verlangt.

Es muß darauf hingewiesen werden, daß es sich bei dieser Einrichtung nicht nur um das Haltungsturnen oder Sonderturnen, sondern um ein zusätzliches

Übungsangebot handelt, das den Schülern vielfältige Möglichkeiten zur Verbesserung motorischer Fertigkeiten und Entwicklung motorischer Fähigkeiten bietet, das ihnen Freude an der Bewegung gibt und sie für weiteres lebenslanges Sporttreiben motiviert.

Mit dieser Maßnahme könnte sicherlich ein großer Beitrag für die Gesundheitserziehung und Leibeserziehung auf lange Sicht erreicht werden. Es erhebt sich nun die Frage, was unter "Leistungsschwäche" verstanden werden kann: Lutter [1] teilt die Ursachen für die Leistungsschwäche in zwei Bereiche auf, in einen physisch/biologischen und in einen psychologisch/soziologischen.
In die erste Kategorie gehören:

a) körperliche Mängel (Kondition/Konstitution), die im Laufe der Zeit auftreten (Schwächen bezüglich Kraft, Ausdauer, Schnelligkeit, Koordinationsvermögen, Beweglichkeit, Größe, Gewicht, Körperbau).
   Lutter möchte in diesem Zusammenhang das leistungsschwache Kind vom Behinderten trennen, da dessen Problematik auf einer doch anderen Ebene liegt. Er meint, daß die Leistungsschwäche der Nichtbehinderten zum erheblichen Teil umweltbedingt ist und sie sich erst allmählich herausgebildet hat.
b) Ein sehr geringes Bildungsrepertoire als Ursache des eben genannten Phänomens und damit verbundene große Schwierigkeiten des Aufbaues von neuen Bewegungsformen.

Zur zweiten Kategorie, die beim leistungsschwachen Schüler heute festzustellen ist, gehören:

a) die familiären Bedingungen; eine mögliche Überbehütung gerade bei Einzelkindern, die Ängstlichkeit der Eltern bezüglich drohender Gefahren und Situationen, denen ihre Kinder ihrer Meinung nach nicht gewachsen sind.
b) Die Angst der Kinder nach einer Verletzung, die - bewußt oder unbewußt - seelische Konflikte auslöst.
c) Lernschwierigkeiten, die es dem einzelnen schwer machen, so schnell wie die übrigen Klassenkameraden dazuzulernen.
d) Störungen im Verhältnis Schüler zu Schüler oder Schüler zu Lehrer.

Lutter erwähnt neben diesen beiden Kategorien noch eine mehr organisatorisch-materieller Art, nämlich etwa ungenügend Spielplätze, weit abgelegene Sportanlagen, ungenügender Aufforderungscharakter der unmittelbaren Umwelt etc.

Eine andere Einteilung trifft Rusch [2], der drei Bereiche unterscheidet.
1. Haltungsschwächen: Dies bedeutet Funktionsschwäche bzw. Funktionsstörung der Skelettmuskulatur mit Einfluß auf die Wirbelsäule. Die Haltungsschwäche ist ausgleichbar. Entsprechende Maßnahmen können im Sportunterricht, speziell aber im Sportförderunterricht, ergriffen werden.
2. Organschwächen: Darunter versteht er Schwächen des Herz-Kreislauf- und des Atemsystems. Bemerkbar machen sich Organschwächen u.a. durch schnelle

Ermüdbarkeit und langsame Erholungsfähigkeit, erhöhten Ruhepuls und oberflächliche Atmung.
3. Koordinationsschwächen: Man versteht darunter ungeordnete, disharmonische Bewegungsabläufe im Sinne eines räumlich, zeitlich und dynamisch-ökonomischen Zusammenspiels von Muskeln, Nerven und Sinnen. Koordinationsschwächen können im Bereich der Grob- und Feinmotorik auftreten. Sie machen sich u.a. durch mangelnde Geschicklichkeit, unharmonischen Ablauf der Gesamtbewegung, mangelnde Gleichgewichtsfähigkeit und mangelnder Anpassungsfähigkeit an Partner oder Geräte bemerkbar.

Nach diesem ersten theoretischen Überblick möchte ich gerne einen Einstieg in die Praxis, in Ihre Praxis, finden. Ich möchte Sie nun ersuchen, jeden einzelnen von Ihnen eine in diesem Zusammenhang für Sie bewegende Frage zu formulieren, eine Fragestellung herauszuarbeiten. (Eine Auflistung der Fragen ist im Anhang angeführt!)
Wir könnten nun die Fragen austauschen und Antworten erarbeiten. Dies wäre übrigens ein übliches Verfahren im Unterricht. Wir könnten die Fragen vorlesen (lassen), allenfalls Fragestellungen erläutern, ergänzen. Ich möchte aber hier nicht Antworten geben. Die Antwort ist für den einzelnen Fragesteller oft schon in der Frage enthalten. Die Frage zielt etwas an, ist auf (erwartete) Antwort gerichtet. Sie beinhaltet Interesse, Identität. Das ist das Entscheidende.
In unseren Schulen wird fast immer nur auf (fertige) Antworten hingearbeitet. Eine Prüfung ist ein Frage-Antwort-Spiel nach dem Reiz-Reaktionsschema. Sehr oft fehlt dabei die Einbindung der gelernten Information in das eigene Leben, die Übereinstimmung mit dem Selbstempfundenen. Es kommt zu keiner Selbstentdeckung, zu keiner Veränderung. Daher wird der Prüfungsstoff nach der Prüfung meist für immer abgelegt. Man staunt oft, wie wenig nach ein bis zwei Jahren vom Angelernten noch vorhanden ist.
Daher sollten wir auch im Unterricht aus Leibesübungen von den Schülern viel öfter Fragen erbitten, solche Selbstfrage- oder Selbstfindungsprozesse anbahnen, denn diese schaffen Bewußtheit (nur wer spürt, was Bewegungsarmut auslöst, wird Bewegung als notwendige Dimension erfahren und ausreichende Bewegung in das eigene Leben integrieren). Die Informationen, die wir erhalten, müssen einen Sinn haben, einen Sinn auch für mein Leben ergeben. Sinn heißt, eingebettet sein in Struktur, in einen größeren Zusammenhang.

Ich möchte nun zurückkehren zu den ursprünglichen Überlegungen, zur Einteilung von Rusch (Haltungsschwächen, Organschwächen und Koordinationsschwächen) und möchte mich dabei vor allem auf die Koordinationsprobleme beschränken.
Über Haltungsschwächen und Maßnahmen zu deren Bekämpfung wurde in eigenen Seminaren des Pädagogischen Institutes Wien schon gesprochen, die Behebung der Organschwächen wird speziell im Bereich der Ausdauer im Rahmen des Symposiums Gesundheitserziehung angesprochen. Ich möchte mich daher eher einigen Fragen der Koordination zuwenden. Ich beziehe mich

dabei auf Ausführungen von Kiphard [3] über altersgemäße Koordination. Vielleicht könnte man in diesem Zusammenhang auch mit Martin [4] von der Funktionsreife sprechen. Ganz allgemein können wir ja sagen, daß wir im Laufe unserer Entwicklung die motorischen Fertigkeiten ständig erweitern, daß wir im Zusammenwirken der Sinnesorgane, Nerven und Muskeln uns eine Kombinationsmotorik aneignen, sie entwickeln und ausbauen. Sie wird aber auch durch Vernachlässigung und altersbedingten Abbau auch wieder eingeschränkt (Altersmotorik).

Kiphards [5] Definition der altersgemäßen Koordination lautet wie folgt: "Unter einer altersgemäßen Bewegungskoordination verstehen wir das harmonische und möglichst ökonomische Zusammenwirken von Muskeln, Nerven und Sinnen zu zielgenauen, gleichgewichtssicheren Bewegungsaktionen (Willkürmotorik) und schnellen, situationsangepaßten Reaktionen (Reflexmotorik)."

Für ein optimales Zusammenwirken (Koordination) sind folgende Voraussetzungen zu erfüllen:

1. Das rechte Kraftmaß, welches Bewegungsumfang und Bewegungsgeschwindigkeit bestimmt.
2. Die rechte Muskelwahl, welche Bewegungsführung und Bewegungsrichtung beeinflußt.
3. Die Fähigkeit zu schnellem Wechsel von Muskelspannung und -entspannung als Voraussetzung für jede Form von motorischer Anpassung.

Eine Bewegung verläuft demnach um so koordinierter, je sparsamer mit der Bewegungsenergie umgegangen wird. Diese Tatsache ist uns von jedem motorischen Lernvorgang her bekannt. Koordination ist ein Ökonomisierungsprozeß. "Der Mensch hat ein instinktives Streben nach Rationalisierung, was sich bei jedem Übungsfortschritt zeigt" (Gaulhofer). Im Anfang (Grobkoordination) ist das Kraftmaß generell überdosiert. Erst der Fortgeschrittene lernt Kraft sparen (Feinkoordination). Eine zweckentsprechende Kraftabstufung der Einzelimpulse soll eine maximale Wirkung bei minimalem Aufwand ermöglichen.

Dabei werden nur die gerade notwendigen Muskeln (Agonisten) und ihre Mitspieler (Synergisten) innerviert ("benervt"). Die zur Bewegungsausführung nicht oder nur wenig benötigten Muskelgegenspieler (Antagonisten) bleiben, so weit es die jeweilige Bewegungsaufgabe erlaubt, entspannt. (Ihre inhibitorischen Aufgaben bei der Aufrechterhaltung der Hypostatik, beim Abbremsen schneller Bewegungen und zum Zwecke der Bewegungsführung werden in dynamisch und zeitlich sparsamen Einsatz gelöst).

Natürliche Bewegungsverbindungen erfordern eine rascheste Umstellungsfähigkeit von agonistischen und antagonistischen Muskelgruppen, die jeweils blitzschnell ihrer Rollen tauschen müssen (Innervations-Denervationsablösung). So zum Beispiel bei dem hin- und herfließendem Wechselspiel zwischen beugenden und streckenden, anziehenden und abspreizenden, innen- und außenrotierenden Gliederabschnitten oder zwischen den vornüberbeugenden, zurückbeugenden und drehenden Rumpfmuskeln.

Unser Hirn erhält aufgrund vielfältiger Sinneswahrnehmung laufend Kenntnis über Erfolg oder Mißerfolg unserer motorischen Unternehmen - "gleitende Koppelung" nach Bethe. Das Auge meldet uns plötzlich Veränderungen in der Bewegungssituation. Akustische Orientierungen, taktile Reize sowie Muskel- und Lageempfungen runden den Komplex dieser Rückmeldungen ab. Dadurch werden wir zu einer konstanten Bewegungsanpassung gezwungen. Die ursprünglichen Impulse müssen je nach veränderter Lage dynamisch, zeitlich und räumlich verändert, neu eingestellt und somit ständig den Forderungen des Augenlichts angepaßt werden.

Man faßt diese äußerst komplizierten Steuerungs, Schalt- und Regelvorgänge unter dem Begriff "sensumotorische Koordination" zusammen.
So manifestiert sich eine optimale Bewegungskoordination als ein fließendes Ineinandergreifen willkürlicher und unwillkürlicher, selbstregulativer sensumotorischer Funktionskreise zum Zwecke einer situationsadäquaten, ganzheitlichen Bewegungshandlung.

Und im Zusammenhang mit der praktischen Anwendung meint Kiphard [6]:
In der Übungsarbeit mit stark entwicklungsrückständigen Kindern wird man deshalb immer mit einer isolierten Sinnesschulung (visuell, akustisch, taktil) beginnen müssen. Erst bei genügender Funktionstüchtigkeit des Sinnesapparates kann sich eine präzise Vorstellung vom eigenen Körper ausbilden. Und dieses Körperbewußtsein wiederum ist Voraussetzung für die Entwicklung eines Raumbewußtseins im Zuge der motorischen Umwelteroberung durch Gehen, Laufen, Springen, Werfen. Wer noch kein differenziertes Körperschema erlangt hat und Links und Rechts nicht sicher unterscheiden kann, wird zwangsläufig Schwierigkeiten bei der grobmotorischen Gesamtkörperkoordination haben.
Aus dem Gesagten mag deutlich geworden sein, daß wir es hier mit einem Vollzug entwicklungsbiologischer Funktionsebenen zu tun haben, deren eine gleichsam die Basis für die nächste zu bilden hat:

1. Sinneserfahrung (visuelle, akustische und taktile Bewußtheit)
2. Körpererfahrung (strukturelles Vorstellungsvermögen von Rumpf, Kopf und Extremitäten)
3. Großraumerfahrung (vorwiegend grobmotorische Körperfunktionen)
4. Kleinraumerfahrung (vorwiegend feinmotorische Extremitätenkoordination)

Wenn man bei Sonderturnschülern die ersten beiden Entwicklungsstufen als im allgemeinen vollzogen betrachtet, so verbleiben als Übungsauftrag die Verbesserung der Körperkoordination und der Extremitätenkoordination. Je nachdem, ob dies getrennt oder simultan geschieht, ergeben sich für das Schulsonderturnen 3 Hauptübungsschwerpunkte:

1. Übungen der Gesamtkörperkoordination
2. Übungen der Extremitätenkoordination
3. Simultanübungen der Körper- und Extremitätenkoordination

Diese Übungsschwerpunkte stellen eine Stufenfolge steigender koordinativer Anforderungen dar, welche der proximal-distalen Ausdifferenzierung der menschlichen Motorik entsprechen. Sie sind als Leitlinie, als "roter Faden" für den Übungsaufbau einer Koordinationsschulung gedacht. Damit ist gemeint, daß der Akzent zu Anfang mehr auf Gesamtkörperkoordination liegen soll. Erst im Zuge des Funktionsfortschritts wird man den Schwerpunkt auf Übungen der Hand-, Fuß- und Kopfgeschicklichkeit verlagern. Dabei soll schon frühzeitig gezielt auf Bewegungsfertigkeiten hingearbeitet werden. Sie sind immens wichtig für das oft lädierte Selbstbewußtsein ungeschickter Kinder, welche damit endlich eine sichtbare Leistung vorweisen können, die sie mit Stolz erfüllt.

In diesem Zusammenhang noch ein paar Gedanken. Der erste zur Lernermüdung. Wenn wir bei Ungerer [7] lesen, daß ein 13- bis 15-jähriger in einer Einheit nur etwa drei bis fünf Sequenzen (Lernschritte) verkraftet (also in sich aufnehmen und auch verarbeiten kann) so wissen wir, daß vor allem die Ehrgeizigeren unter uns in dieser Hinsicht die Schüler oft überfordern. In unserem Bemühen um Abwechslung und Anreiz und um Lernfortschritt packen wir oft zu viel Neues in eine einzelne Einheit hinein. Der Schüler wird dadurch nicht geschädigt, aber das Ergebnis ist gemessen am Aufwand nicht sehr zufriedenstellend. Beim leistungsschwachen Kinde ist die Aufnahmefähigkeit in dieser Hinsicht sicher noch reduzierter und die Behaltensfähigkeit für motorische Muster sicher auch geringer.

Eine interessante Arbeit über Lerngedächtnis wurde im vergangenen Jahr beim ICHPER-Europa-Kongreß in Cuneo von Patrizia del Rey über Vergessen und seine Wirkung auf das Lerngedächtnis vorgebracht. (Lernen durch Vergessen, Versuch des Erlernens einer Fertigkeit durch jeweils neue Situationen anstelle Wiederholung der gleichen Übung vom gleichen Standort, demonstriert am Beispiel Basketballkorbwurf).
Ähnliches hat man auch beim beidseitigen Üben festgestellt, wo durch Üben mit der schlechteren Hand z.B. auch die Koordination der Wurfhand verbessert werden konnte.
Vielleicht sollten wir diese Beidseitigkeit nicht nur auf Hände und Füße und auf die Augen und Sinnesorgane übertragen, sondern vor allem auch auf die beiden Hirnhälften. Unser derzeitiges Unterrichten ist stark linkslastig, d.h. auf die linke Hirnhälfte bezogen, die das Rationale, Analytische betont und weniger auf die rechte, die die Intuition, das Gewahrwerden von Mustern und Zusammenhängen hervorbringt.
Vielleicht ist gerade auch dadurch die Lernübertragung eine so schwierige, das sogenannte Lernen für das Leben. "Die ausgeprägteste Lernstörung ist vielleicht die Blindheit gegenüber Mustern - die Unfähigkeit, Beziehungen wahrzunehmen oder Bedeutungen ausfindig zu machen." meint Ferguson [8] und dies ist wohl eine Lernstörung, die uns fast alle betrifft. Rijsdorp hat in einem Diskussionsbeitrag beim Kongreß für zeitgemäße Leibeserziehung 1970 in Lienz einmal

gesagt: Unsere Leibeserzieher lernen alles über Anatomie und Physiologie, sie kennen alle Gesetze der Biomechanik, sie sind geschult in der Didaktik und wissen eine Menge über die einzelnen Sportarten, aber die meisten von ihnen haben noch nie ein Kind richtig beobachtet.
Es ist nicht immer leicht, Defizite festzustellen, aber noch viel schwieriger ist es, die Ursachen für die einzelnen Störungen herauszufinden und ohne diese Ursachen zu kennen, sind die getroffenen Maßnahmen nur Nummern aus dem Zufallsgenerator.
Da die vorgegebene Zeit nicht reicht, in diesem Referat auf Praxisbeispiele einzugehen, darf ich Sie auf die angeführte Literatur verweisen. Ein Werk, das zwar nicht auf leibeserziehliche Probleme abgestimmt ist, aber doch für uns eine Fülle von Hinweisen auf der Suche nach den Ursachen von Erziehungsproblemen anbietet, möchte ich in diesem Zusammenhang noch besonders erwähnen: Hans Müller-Eckhard „Schule und Schülerschicksal". Göttingen, Verlag für medizinische Psychologie 3/1957 [10].

Liebe Kolleginnen und Kollegen!
Die Familie kann das Kind derart wirksam mit Wärme und Aufmunterung erziehen, daß wir das Resultat als Begabung bezeichnen.
Falls die Familie in der Erziehung jedoch versagt, wenn die emotionalen Bande schwach sind, wird das Kind nicht gedeihen. Ohne Liebe, ohne Hingabe und Antwort von der Welt können wir der Welt keinen Sinn abgewinnen. Bevor Sie, liebe Kollegen, in das Erziehungsgeschehen eingreifen können, hat die Familie längst Rollenverhalten und Erwartungen festgelegt, indem sie dem Kind eine gütige, kooperative, eine egoistische oder eine verrückte Haltung gegenüber der Welt beigebracht hat. Daher ist die Zusammenarbeit in der Erziehung mit dem Elternhaus so überaus wichtig. Viele Familien schließen sich aus Unsicherheit ab. Aus mangelndem Selbstvertrauen trauen sie auch ihren Kindern nichts zu. So überträgt sich oft die Angst von einer Generation auf die andere. Weil viele Erwachsene als Kinder im Stich gelassen worden waren - man hat sie nicht dafür belohnt, daß sie ihr eigenes Selbst wahren, und sie sahen sich stets gezwungen es "besser zu machen", wie sehr sie sich auch bemühten - empfinden sie es nun als schwierig, darauf zu vertrauen, daß sie geliebt werden. Wenn Sie Eltern sind, fällt Ihnen aufgrund der eigenen Erfahrung es manchmal schwer, die Kinder bedingungslos zu akzeptieren. Die Schule, in einem echten transformativen Prozeß, stellt für viele Menschen eine zweite Chance dar, jene Selbstachtung zu erlangen, die ihnen als Kind versagt worden ist. Indem sie das Zentrum in sich selbst, das gesunde Selbst erreichen, entdecken sie ihre eigene Ganzheit, meint M. Ferguson (9).
Wenn wir also heute vom Förderungsaspekt in den Leibesübungen sprechen, so sehe ich darin weit mehr als eine Haltungsschulung, auch etwas anderes ist eine bloße Organschulung; ich fasse den Begriff sehr weit und meine damit, das wesentliche der Förderung liegt am langfristigen Vermitteln der noch fehlenden Freude an der Bewegung. Die unverbindliche Übung dieser Art muß daher ein vielseitiges Angebot bieten mit einem große Aufforderungscharakter, sie muß

Zeit zum Aufarbeiten von Defiziten gewähren, die in langen Jahren oft mangelnder Förderung, in übersehenen Krankheiten und in bedrückenden Sozialsituationen entstanden sind. Wir müssen die Kinder, die sich an die Wand gedrückt fühlen, wieder zurück in die Mitte des Raumes holen. Ich bin mir der schwierigen Situation bewußt, in die Sie gestellt sind.
Der Buchtitel von Volkamer "Vom Mut, trotzdem Lehrer zu sein" gilt auch besonders in dieser Situation. Jeder, der sich aus dem festen Geleise der Routine entfernt, und eine Solche Entfernung ist notwendig, um Kinder (Außenseiter) vom Rande wieder in die Mitte zu locken, jeder, der dies also versucht, begibt sich in die Gefahr des eigenen Schiffbruchs. Aber ist nicht auch jedes Scheitern eine Chance für die persönliche Veränderung des Lehrers und damit für sein eigenes Weiterwachsen. Lassen wir die Ziele hoch gesteckt, auch wenn die Erwartungen vielleicht nicht so hoch sein dürfen. Aber wenn es uns gelingt, jedes Jahr auch nur einen motivierten Schüler pro Klasse zu gewinnen, so ergibt dies in acht Jahren acht Schüler einer Klasse. Da dürfte am Ende der Schulzeit fast keiner mehr in der Klasse sein, der nicht irgend einen Zugang zu den Leibesübungen, eine Beziehung zu seinem eigenen Körper und einen besseren Kontakt zu seiner Umwelt gefunden hat. Diejenigen unter Ihnen, die sich dieser Aufgabe und diesem Ziel widmen, bewirken für unser Fach und unser Anliegen mehr, als es die spektakulärsten Rekorde und Leistungen je erbringen könnten.

Literatur

[1] Lutter, H.: Der leistungsschwache Schüler im Sportunterricht: Folgerungen für die Lehreraus- und -fortbildung. In: Das leistungsschwache Kind im Schulsport. (Kongreßbericht) Schorndorf 1983, S. 21-22

[2] Rusch, H.: Sportförderunterricht. Schulsonderturnen. Schorndorf 1979, S. 13-14

[3] Kiphard, E. J.: Bewegungs- und Koordinationsschwächen im Grundschulalter. Schorndorf 1970, S. 11

[4] Martin, D.: Konzeption eines Modells für das Kinder- und Jugendtraining. In: Leistungssport 3/1981, S. 165 ff.

[5] Kiphard, E. J.: a.a.O.

[6] Kiphard, E. J.: S. 92

[7] Ungerer, D.: Leistungs- und Belastungsfähigkeit im Kindes- und Jugendalter. Schorndorf 4/1977

[8] Ferguson, M.: Die sanfte Verschwörung. Basel 1982, S 347

[9] a.a.O.

[10] Müller-Eckhard, H.: Schule und Schülerschicksal. Göttingen, Verlag für medizinische Psychologie 3/1957.

Fragenkatalog

Zum Problemkreis Motivation

- Gibt es eine Möglichkeit uneinsichtige Kinder (beeinflußt durch Elternhaus) zur Teilnahme an der Neigungsgruppe zu bewegen?
- Wiese sind Schüler ohne ersichtliche körperliche Schwächen, wo auch das Umfeld den Leibesübungen positiv gegenübersteht, trotzdem leistungsschwach?
- Wäre es nicht günstig mit jenen Schülern Kontakt aufzunehmen, die sich nicht angemeldet haben? Wie kann man dies tun, ohne in ihre private Sphäre einzugreifen, um die Gründe der Nichtteilnahme zu erfahren?
- Wie kann der leistungsschwache Schüler auf längere Zeit motiviert werden, wo doch durch seine eigenen Beobachtungen und das Verhalten der Mitschüler und oft auch der Lehrer andauernd das Gegenteil passiert?

Zum Bereich Elterneinstellung

- Ist nicht oft das Problem so, daß leistungsschwache Schüler (bzw. deren Eltern) einen Zeitaufwand für "mehr Bewegung" als Zeitvergeudung halten?
- Wie soll ein Kind, dessen Leistungsschwäche mit Unwillen zusammenhängt, und dessen Eltern extrem "leibfeindliche" Einstellungen vertreten, gefördert werden, z.B. durch die Unverbindliche Übung?
- Warum findet eine Fortbildung für einen verpflichtenden Kurs am Schulanfang und nicht am Schulende statt?
  Jetzt hat man praktisch keine Möglilchkeiten mehr (für dieses Schuljahr) mit den Eltern in Kontakt zu treten.
- Wie schafft man eine einfühlsame Verständigung mit den Eltern bezüglich der Leistungsschwäche des Kindes?
- Wie erkläre ich "dicken" Eltern, daß ihr "wohlgenährtes" Kind besonderer Leibesübungen bedarf?
- Wie kann man die Notwendigkeit eines sogenannten "Förderturnens" den betreffenden Kindern bzw. deren Eltern "schmackhaft" machen, ohne das Gefühl gesellschaftlicher Diskriminierung aufkommen zu lassen?
- Welche Möglichkeiten bestehen, den leistungsstarken Schüler bei der Förderung des leistungsschwachen Schülers einzubinden, zu aktivieren bzw. zu stimulieren?
- Wie kann man verhindern, daß gerade die schwächeren Schülerinnen von Eltern (oder auch Schularzt) sehr rasch Entschuldigungen bekommen, die sie vom Unterricht befreien (es ist daher gerade bei vielen Schülerinnen dieser Gruppe schwierig sie zu einer Teilnahme an zusätzlichen Turnstunden zu motivieren)?

Zum Bereich Einordnung

- Kann man zwischen echter Behinderung (z.B. minimale cerebrale Parese) und umweltbedingten Defiziten unterscheiden? (Problem: die zweite Gruppe entwickelt sich, die erste nicht, dies führt zu Frustration!)

- Kann der Leibeserzieher über Traumen wie minimale cerebrale Parese oder Autismus vom Schularzt informiert werden oder unterliegt das dem ärztlichen Datenschutz?
- Verstärken sich koordinationsbedingte Schwächen nicht durch Mißerfolgserlebnisse und damit der psychische Druck auf den Schüler?
- Wie unterscheide ich, ob der leistungsschwache Schüler zu wenig motiviert ist, oder ob er einfach zu faul ist?
- Inwiefern fühlt sich ein Kind, das am Förderunterricht für Leibesübungen bzw. einer entsprechenden Neigungsgruppe teilnimmt/teilnehmen muß in eine Außenseiterrole gedrängt?
- Warum sollte es nicht gelingen, den Leistungsschwachen im normalen Unterricht zu fördern, z.B. durch Gruppeneinteilung und persönliche Zuwendung?
- Wie kann ich im Rahmen des normalen Turnunterrichtes den leistungsschwachen Schüler motivieren, ohne daß der Rest der Klasse darunter leidet? (ein paar Mal geht es sicher, aber auf die Dauer?)
- Wie überwindet man die Hemmung der Schüler, sich zu diesem Förderunterricht, der in den Augen vieler Kinder eine negative Wertung besitzt, zu melden?
- Wie schütze ich leistungsschwache Schüler vor Diskriminierung durch die Mitschüler?
- Wie kann man die Diskriminierung der leistungsschwachen Schüler durch die Teilnahme an der Unverbindlichen Übung vermeiden?
- Was kann ich als Leibeserzieher dazu beitragen, das Image des leistungsschwachen Schülers im Klassenverband zu verbessern?
- Wie kann der leistungsschwache Schüler in den Normalunterricht besser integriert werden?
- Wie werde ich dem psychischen Aspekt des leistungsschwachen (-gestörten) Schülers gerecht?
- Wie erreiche ich das Aufgeschlossenwerden des leistungsschwachen Schülers und dessen Integration in die Gruppe?

Zum Bereich organisatorische Probleme

- Wie sollen die Forderungen zur Förderung der leistungsschwächeren Schüler erfüllt werden bei Klassenschülerzahlen von 30 bis 36 Schülern und einem Wochenstundenausmaß von zwei Stunden?
- Wie komme ich zu jenen Geräten, die im Rahmen der praktischen Einheiten dieser Fortbildung gezeigt wurden?
- Wie kann ein zusätzlicher Förderunterricht noch angeboten werden, bei einer Normalbelastung von 43 Wochenstunden pro Schüler?
- Woher soll ich bei zwei Stunden Leibesübungen pro Woche die Zeit nehmen, auf leistungsschwache und besonders begabte Schüler gleichzeitig einzugehen?
- Würde eine tägliche Turnstunde dem Problem Abhilfe verschaffen? Kann es gelingen, jene Schüler in die Unverbindlichen Übungen zu bringen, die sie

auch wirklich brauchen? Könnte man die Anmeldungen für diese spezielle "Unverbindliche Übung" etwas verlängern, um sich zu Schulbeginn mit den Schülern und Eltern persönlich darüber auseinandersetzen.

- Bedingt durch den Mangel an genügend eigenen, entsprechend ausgestatteten Übungsstätten fällt es schwer, "normale" Schüler zu motivieren. Wie schwer ist dies daher bei leistungsschwachen Schülern. Deshalb meine Frage: Wie lange wird es noch dauern, bis endlich die seit vielen Jahren versprochenen Turnsäle gebaut werden? (Schulen im 15. Bezirk)
- Da in meiner Schule nur zwei winzige Turnsäle und ein kleiner Turnhof vorhanden sind, fehlt - besonders mit fortschreitendem Schuljahr - vielfach die Motivation, bei diesen ungünstigen Bedingungen zu turnen. Welche Möglichkeiten gibt es, rechtlich und organisatorisch, im Raum Wien den Turnunterricht zeitlich und örtlich zu verlegen (z.B. Waldlauf, Radfahren, Umziehmöglichkeiten usw.)?
- Wie setzt man optimal diese Förderstunden an, ohne daß es zu einer zusätzlichen Belastung (Schulweg, Nachmittagsunterricht) des Schülers kommt?

Zum Bereich Anforderungen an den Lehrer

- Die angesprochene Lehrveranstaltung verlangt ein enormes persönliches Engagement dem Schüler gegenüber sowie ein umfangreiches Wissen. Wie kann ich gerade in diesen Einheiten auf alle sich ergebenden Faktoren und Schwierigkeiten eingehen und reagieren?
- Ein Problem ist, daß es nicht den leistungsschwachen Schüler gibt, sondern daß die leistungsmäßigen Schwächen der Jugendlichen so breit gefächert sind, daß es selbst im "Förderturnen" schwierig ist speziell auf die Kinder einzugehen, alle unter "einen Hut" zu bringen. Ist "leistungsschwach" nicht manchmal auch Desinteresse oder Faulheit? (Problem der Motivation speziell bei Oberstufenschülerinnen)
- Fühlen sich bei besonderer Berücksichtigung der Situation der leistungsschwachen Schüler in der Unterrichtsplanung nicht die "normalen" Schüler unterfordert?
- Wie kann ich den Schüler, der sonst abseits steht, zum Mittun beim Sport bringen?
- Wie überwinde ich die sichtbare Resignation der leistungsschwachen Schüler insbesondere in den Wettspielen?
- In welcher Relation steht das Erfolgserlebnis eines leistungsschwachen Schülers gegenüber dem des normalen oder leistungsstarken Schülers?

Verschiedene Anfragen

- Sollte man sich beim Problem des leistungsschwachen Schülers nicht mehr um die psychische Situation als um die schlechte Kondition kümmern (Hemmungen, Angst, Schamgefühle etc.)?
- Sollte man nicht, um das beste Lernalter für die Motorik besser zu nützen, schon in den Volksschulen Sportlehrer einsetzen?

- Warum soll man sich eigentlich als leistungsschwacher Turnschüler degradiert fühlen, wenn es in anderen Gegenständen selbstverständlich ist, schwach zu sein und schlechte Noten zu haben?
- Sollten wir uns nicht mehr darum kümmern, das Interesse der begabten Schüler nicht zu verlieren?
- Turnstunden werden gekürzt und Kürzungen von Schulveranstaltungen werden überlegt, aber eine Neigungsgruppe für leistungsschwache Schüler soll geschaffen werden. Kommt es dadurch nicht zur Bildung einer Randgruppe?
- Wo bleibt die Chancengleichheit, wenn diese neue, sicherlich sehr notwendige Unverbindliche Übung andere, gut eingeführte und bei den Schülern sehr beliebte Unverbindliche Übungen (Musikgymnastik, Volleyball, ...) verdrängen soll?

(Aus: PI-Mitteilungen, 13 (1987/88)

Perspektiven im Fach Leibesübungen

Ein Blick in die Zukunft ist immer mit vielen Unabwägbarkeiten verbunden. Welcher von den Zukunftsforschern hätte vor drei Jahren ein vereintes Deutschland sozusagen gewagt, wer vor fünf Jahren den Zerfall des Kommunismus, wer die Probleme in Jugoslawien?

Lassen Sie mich daher mein Thema mit einem Szenario beginnen:

Der Kalender weist auf das Jahr 2005. In der Schule, die vor 25 Jahren nach modernsten Gesichtspunkten gebaut worden war, ging man daran, die Sporthalle umzubauen. Sportunterricht war nicht mehr gefragt. Zehn Jahre vorher wurde unter dem Zwang neue Fächer einzuführen, um den Erfordernissen des großen Wirtschaftsraumes entsprechen zu können, schon der obligatorische Unterricht aus Leibesübungen zunächst auf eine Wochenstunde eingeschränkt und dann schließlich in einen Freigegenstand umgewandelt. Die Schüler könnten ohnedies ihre Lust für sportliche Betätigung auch in Vereinen, oder in den zahlreich entstandenen Fitness- und Bodybuildingstudios stillen, argumentierte man damals.
Zur selben Zeit hatte es sich als sinnvoll erwiesen, die Sportfreianlagen der Schule in ein Biotop umzuwandeln, da man im Freien ohnedies wegen der zunehmenden Ozonbelastung beim Sporttreiben gesundheitlich gefährdet war. Und so vegetierte im wahrsten Sinne des Wortes anstelle des Spielfeldes und der Laufbahn nun ein vom Biologieprofessor und zwei der grünen Idee besonders aufgeschlossenen Eltern betreutes Biotop als Halbabbild der Natur, als Mischung zwischen Aquarium in einem Teich und einem Gemüsegarten inmitten eines Urwaldes schlecht und recht dahin. Es diente sozusagen der steten Erinnerung, daß es neben den technischen Entwicklungen, die in einem enormen Ausmaß und weit über den Bedarf hinaus die Einrichtung der Schule bestimmten, auch noch das andere, die Natur, gab.
Aber jetzt ging es darum, die dreifach teilbare Sporthalle der Schule einer sinnvollen Bestimmung zuzuführen, um die hohen Investitionskosten auch durch eine intensivere Nutzung zu rechtfertigen. Der Schulgemeinschaftsausschuß hatte in mehreren Beratungen und nach einer Befragung von Eltern und Schülern beschlossen, aus den drei wenig genützten Teilhallen folgende, den Schüler- und Elterninteressen entsprechende Einrichtungen zu schaffen:

a) Einen Raum mit Spielautomaten der verschiedensten Art, in welchem die Schüler sich zwischen den Unterrichtsstunden erholen konnten. Da die Automaten für den Betrieb auch den Einwurf von Münzen vorsahen, würde damit das ökonomische Denken der Schüler auch in der Freizeit besonders gefördert.

b) Einen weiteren Raum mit Personalcomputern und einer Vielzahl von Videospielen. Das besondere an diesem Raum war seine Mehrfachverwendbarkeit. Einerseits konnten hier zusätzliche Einheiten für den Informatikunterricht in Großgruppen angeboten werden, andererseits hatten die Schüler hier Gelegenheit, im Rahmen der gelenkten Freizeit bei den Videospielen (die einzelnen Spiele wurden jeweils vom Beirat für Computerspiele empfohlen; sehr oft hinkte jedoch die Begutachtung dem Angebot lange nach) die praktische Handhabung der Geräte weiter zu perfektionieren. Für die Schaffung dieser Einrichtung gab es besonders viele Stimmen, da die Schüler sich über zusätzliche Angebote auf dem schwarzen Markt unter der Hand auch die Lösungen der Hausaufgaben ausdrucken lassen konnten.

c) Über die Verwendung der dritten Turnhalle war man geteilter Meinung. Schließlich entschied sich der Schulgemeinschaftsausschuß für die Schaffung von offenen Kommunikationsräumen, in lose Gruppen geteilt und durch einige Einrichtungsgegenstände etwas wohnlicher gemacht, etwa in der Art, wie man heute Großraumbüros organisiert.

Von diesen Kommunikationseinrichtungen erhofften sich Lehrer und Eltern Abhilfe gegen die in den letzten Jahren vermehrt aufgetretenen Fälle von Aggression und Vandalismus, gegen die stärkere Absonderung einiger Schüler und Schülergruppen, die behaupteten, ihre eigenen Klassenkameraden wegen des Wahlfächersystems und der integrierten Leistungsgruppen überhaupt nicht mehr zu kennen. Vor allem hofften die Eltern, durch die gedachten Selbsthilfegruppen die Zunahme des Drogenmißbrauchs an der Schule einzudämmen. Aber dieses Vorhaben wurde nirgends laut ausgesprochen, weil man sonst vielleicht auch zugeben hätte müssen, daß durch die Ganztagsschule die Kommunikation innerhalb der Familie ohnehin schon auf den Nullpunkt gesunken war. Die Konkurrenz der 22 Fernsehprogramm war zu übermächtig für Gespräche, und für Probleme gab es ja die Schulpsychologen.

Es erscheint mir als günstiger Einstieg für die Frage, was Sport und Spiel am Anfang des dritten Jahrtausends für den jungen Menschen in seinem Schulalltag bedeuten könnten, zunächst die für eine Sporterziehung der Jugend schlimmere Variante vor Augen zu haben.
Gibt es zu dieser pessimistischen Schau auch ein Gegenstück, eine Utopie? Aber ist nicht die Schule selbst schon eine Utopie, eine Fiktion, die versucht, das was im Leben wirklich geschieht, durch Formeln, durch Symbole zu ersetzen?
Das Dilemma der Schule ist es, daß sich Institutionen und Leben schwer vereinbaren lassen. Selbst die Leibesübungen als idealer Bereich eines Gleichgewichts zwischen intellektueller Beanspruchung und körperlicher Belastung, zwischen intensiver einseitiger geistiger Anstrengung und ganzheitlichem Erleben, erfüllen diesen Anspruch nicht mehr. Die Schule hat eine gesellschaftliche Aufgabe. Und so wird immer wieder gefragt, welche Art von Menschen wird von der Gesellschaft gebraucht, und deshalb stehen in einer von Industrie,

Wirtschaft und Wachstum bestimmten Welt auch jene Forderungen an oberster Stelle, die diesem Gefüge eines wirtschaftlichen Wohlstandes die geeignete Grundlage bieten. Menschen also mit einer immer stärker auf Berufe und Berufsanforderungen ausgerichteten Bildung, anpassungsfähige Menschen, um nicht zu sagen angepaßte Menschen, die geänderten Strukturen in Wirtschaft und Gesellschaft rasch entsprechen können. Menschen, die auch bereit sind, den Segnungen dieser postindustriellen Welt durch ihr Konsumverhalten ein weiteres Wachstum zu garantieren. Und so wie es heute nicht möglich ist, dem Lehrling, der früh einer einseitigen Berufsbelastung ausgesetzt ist, im Rahmen der Berufsschule oder des Betriebes ein angemessenes Maß an sportlicher Betätigung zu ermöglichen, weil sonst "die wirklichen Ausbildungsziele" zu kurz kommen, so wird sich auch in zehn weiteren Jahren, wenn Österreich vielleicht Mitglied der Europäischen Gemeinschaft geworden ist, nicht viel geändert haben.

Wenn man allerdings die Akzente etwas anders setzt und von den Bedürfnissen des Kindes un Jugendlichen ausgeht, sollte eigentlich gefragt werden, welche Gesellschaft braucht der Mensch, um sich zu einem vollen menschlichen Dasein entwickeln zu können, eine Lebensform, in der man vollmenschlich existieren möchte.

Wie müßte also eine Schule aussehen, die diese menschliche Dimension anerkennt, und das Kind nicht von der Erwachsenenwelt aus betrachtet, sondern aus seiner eigenen zu beurteilen versucht.
Von unseren derzeitigen Schulen behauptet Horst Rumpf, zwar auf die Situation der BRD bezogen, daß sie künstliche Gebilde seien, die uns das Leben nur aus zweiter Hand vermitteln, die uns - weit schlimmer noch - von uns selbst, von unserem eigentlichen, geheimnisvollen Sein entfremden. Es sind Schulen, die die jungen Menschen mit Wissen als einem Konsumgut überschwemmen, die ihnen Wissen vermitteln, um zu funktionieren. Die Kinder lernen funktionieren, aber sie erhalten keine eigentliche Bildung, und die Kreativität und das Staunen, diese Grundvoraussetzung für echte Bildung, gehen völlig verloren. Wissen wird in manipulativer Absicht den Jugendlichen aufgedrängt, ohne Erkenntnis reifen zu lassen. Aber nur das Selbsterkannte ist wahres Wissen und wird auch in Verantwortung vertreten. (Rumpf, H., Die künstliche Schule und das wirkliche Lernen. Egs-Texte 1986)
Ähnlich äußert sich auch Friedensreich Hundertwasser in einem Interview, wenn er sagt: "Viele Schulsysteme sind prinzipiell darauf aufgebaut, Träume zu zerstören. Es passiert darin systematisches Morden: Denn, hat man den Menschen die Wurzeln abgeschnitten, verfällt er in Gleichgültigkeit und er ist eigentlich nur noch ein Automat, der Befehle ausführt - und dahinvegetiert: Ein braver Staatsbürger eben." (Salzburger Nachrichten, 13. August 1988).
Wir haben in Österreich immer noch einer sehr produktionsorientierte manipulative Pädagogik, und deshalb hat sicher der Österreicher auch nie richtig emanzipiert. Er wird nach wie vor von den Parteien bevormundet, er läßt sich

von der Bürokratie steuern und vom Wohlfahrtsstaat auch in jenen Bereichen betreuen, wo er mit ein bißchen Eigeninitiative viele Entscheidungen selbst treffen könnte. Und die Verrechtlichung in unserem Schulwesen hat viele Lehrer verunsichert und ihnen den Mut zu eigenständigen Entscheidungen im pädagogischen Bereich genommen.

Schule müßte viel mehr auf Eigeninitiative, Eigenverantwortlichkeit und Selbsthilfe der Schüler abzielen, sie müßte mithelfen, das Kind vor den Fehlern der Erwachsenen zu bewahren. Einen wesentlichen Beitrag in dieser Richtung könnte in unserer Gesellschaft die Leibeserziehung anbieten, denn sie ist auf Ganzheitlichkeit, auf Eigentätigkeit, auf Kooperation und Verantwortung abgestimmt.
Die neuen Lehrpläne für Leibesübungen eröffnen eine Vielzahl von Möglichkeiten und decken diese neuen Tendenzen voll ab.

Sie erfassen im Pflichtgegenstand alle Schüler für die Bewegungserziehung, sie bieten bei den Unverbindlichen Übungen auch eine Wahlmöglichkeit zum Sporttreiben neben dem Pflichtunterricht an. Darüberhinaus stellen die Schulveranstaltungen (Wintersportwoche, Sommersportwoche) einen wichtigen Beitrag für die Freizeitgestaltung dar; sie sind auch eine Chance für die Festigung von Klassengemeinschaften, die durch die organisatorischen und strukturellen Entwicklungen in den Schulformen sehr gelitten haben, wie z.B. durch die Leistungsstufen in den Hauptschulen oder mit dem Wahlpflichtfächersystem in der AHS Oberstufe. Eine reiche Palette von Schulwettkämpfen eröffnet den am Vergleich und Wettbewerb interessierten Schülern ein weites Betätigungsfeld. Und für sportlich besonders interessierte und begabte Schüler sieht das österreichische Schulwesen eigene Schulformen mit leibeserziehlichem Schwerpunkt vor. (Sporthauptschulen und Sportgymnasien)

Zukünftige Entwicklungen lassen sich vielleicht am ehesten aus den derzeitigen Tendenzen erahnen. Einige Veränderungen dürfen hier beispielhaft angeführt werden:

- **Der Sinn für die Umwelt.** In der fortschreitenden Urbanisierung mit ihren vielen Annehmlichkeiten wird der Mensch doch seiner Entfremdung von der Natur und auch der Denaturierung seiner Umwelt bewußt. Die Sehnsucht nach der grünen Landschaft im Wohnbereich, im Schulbereich wird stärker. (Dies sollte nicht nur auf die Schul- und Pausenhöfe Auswirkungen haben, sondern auch Freizeitorientierung die Gestaltung der Freianlagen)
- **Freizeitorientierung.** Durch die sinkende Arbeitszeit, den vermehrten Konsum, durch die intensive Werbung der Freizeitindustrie kommt diesem gesellschaftlichen Bereich eine Bedeutung zu, die auch den Unterricht aus Leibesübungen beeinflußt. Nicht nur im Rahmen der Schulveranstaltungen (Wintersportwoche, Sommersportwoche) mit bewußt gesetzten Schwerpunkten auf jene Sportarten, die für die sportliche Gestaltung der Freizeit interes-

sant erscheinen (Segeln, Surfen, Reiten, Tennis, Bergwandern etc.) auch im Normalunterricht (Pflichtgegenstand/Unverbindliche Übungen) sind diese Tendenzen sichtbar. (Orientierung auf Körper- und Bewegungserfahrung, ein reichhaltigeres Spielangebot, Betonung der Selbstorganisation und Eigenverantwortlichkeit).

- **Ganztägige Schulformen**. Trotz der zunehmenden Tendenz nach Verkürzung der Arbeitszeit sind ganztägige Schul- und Betreuungsformen im Zunehmen. Die Berufstätigkeit beider Elternteile, auch als Teil der Lebensqualität der Frau, die sich im Beruf verwirklichen und ihre Talente einsetzen will, zwingen zu neuen Betreuungsmodellen auch für den Nachmittag (Lernaufsicht, gelenkte Freizeit, Sportangebote).
- **Die Offenheit für spontane Entwicklungen**. Dies ist zwar ein Wunschtraum in der Schule, aber es ist nicht zu leugnen, daß sich Modeerscheinungen, technische Entwicklungen, Ideologien in immer kürzeren Abständen grundlegend verändern. Auch im Sport sind heute für Kinder und Jugendliche plötzlich ganz andere "Kunststücke" gefragt, als zur Jugendzeit ihrer Eltern (Skateboard, Surfen, Mountainbiking, Snowboard, Rafting, Hallenklettern sind sprechende Beispiele), für deren Ausübung die Schulen weder baulich, einrichtungsmäßig noch von der Ausbildung der Lehrer her gerüstet sind.
- **Neue Vernetzungen**. Die gemeinsame Nutzung der Schule durch die Unterrichtsanstalt, den Verein, die Gemeinde aber auch innerhalb der Schule durch übergreifende Tendenzen, in Projekten wie der Schulhof als Garten, als Kommunikationsraum, als Herausforderung für Geschicklichkeitsübungen etc.
- **Die stärkere Betonung des gesundheitlichen Aspekts.** Die Veränderung unseres Gesundheitsbegriffes, insbesondere die Erkenntnis, daß durch rein kurative Maßnahmen die Gesundheit und Leistungsfähigkeit weiter Bevölkerungsschichten nicht gesichert werden kann, geben allen prophylaktischen Bemühungen ein großes Gewicht. Über Gesundheit soll nicht nur informiert werden, sondern Gesundheit ist ein Verhalten, das lebenslang geübt werden muß.

Aus den oben angeführten willkürlich herausgegriffenen Beispielen läßt sich wohl ableiten, daß für eine künftige gesellschaftliche Entwicklung, der die Schule gerecht werden sollte, neben den in den Lehrplänen und Richtlinien festgelegten Erfordernissen doch auch noch ein Freiraum bleiben müßte, die Möglichkeit des Traumes, der Vision.

Die Schule als Lebensraum für das Kind

Die Schule mit der verstärkten Tendenz zu ganztägigen Formen wird immer mehr zum Lebensraum für das Kind. Sie hat daher auch für die für die Entwicklung erforderlichen und herausfordernden Bewegungsräume zu sorgen. "Die Bewegungsräume, die in unseren Städten den Jugendlichen bereitzustellen sind, haben eine vielfältige Funktion. Im zweiten Lebensjahrzehnt hat der Mensch in unserer Kultur entweder eine unphysiologische Schulzeit durchzustehen oder sich in oft ebenso unphysiologische Arbeitsplätze (besonders in Büros und Fließbändern) einzuleben. Die Kompensation durch Betätigung in verschiedenen Sportarten ist vital und notwendig." (Mitscherlich warnt vor den Folgen der Nichtbeachtung dieser Forderung und meint, "wenn wir in dieser kindlichen Erlebniswelt nicht saturiert werden, treten wir nicht als für die soziale Umwelt empfängliche, empfindliche, sondern als sozial defekte, unempfindliche Wesen die Reise in die Welt der Erwachsenen an".

Da nunmehr in diesen ganztägigen Schulformen auch die Nachmittage mit gelenkter Freizeit und verschiedenen Lernangeboten in der Schule verbracht werden, ist die Schule verantwortlich für die sportliche Betreuung in dieser Zeit. Durch eine längere Nutzung der schuleigenen Sportstätten kommen Vereine später an diese Übungsstätten für den außerschulischen Sportbetrieb heran, andererseits bevorzugen viele Eltern die Möglichkeit ihrer Kinder auch sportlich im Rahmen der Schule betreut zu sehen. Es ist zu erwarten, daß langfristig, etwa wie in Frankreich, in England und den USA viele Aktivitäten, die freiwillig von den Vereinen wahrgenommen wird, mehr und mehr der Schule übertragen werden. Eine Entwicklung, die nicht unbedingt zu begrüßen ist, da der Verein immer noch größere Bewegungsmöglichkeiten und meist ein vielfältigeres Angebot aufweist.

Die Gesellschaft müßte sich für die Leibeserziehung in der Schule noch viel stärker interessieren und sie fördern, sowohl als wichtigen Beitrag für Gesundheit und Leistungsfähigkeit, wegen des erforderlichen Ausgleichs zu einer bewegungsarmen Berufswelt und zur passiv verbrachten Freizeit, wie auch als wichtiges Element einer ganzheitlichen Lebenserfahrung, einer Möglichkeit zur Kreativität, zur Eigentätigkeit und Selbstbestimmung in den Handlungen und als günstige Möglichkeit für sozialen Kontakt.

Ausblick

Vielleicht können Einsicht und starke gemeinsame Bemühungen verhindern, daß der am Beginn dieser Ausführungen geschilderte Zustand in den nächsten zehn bis zwanzig Jahren Realität wird. Wenn wir im Jahre 2000 den Sprung in eine Bewegungs-, Gesundheits- und am ganzen Menschen orientierte Gesellschaft getan haben, dann könnten wir folgendes Bild vorfinden:
Eine Elterngeneration, die aus dem eigenen Erleben im Unterricht, die Vorzüge der Leibeserziehung erfahren hat, hat ihre Kinder so erzogen, daß Leibesübungen ihnen zum Bedürfnis geworden sind. Kinderspielplätze sind überall um die Ecke erreichbar, die Wohnungen mit großen Kinderzimmern eingerichtet. Die Schulen sind Stätten mit vielfältigen Bewegungsmöglichkeiten, mit Herausforderungen, sich körperlich zu betätigen, mit einer Reihe von Wahlmöglichkeiten an interessanten Sportangeboten. Lehrer und Eltern arbeiten intensiv zusammen, um gemeinsam eine Generation von Schüler heranzubilden, die gesund, offen

und ausgeglichen sind, mit einer hohen Frustrationstoleranz, Schüler, die keine Duckmäuser sind, die die Notwendigkeit für eine gesunde Lebensgestaltung erkennen. Es wird eine Generation von gut ausgebildeten, engagierten Lehrern geben und man wird überall in Österreich angekündigt in die Schulen hineingehen können und dort eine mitreißende Atmosphäre bei Sport und Spiel erleben, in der die Kinder spüren: Hier ist Leben, hier ist Freude, hier ist Herausforderung, hier finde ich mich selbst.

Wo immer wir tätig oder untätig sein werden, unser Verhalten wird bestimmen, ob sicher der Zustand in Richtung Abschaffung der Leibesübungen oder Aufwertung dieses Fachbereiches entwickeln wird. Vielleicht aber kommen unsere Bemühungen dann schon zu spät.

(Konferenz der Pädagogischen Institute, Faak 1991)

Der Schulsport als Motivationsgrundlage für den Universitätssport

Die österreichische Schule hat seit jeher es sich zur Aufgabe gemacht, "an der Entwicklung der Anlagen der Jugend nach den sittlichen, religiösen und sozialen Werten ... durch einen ihrer Entwicklungsstufe und ihrem Bildungsweg entsprechenden Unterricht mitzuwirken. Sie hat die Jugend mit dem für das Leben und den künftigen Beruf erforderlichen Wissen und Können auszustatten und zum selbsttätigen Bildungserwerb zu erziehen" versucht, wie es im Zielparagraphen des SCHOG definiert ist.
Etwas näher präzisiert wird dieses Vorhaben für den Bereich der Allgemeinbildenden höheren Schule im "allgemeinen Berufsziel" dieser Einrichtung, wobei besonders darauf hingewiesen wird, daß neben einer Befähigung zum späteren Studium Möglichkeiten zum Erwerb lebenspraktischer Inhalte und Fertigkeiten angeboten werden sollen. Dabei sei die gesellschaftliche, kulturelle, wirtschaftliche und technische Realität der Zeit zu berücksichtigen.
Durch viele Jahrzehnte war diese Vorgabe bei der Gemächlichkeit der gesellschaftlichen Entwicklung eine erfüllbare Aufgabe. Die großen Veränderungen unserer Zeit, die Schnellebigkeit auch von Anschauungen und Ideologien, die raschen Veränderungen der Lebensumstände, der Einfluß der Medien und von Modeerscheinungen erschweren heute die Erfüllung dieses Bildungszieles. Es kommt heute wohl eher darauf an, junge Menschen zu einer kritischen Einstellung, zu großer Selbsttätigkeit und Flexibilität zu erziehen, damit sie auch in gänzlich geänderten Zeiten sich orientieren können und Strukturen finden, die eine Bewältigung der an sie gestellten Anforderungen ermöglichen und vor allem mit großer Kreativität den neuen Herausforderungen begegnen können. Mündigkeit, Verantwortungsbewußtsein, Aufgeschlossenheit für Entwicklungen sowie die Bereitschaft, nach immer wieder neu zu begründeten Lösungen der Spannung zwischen persönlicher Freizeit und sozialer Verantwortung zu suchen sowie Toleranz und Verständigung werden in der Schule der Gegenwart immer wichtiger.

Die Feststellung, daß auch das Studium nur eine Berufs**vor**bildung sei, deutet darauf hin, vom mündigen Menschen werde erwartet, er möge sich ein Leben lang weiterbilden, immer weiter lernen. Es ist also ein dynamisches Menschenbild und Selbstverständnis angesprochen. Für dieses lebenslange Lernen ist Motivation eine wichtige Voraussetzung. Nach Toynbee erfolgt menschliche Entwicklung in einer Wechselwirkung von "challenge and response", also einer Herausforderung einer gegebenen Situation und einer adäquaten Antwort auf diese Herausforderung. Toynbee verwendet dieses Modell für die Erklärung der Entstehung von Hochkulturen, sie kann aber ebenso auch auf das einzelne Individuum gedacht werden. Je mehr wir bereit sind, mit den uns umgebenden

Situationen sinnvoll umzugehen, auf Herausforderungen zu reagieren, die Möglichkeiten gestaltend zu nutzen, desto mehr Anteil hat der Mensch am Leben.

Motivation als wichtige Grundlage

"Sport ist kein privates Freizeitvergnügen, das man ausüben, oder auch lassen kann. Er nimmt wichtige Funktionen im Leben vieler Menschen ein und besitzt große gesellschaftliche Bedeutung. Sporttreiben, aber natürlich auch das Konsumieren, ist eingebunden in eigene und fremde Motivations- und Interessenstrukturen, Einstellungen und Erwartungen" (Haag 1991, 9).
Wenn Sporttreiben also eine so wichtige Aufgabe in unserer Gesellschaft ist, dann müssen wir uns wohl auch mit dem Warum des Verhaltens auseinandersetzen und fragen, welche Beweggründe es gibt, die uns zum Sporttreiben anregen. Baumann unterscheidet bei der Antriebsregulation sportlicher Handlungen zwei Kategorien von psychischen Komponenten:

1. Psychische Bedingungen, die eine überdauernde, vielleicht lebenslange Motivation des Sportlers bewirken.
2. Psychische Bedingungen, die dem aktuellen Handlungsantrieb dienen und von der Sportsituation abhängig sind (Baumann 1986, 47).

Für die Erziehung haben die überdauernden Motive, die Gewohnheiten und Überzeugungen gegenüber dem Sport selbst und den gesellschaftlichen Beziehungen des Sports sicherlich die größere Bedeutung, denn sie bestimmen ja dann letztlich auch sportliches Handeln. Überdauernde Einstellungen müssen nicht an Situationen gebunden sein. Als Vorurteile und Stereotype lenken sie die geistige Haltung des Menschen in eine bestimmte Richtung, auch wenn persönliche Erfahrungen nicht vorliegen. Die Übernahme von Meinungen und Einstellungen im Elternhaus, Erziehungspraktiken und Wertschätzungen im Kindesalter können prägend auf spätere Einstellungen hinwirken (Baumann, 1986 51).
Das unterstreicht auch die Bedeutung der Schule, die über Jahre hinweg die Möglichkeit hat Einstellungen bei Schülern zu prägen für die spätere Zuwendung zum Sport oder für sportliche Abstinenz.

Der Frage "Was suchen die Menschen im Sport?" ging Dietrich Kurz nach (Menschen im Sport 2000, 126ff) und er kam dabei auf sechs Sinnbezirke des Sports:

1. Menschen suchen im Sport besondere Körpererfahrungen, den körperlichen Ausgleich, die - möglichst umfassende - körperliche Beanspruchung und das daraus hervorgehende Wohlbefinden. Sie erwarten vom Sport auch positive Wirkungen für ihre Fitneß, ihre Gesundheit und ihre Figur.
2. Menschen suchen im Sport den Reiz, die Sensationen, die Lust, die mit der Bewegungshandlung selbst verbunden sein können. Sie erschließen sich durch die Bewegungen des Sports, Erfahrungen besonderer Art, nicht zuletzt auch in der und über die Natur.

3. Menschen suchen, die sportliche Bewegung als eine Botschaft über sich selbst zu gestalten; sie wollen durch Bewegungen etwas ausdrücken; sie möchten, daß ihre Bewegungen gekonnt, kunstvoll, beeindruckend, schön, ästhetisch erscheinen.
4. Menschen suchen den Sport als ein Handlungsfeld auf, in dem man sich etwas vornehmen, etwas abverlangen, sich an Aufgaben messen und mit anderen vergleichen, seine Möglichkeiten und Grenzen erkennen, die Anerkennung anderer erfahren und den eigenen Wert erleben kann.
5. Menschen suchen im Sport Situationen mit einem offenen Ausgang, der sie zwar in Spannung versetzt, aber nicht unbedingt bedroht. Sie suchen Erlebnisse von Risiko und Abenteuer, die Lust des Ungewissen und das befreite Gefühl danach.
6. Menschen suchen im Sport das Beisammensein mit anderen, die besondere, oft leichtere Kommunikation, die Erfahrungen von menschlicher Nähe, Geselligkeit und Gemeinschaft."

Alle diese Motive oder Sinnbezirke deuten darauf hin, daß der Sport ein gewisses Gegengewicht sein kann gegen den Mangel an körperlichen Beanspruchungen, an einer gewissen Unmittelbarkeit unserer Entscheidungen, an besonderen Herausforderungen, an Spannung und Dramatik und am persönlichen Kontakt; Erlebnisbereich, die uns die moderne Gesellschaft oft vorenthält oder in zu geringem Maße bietet.
Aus dem Wissen um diese Defizite und aus der Erfahrung, daß für ein überdauerndes Verhalten viele positive Erlebnisse und Erinnerungen Voraussetzung sind, wollen wir uns im folgenden die Frage stellen, inwieweit der Unterricht aus Leibesübungen an unseren Schulen im weitesten Sinne Gelegenheiten für eine Motivierung zu lebenslangem Sporttreiben bietet.
Kehren wir also zurück zu den Aufgaben der Schule. Sie hat mit den ihr eigenen Mitteln eine Erziehung für die vielfältigen Bereiche des Lebens zu gewährleisten, sie hat auf die Berufsausübung vorzubereiten, gleichzeitig aber Fähigkeiten zu vermitteln (Flexibilität) die helfen, künftige Entwicklungen im geistigen, gesellschaftlichen, und wirtschaftlichen Bereich bewältigen zu können.

In diesem Gesamtkonzept ist ein wichtiger Faktor die Leibeserziehung. Die Ziele der Leibeserziehung lassen sich im wesentlichen auf drei Bereiche produzieren:
a) Die optimale Entfaltung der psychomotorischen Anlagen
b) Die Schaffung richtiger Sozialbezüge
c) Die Vermittlung kognitiver Bereiche (Kenntnis, Verstehen, Wertung und Einstellungen zu Leibesübungen und Sport; Gesundheitserziehung).

Unter Entfaltung der psychomotorischen Qualifikationen verstehen wir die optimale Ausbildung der motorischen Eigenschaften und motorischen Fertigkeiten zur Erlangung der persönlichen Höchstleistung und der individuellen Ausdrucksfähigkeit in der Bewegung, also die Entwicklung von Kraft, Schnelligkeit, Ausdauer, Gleichgewicht, die Beherrschung des Körperschemas in Raum und Zeit, eine optimale Koordination im Bereich vieler Fertigkeiten. Das Beherrschen einiger grundlegender Verfahren, sich techniche und taktische Elemente anzueignen, als Weg der Ökonomisierung körperlicher Betätigungen, als Voraussetzung für den Einstieg in Spiel und Sport. Die Aneigung richtigen motorischen Verhaltens bei den Tätigkeiten des Alltags wie Gehen, Stehen, Sitzen, Heben und Tragen sowie die Anwendung von Verfahren, um im Alltag auftretende Verspannungen abbauen zu können (Entspannung, Dehnung, Kräftigung, Mobilisation).

Zur psychosozialen Komponente, die sich im emotiven und volitiven Verhaltensbereich äußert, gehört der ganze weite Bereich der Stimmungen und Gefühle, des Angstabbaues, des Vermittelns von Sicherheit und Geborgenheit, des Aufbaues eines Könnensbewußtseins und Selbstwertgefühles, aber auch die Erziehung zu Selbsttätigkeit, zu Kreativität und Interessenserweiterung, ebenso die Bereitschaft zu gemeinsamem Tun. (wie: Lernen, daß beim Sporttreiben jeder durch sein Verhalten auf das Verhalten und Befinden anderer einwirkt und selbst durch deren Verhalten beeinflußt wird. Im Interesse der Gemeinschaft eigene Wünsche zurückstellen zu können und zu Kompromissen bereit sind, aber auch berechtigte eigene Interessen angemessen vertreten. Konflikte, die beim Sporttreiben auftreten, gemeinsam mit anderen bewältigen können. Führungsaufgaben verantwortungsbewußt wahrnehmen bzw. die notwendigen Führungsaufgaben anderer akzeptieren lernen. Sich bewußt werden, in welcher Weise Bewegung, Spiel und Sport in unserer Gesellschaft wirksam werden und daß diese gesellschaftspolitisch wichtig und notwendig sein können).

Im kognitiven Bereich geht es primär um die Vermittlung von Kenntnissen über Leibesübungen und Sport: Regelkunde, Wettkampfbestimmungen aber auch Zusammenhänge aus der Bewegungslehre, aus der Hygiene (Erkennen, daß Anstrengung Voraussetzung für das Gelingen vieler Formen sportlicher Betätigung ist und entsprechend handeln. Erfahren, daß die verbesserte sportliche Leistungsfähigkeit die Freude am Sporttreiben erhöhen kann. Zusammenhänge zwischen sportlicher Betätigung und gesunder Lebensführung kennen und entsprechend handeln).

Es geht aber auch um Mitverantwortung, um die Fähigkeit, das sportliche Geschehen sinnvoll in Bezug zu den eigenen Möglichkeiten setzten zu können. (Sich über Sachverhalte und Zielrichtungen im Sport ein eigenes Urteil bilden und sich sachgerecht entscheiden. Sich seiner Aggressionen bewußt werden und lernen, sein Verhalten zu steuern. Das eigene Bewegungshandeln so zu gestalten, daß Umweltschäden vermieden werden).
Die Leibesübungen, oder Spiel und Sport, sind also eine Möglichkeit zur Befriedigung fundamentaler Bedürfnisse. Sie sind ein Mittel zur persönlichen Entwicklung, wobei vor allem der motorische Bereich erfaßt wird. Welche Realisierungsmöglichkeiten bieten sich nun für diese Ziele in der Schule an?

1. Der Pflichtgegenstand Leibesübungen (im Ausmaß von 2-4 Wochenstunden)
Der Vorteil des Pflichtgegenstandes liegt darin, daß er alle Schüler erfaßt, er bezieht auch die Schwächeren und Gehemmten, die den Unterricht am notwendigsten haben, mit ein. Er gewährleistet einen kontinuierlichen Aufbau über Jahre hinweg und sichert mit einer entsprechenden Vielfalt Anreize für alle. Der Nachteil besteht darin, daß es der Lehrer mit dem ganzen Klassenverband zu tun hat; die große Schülerzahl erfordert eine gute Unterrichtsorganisation und Unterrichtsdifferenzierung, damit alle Schüler entsprechend gefordert und gefördert werden.

2. Unverbindliche Übungen
Sie stellen ein freiwilliges, zusätzliches Angebot zum Pflichtgegenstand dar, bieten die Möglichkeiten wählen zu lernen und wählen zu üben. Sie eröffnen Möglichkeiten der Intensivierung aber auch der Spezialisierung in einzelnen Übungsgebieten. Für die vielen Wettkampfbereiche stellen unverbindliche Übungen die günstige Vorbereitungsform dar.

3. Schulveranstaltungen wie Winter- und Sommersportwochen
sind insbesondere als Ergänzung des Unterrichtes aus Leibesübungen gedacht und fördern vor allem freizeitwertige, erlebnisbetonte Sportarten, die im Rahmen des Normalunterrichtes nicht angeboten werden können.

4. Sonderformen mit sportlichem Schwerpunkt
(Sporthauptschule, Sportrealgymnasium) bieten sportlich interessierten Schülern ein vermehrtes Angebot aus Leibesübungen bei Beibehaltung der sonstigen Ausbildungsschwerpunkte an.

5. Schulwettkämpfe
Eine der fünf Realisierungsmöglichkeiten im Schulsport stellen die Schulwettkämpfe dar. Sie werden als eine Ergänzung zu den angeführten Alternativen angesehen, als Anreiz für diejenigen, die an der sportlichen Auseinandersetzung besonders interessiert sind. Sie sind auch eine wesentliche Brücke vom Schulsport zum Vereinssport. Heute haben wir eine breite Palette solcher Aktivitäten mit Angeboten für alle Altersstufen.
Die Vielfalt im Gesamtkonzept der leibeserziehlichen Maßnahmen der Schule vom Pflichtgegenstand zu den Schulveranstaltungen soll eine Garantie sein, möglichst viele Sinnbezirke des Sports für die Schüler zu eröffnen und ihren Interessen entgegenzukommen. Es erscheint daher dringend notwendig, auch in Hinkunft alle diese Möglichkeiten leibeserziehlicher Aktivitäten auch wirklich anbieten zu können. Jede Verarmung dieses Bereiches aus Spargründen, oder aus anderen Überlegungen muß vermieden werden.
Gewissen Sorgen in dieser Hinsicht sind berechtigt, denn im Rahmen der Autonomiebestrebungen der Schule ist das derzeitige Stundenausmaß für Leibesübungen gefährdet, noch immer gelten für die Unverbindlichen Übungen

die Kontingente aus dem Jahr 1985/86 und auch bei den sportlichen Schulveranstaltungen sind im Rahmen der Autonomie durch andere Schwerpunktsetzungen Einschränkungen zu erwarten.

Ausblick

So ist mein Ausblick in die Zukunft mit Sorgen und Hoffnung erfüllt. Mit Sorgen deshalb, weil wir uns immer mehr zu einer passiv konsumierenden Gesellschaft entwickeln. "Wir amüsieren uns zu tode" wie es Neil Postman ausdrückt. Selbst bei Beibehaltung des derzeitigen Angebotes an leibeserziehlichen Aktivitäten, können wir der Verschlechterung der Situation keinen Einhalt gebieten. Wie erst jüngst bei den beiden Wirbelsäulenkongressen in Wien von Ärzten angeführt, gab es im Jahre 1989 in Österreich 6,7 Millionen Krankenstandstage nur durch Erkrankungen des Bewegungs- und Stützapparates; von 500 Präsenzdienern hatten nur 7 eine vollkommen intakte und gesunde Wirbelsäule (natürlich bereiten viele der nicht voll intakten Wirbelsäulen noch keine Beschwerden).
Die äußeren Zwängen, wie der EG-Beitritt, lassen viele Verantwortliche nur an die Notwendigkeiten der Wirtschaft denken; Probleme der Lebensqualität, der Gesundheit, treten in den Hintergrund. Die Weiterentwicklung des Wissens und der Wunsch, allen Strömungen Rechnung zu tragen, haben zu einer Überfüllung der Lehrpläne geführt. Diese Überfrachtung gefährdet letztlich die körperliche und geistige Gesundheit der Schüler.
Der Spitzensport erfüllt auch nicht mehr seine Vorbildfunktion. Die Professionalisierung hat den Abstand zwischen den Leistungen der Masse und den Spitzensportlern enorm groß werden lassen. Profitum, Dopingfälle und andere Skandale haben eine weitere abträgliche Wirkung.

Meine Hoffnung liegt auf Einrichtungen, wie den Universitätssportinstituten, weil sie heute in ihren vielfältigen Angeboten das bieten, was die spezialisierten Vereine nur noch schwer offerieren können.
Meine Hoffnung sind aber vor allem künftige Eltern, die sich der Lage bewußt sind. Menschen, die durch ihre Ausbildung in der Schule, durch ihre Beteiligung am Studentensport, im Verein oder auch in selbstgewählten Aktivitäten erfahren haben, daß Sport die Lebensqualität wesentlich verbessern kann, und die daher ihre Kinder entsprechende beeinflussen. Sie werden als stimmberechtigte Bürger auch dafür sorgen, daß keine Entscheidungen fallen, die einer gesunden Entwicklung der Jugend entgegenwirken, und die Entfaltung im körperlichen Bereich beeinträchtigen.

Ich habe aufzuzeigen versucht, daß wesentliche Einflüsse für eine vernünftige Lebensgestaltung aus den Erfahrungen der Schulzeit hervorgehen. Ich habe versucht anzudeuten, wie wichtig die Aufgabe des Leibeserziehers in der Schule auch für eine spätere Sportausübung ist, wie sehr sich seine motivierende Tätigkeit auch auf die Beteiligung am freiwilligen Studentensport auswirkt.

Unsere Verantwortung ist groß. Unsere Lobby noch klein. Wir müssen uns gegenseitig unterstützen, daß die Leibesübungen in der Schule ihren Platz behalten, auch als Voraussetzung für eine spätere Weiterbetätigung in Eigenverantwortung.

Literaturhinweise

Baumann, S.: Praxis der Sportpsychologie. Unterricht - Training - Wettkampf. München 1986

Benedikt, E. (Hrg.): Lehrplan der Allgemeinbildenden höheren Schulen. Wien 1985

Erdmann, R. (Hrg.): Motive und Einstellungen im Sport. Ein Erklärungsansatz für die Sportpraxis. Schorndorf 1983

Gabler, H.: Individuelle Voraussetzungen der sportlichen Leistung und Leistungsentwicklung. Schorndorf 1988

Gieseler, K. (Hrg.): Menschen im Sport 2000. Schorndorf 1988

Haag, H. (Hrg.): Einführung in das Studium der Sportwissenschaft. Grundlagen zum Studium der Sportwissenschaft. Band 1. Schorndorf 1991

Jonak, F./Kövesi, L.: Das österreichische Schulrecht. Wien 1991

Redl, S.: Psychologische Probleme des Jugendsports. In: Prokop, L. (Hrg.): Kinder - Sportmedizin. Stuttgart 1986.

(Referat im Rahmen des Universitätssportsymposiums Linz, 21. September 1992)

"Immer schneller, immer höher, immer stärker".

Versuch einer Deutung des Strebens nach sportlicher Höchstleistung

Eine Einrichtung, wie das Skigymnasium Stams, wird durch zwei Zielsetzungen bestimmt. Einmal soll sie skibegeisterten Jugendlichen eine schulische Ausbildung sichern, die ihnen einen künftigen Berufsweg eröffnet und zum anderen soll sie in skisportlicher Hinsicht die Schüler so betreuen, daß sie ihre Möglichkeiten voll ausschöpfen können.

Mit diesen beiden Bereichen, der Schule und dem Streben nach sportlichen Höchstleistungen, möchte ich mich in diesem Vortrag befassen.

Sportliche Höchstleistung

Wenn ich behauptete, daß die Menschen von jeher den Wunsch hatten, sich zu messen und einander zu übertreffen, käme ich in argen Argumentationsnotstand. Wenngleich Wettkämpfe schon in der griechischen Mytologie, wie etwa in der Ilias und Odysee vorkommen, wenngleich Heraklit den Streit (den Wettstreit/Krieg) als Vater aller Dinge bezeichnete und wenngleich die antiken Olympischen Spiele den Wettkampf als ein wichtiges Element ansahen, ist doch das Streben nach Höchstleistung ein Ausdruck unserer Zeit. Erst die industrielle Revolution hat zum Wettbewerb im engeren Sinn geführt, in dem die Zahl, die Masse, das Wachstum und der Gewinn dominieren. Und so ist der moderne Sport auch eine Begleiterscheinung unseres industriellen Zeitalters.
Der deutsche Soziologe Plessner führt für die Entstehung des modernen Sports folgende Motive an:

1. **Das gestörte Körpergefühl:** Die geänderten Arbeitsbedingungen durch Industrialisierung, Fließband, Automation beanspruchen den Menschen einseitig. Er wird körperlich nicht mehr voll gefordert und ausgelastet. Hier bietet sich der Sport als Ausgleich und Ventil an.
2. **Der Widerstand gegen die Anonymität des einzelnen in der Masse:** Der moderne Arbeitsprozeß bietet keine selbstschöpferische Tätigkeit mehr. Der Mensch an der Maschine erfüllt nur Teilfunktionen in einem unüberschaubaren Ganzen. Diese Arbeit befriedigt nicht. Im Sport hingegen gibt es viele Möglichkeiten der Eigenrealisation. Und: Im Sport kann man auch bei mittelmäßiger Begabung bald aus der Massse hervortreten.
3. **Der Widerstand gegen die Entfremdung aller für alle durch die Intellektualisierung:** Für die Masse etwas bedeuten, so daß jeder es sehen kann, kann ich nur dort, wo alle es verstehen können. Im Sport sind die Regeln einfach. Man vergleiche nur ein Fußballspiel mit einer modernen Kunstausstellung. In einem Gespräch über ein Länderspiel kann jeder mitreden, jeder

ist ein Stratege, jeder wird vollgenommen. Der Sport füllt somit ein Defizit in der Erlebniswelt des Menschen aus.

Dietrich Kurz hat unter Auswertung verschiedener wissenschaftlicher Arbeiten die Motive erweitert und die Frage untersucht, was Menschen im Sport suchen. Dabei hat er sechs Sinnbezirke des Sports unterschieden:

1. Menschen suchen im Sport besondere Körpererfahrungen, den körperlichen Ausgleich, die - möglichst umfassende - körperliche Beanspruchung und das daraus hervorgehende Wohlbefinden. Sie erwarten vom Sport auch positive Wirkungen für ihre Fitneß, ihre Gesundheit und ihre Figur.
2. Menschen suchen im Sport den Reiz, die Sensationen, die Lust, die mit der Bewegungshandlung selbst verbunden sein können. Sie erschließen sich durch die Bewegungen des Sports Erfahrungen besonderer Art, nicht zuletzt auch in der und über die Natur.
3. Menschen suchen, die sportliche Bewegung als eine Botschaft über sich selbst zu gestalten; sie wollen durch Bewegungen gekonnt, kunstvoll, beeindruckend, schön, ästhetisch erscheinen.
4. Menschen suchen den Sport als ein Handlungsfeld auf, in dem man sich etwas vornehmen, etwas abverlangen, sich an Aufgaben messen und mit anderen vergleichen, seine Möglichkeiten und Grenzen erkennen, die Anerkennung anderer erfahren und den eigenen Wert erleben kann.
5. Menschen suchen im Sport Situationen mit einem offenen Ausgang, der sie zwar in Spannung versetzt, aber nicht unbedingt bedroht. Sie suchen Erlebnisse von Risiko und Abenteuer, die Lust des Ungewissen und das befreite Gefühl danach.
6. Menschen suchen im Sport das Beisammensein mit anderen, die besondere, oft leichtere Kommunikation, die Erfahrungen von menschlicher Nähe, Geselligkeit und Gemeinschaft.

Jede dieser sechs Antworten verweist nicht nur auf subjektive Reize des Sports; durch jede Antwort erhält der Sport unter den heutigen Lebensbedingungen auch so etwas wie einen objektiven Bedarf oder eine humane Notwendigkeit.

Der vierte Sinnbezirk unterstreicht also den Wetteifer, der auch die Grundlage des modernen Leistungssports und der modernen Olympischen Spiele ist. Und auf diese Frage möchte ich näher eingehen, auf die Wurzeln dieser Haltung, wie sie auch Pierre de Coubertin in idealisierter Form zeichnete. Coubertin sieht den Sportler nicht als einen, der Sport treibt, sondern als einen, durch dessen Tun sich sportliche Eigenschaften manifestieren: Instinkt, Charakter und Bewegung. Nicht die wilde Kraft in ihrer Blindheit, sondern die Kraft aus einem bewußten Willensakt ist das für Menschen Entscheidende. Echte Körperübung ist eng mit geistiger Übung und Charakter verbunden. Sie ist unmöglich ohne die "Weisheit des Körpers".

Die Idee des Olympismus bedeutet für Coubertin, "daß der Sportler nicht bleibt, was er ist, sondern daß er wird, was er werden muß und werden kann." (Nissiotis). Er kann nicht dort belassen werden, wo er ist, sondern muß sich ständig selbst übertreffen. So wird Olympismus zur Gesamtheit der Werte, die

ins Spiel gebracht werden, sobald der Sport jenseits der Grenzen der Muskeln betrieben wird. Olympismus ist eine Art Kraftüberschwang, die Transzendenz des Menschen als eine psychosomatische Einheit, die in und durch die Sportausübung zum Ausdruck kommt, getrieben durch ästhetischen Gesichtspunkten folgt, voll Bewußtheit, und die dadurch alle menschlichen Werte in die Erziehung des Körpers und Geistes integriert. Karlfried Graf Dürckheim ist in seiner Betrachtung "Sportliche Leistung, menschliche Reife" ebenfalls auf diese Frage eingegangen: "Was ist eigentlich das tiefste Motiv aller Übungen ? In welchem Ausmaß ist es noch das Streben nach einer Höchstform des Menschseins oder allein der Ehrgeiz, durch eine Höchstleistung zu glänzen?" Und die Antwort: "In diesem endlichen Dasein in nie endender Verwandlung und Reifung ein leibhaftiger Zeuge eines höheren Seins zu werden."
"Nur in der Leistung lernt der Mensch die Forderungen des Lebens zu erfüllen, die Forderungen der Welt, sowohl der Natur wie der Gemeinschaft. " "Nur so wird der Mensch eine Persönlichkeit, das heißt ein zuverläßiger Träger und Verwalter der ihm von der Welt anvertrauten Werte."
Das Streben nach einem Ganzen über die unmittelbare Leistung hinaus braucht auch Gelassenheit (die Fähigkeit zeitweilig abzulassen von seinen ehrgeizigen Ideen). Eine Mahnung in diese Richtung gibt uns RILKE in einem seiner Sonette an Orpheus.

Wir sind die Treibenden,
aber den Schritt der Zeit
nehmt ihn als Kleinigkeit
im ewig Bleibenden.

Alles das Eilende
wird schon vorüber sein,
denn das Verweilende
erst weiht uns ein

Knaben, o werft euren Mut
nicht in die Schnelligkeit
nicht in den Flugversuch.
Alles ist ausgeruht:
Dunkel und Helligkeit,
Blume und Buch.

Eine ähnliche Aufforderung zur Gelassenheit stellen auch zwei Zeilen aus einem Gedicht von Kipling dar, die auf dem Eingang zum Centercourt in Wimbledon stehen:

"Wenn Du Triumph und Niederlage tragen kannst,
und beides nur als trügerischen Schein erkennst ..."
(Nur dann bis Du geeignet, diesen Wettkampf zu beginnen)

Im Sport - mehr als in anderen Bereichen - haben wir manchmal ganz tiefe Erlebnisse, die Erfahrung einer volligen Übereinstimmung von Wollen und Erfüllung. "Mitten im Vollzug einer sportlichen Leistung, deren Technik wir vollkommen beherrschen" (Dürckheim), haben wir das Gefühl, daß es wie von selbst geht, wie von einer höheren unsichtbaren Hand gesteuert.
Das ist es auch, was Csikszentmihaly das flow-Ergebnis nennt: Das völlige Aufgehen im Tun, das nur dann eintritt, wenn wir uns den in uns gegebenen Möglichkeiten nähern. Der Untertitel des Werkes "zwischen Langeweile und Angst im Tun aufgehen" charakterisiert dies. Die Faszination in einer Sportart ist nur dann zu empfinden, wenn die Ziele hoch genug gesteckt sind, dodaß sie eine Herausforderung darstellen, aber auch wieder nicht soweit über unsere Kapazität hinausreichen, daß dadurch Angst und Hemmung entstehen.

Coubertin, der Schöpfer der Olympischen Spiele der Neuzeit, hat den von seinem Freund, dem Jesuitenpater Didon geprägten Sinnspruch: "Citius, Altius, Fortius" als Motto der olympischen Spiele übernommen. In der Bewährung, in der äußersten Anstrengung sollte das Edle des Charakters, die Moral des Wettkämpfers zu Tragen kommen. Das Weihevolle (quasi Religiöse) der Olympischen Spiele, ist ein Sinnbild jenes Strebens zum höchsten Ideal. Coubertin sagt, daß der Mensch die Freiheit der Grenzüberschreitung haben muß, sie bestimmt sein Wesen und ist das Geheimnis seines moralischen Wertes. Daß er sich immer neue Ziele setzt, immer auf dem Weg ist, das ist die Bestimmung des Athleten.
Dieser Gedanke unterstreicht das Elitäre, die Vervollkommnung von Intellekt, Moralität und körperlicher Verfassung in gegenseitiger Wechselwirkung.
Das Wort Elite ist heute im pädagogischen Bereich etws in Miskredit geraten. Dies wohl deshalb, weil man in ihr einen desintegrativen Aspekt sieht: Die Ausschließlichkeit, die Herausgehobenheit, die "Kaste" mit einem Dünkel gegenüber dem "gewöhnlichen Volk". Und vielleicht ist auch die Befürchtung berechtigt, daß die für die Erziehung insgesamt zur Verfügung stehenden Mittel zu stark für diese Gruppe beansprucht werden. Aber so war dies wohl bei Coubertin nie gemeint.
Alle Erziehung ist auf Veränderung ausgelegt, auf eine Verbesserung der Fähigkeit, der Orientierung in der Welt, der Anpassungsbereitschaft für künftige Entwicklungen. Zunächst sollte der einseitigen intellektuellen Schulung der Jugend, wie sie damals in Frankreich vorherrschte, auch eine körperliche Ausbildung zugestellt werden. Ein neues Körperbewußtsein sollte zu einer gesunden Lebensführung verhelfen (Auch heute, in einer bewegungs- und belastungsarmen Zeit droht uns ein Ungleichgewicht in der Entwicklung, und so finden wir auch in den neuen Lehrplänen für Leibesübungen die Betonung der Körpererfahrung).
Als geeignetes Mittel hiefür sah er den sportlichen Wettkampf. Dieser stellt eine Bewährungsprobe dar für die Anstrengungsbereitschaft und den Willen zur persönlichen Bestleistung. Die Idee der Elite ist bei Coubertin nie auf die sportliche Fertigkeit allein bezogen, sondern auch Ausdruck einer bestimmten

Moral, den "Geist der Ritterlichkeit". Das Citius, Altius und Fortius als olympisches Motto wird dabei, wie es Lenk formulierte, in einem weiten Anspruch zu deuten sein:

- Citius: Nicht nur schneller im Lauf, sondern auch im Sinne der Auffassungsschnelligkeit, der Lebendigkeit des Geistes.

- Altius: Höher, nicht nur in einem erstrebten Ziel, sondern auch zur moralischen Erhöhung des Individiums.

- Fortius: Nicht nur tapferer in den Kämpfen auf dem Sportfeld, sondern auch im Existenzkampf.

Der Sport hat seit seiner Entstehung eine gewaltige Entwicklung und Differenzierung durchgemacht. Man unterscheidet heute drei große Gruppen, den Breiten- und Gesundheitssport, den Leistungs- oder Vereinssport und den Spitzensport.
Der Sport bewegt sich in der Sphäre des Spieles, in einer irrealen Welt also, in welcher Niederlage nicht Vernichtung bedeutet, in der Frustrationen umgeleitet und Aggressionen abgebaut werden können. Und es ist eine Welt, in die ich frei ein- und aussteigen kann. Dies gilt vor allem für die Bereiche des Breiten- und Leistungssports.
Im Spitzensport freilich, sind heute die Probleme größer und vielfältiger, weil hier durch die Popularität, durch die Verbreitung und Werbung in den Massenmedien große Interessengruppen versuchen, ihren Einfluß geltend zu machen.
Der Spitzensport hat Warencharakter angenommen, denn es stehen im Sport einerseits die produzierenden Athleten, Artisten sozusagen, einer konsumierenden Zuschauermenge gegenüber. Der Hochleistungssport hat einen Markt, die Athleten einen gewissen Marktwert. Er ist auf Konsumation, also auf Zuschauer angewiesen. Marktwert bedeutet aber auch, daß sich die Leistungen verwerten lassen müssen, man fragt also nicht so sehr, welche Leistung ein Athlet erbringt, sondern wie gut sie sich verwerten läßt; und mit dem Athleten identifizieren sich dann diejenigen, die daraus Ansehen oder Nutzen ziehen: Händler, Werber, Zeitungsmacher, Politiker und viele andere mehr. Einige Nationen haben auch sehr schnell erkannt, welche Symbolwirkung von Hochleistungen ausgehen, und wie günstig man den Sport als eine Repräsentation und Dokumentation der Tauglichkeit des eigenen Systems auswerten kann.
Der Spitzensport ist also sehr starken äußeren Kräften ausgesetzt und es ist eine Problematik im Hochleistungssport darin zu sehen, daß man als Spitzensportler früh aus dem normalen Leben herausgenommen werden muß und auf finanzielle Unterstützung angewiesen ist, um später Höchstleistungen erbringen zu können. Sich dem Hochleistungssport verschreiben, heißt keine andere Berufstätigkeit mehr mit der notwendigen Intensität ausüben zu können, weil das sportliche Training so sehr im Mittelpunkt steht. Der Hochleistungssport wird damit natürlich auch zu einem gesellschaftlichen Problem und dieses wirkt sich sehr auft auch bis in die Schule hieneine aus. An die Schule werden vom Sport

immer wieder Forderungen gestellt. Sie alle kennen die Wünsche der Intensivierung der Leistungsarbeit nach einem langjährigen Aufbau, nach der speziellen Förderung durch Anbieten verschiedener Spezialgebiete, nach der Hilfe bei der Talentsuche usw.

Eine Hilfe, die die Schule dem Sport angeboten hat, war zweifelsohne die Schaffung von Schulen mit skisportlichem Schwerpunkt. Es war, wie sich in den Jahren herausgestellt hat, eine Glücksidee. Denn sie gewährleistete, daß einerseits im Schutz der Schule und im Einklang mit ihrem Ziel Schüler sportlich hervorragend betreut werden, die nötige Rücksicht für ihr Training und die häufige Wettkampfteilnahme erfahren, andererseits aber auch in dieser Struktur jene Bildung vermittelt wird, die die spätere Lebensbewältigung erfordert.
In seiner beachtenswerten Studie " Wetteifer und Sport" hat der Pädagoge Wolf, das sportliche Leistungsstreben unter drei Bedingungen positiv bewertet. Die erste Voraussetzung ist, daß der Wetteifer keine Ausschließlichkeit erhält, daß übler Komparativismus keine dominierende Stellung im Triebgefüge erhält und die Wetteiferhaltung nicht in die Personmitte vordringen darf.
Die zweite Bedingung, daß das Wettkampfwesen im Ganzen des Sports nicht überwuchern soll. Es ist Aufgabe der Leibeserzieher, meint Wolf, ein harmonisches Verhältnis von wettkampffreien Sportarten und Kampfsport herzustellen. Wettkämpfe sind Rauscherlebnisse, die zu Süchten werden können. Hier tut auch eine Enthaltsamkeit not, denn " erst im ausgeglichenen Ganzen der Lebenserscheinung Sport bekommt die durch Wetteifer emporgetriebene Spezialleistung ihre wertvolle Funktion."

Und eine dritte Forderung sieht Wolf darin, daß der Sport in das Ganze der Kultur eingeordnet werde.
Und hier sehe ich es als glückliche Konstruktion an, daß das sportliche Training im Skigymnasium Stams Teil der Gesamtbildungsaufgabe der Schule ist. Damit möchte ich ein paar Gedanken zum Problem Schule noch anführen.

Die Schule - eine Fiktion ?

Die Schule ist heute in einer sehr schwierigen Situation. Immer mehr Aufgaben werden ihr übertragen, die das Elternhaus an die Schule delegiert. Wie viele andere Lebensbereich leidet auch die Schule unter einer immer stärkeren Differenzierung in Teilgebiete. Die Schulen sind zu Ganztagseinrichtungen geworden, sie erfüllen damit immer mehr den Lebensraum für das Kind, für die Jugendlichen, und die Schulen stehen mit ihrem Angebot in einem ständigen Wettbewerb zur Fernsehunterhaltung. Neal Postman hat in seinem Buch "Wir amüsieren uns zu Tode" auf diesen Umstand hingewiesen. Es ist ein Wettlauf, den die Schule nicht gewinnen kann.
Das Dilemma der Schule ist es, daß sich Institutionen und Leben schwer vereinbaren lassen. Von unseren derzeitigen Schulen behauptet Horst Rumpf, zwar auf die Situation der Bundesrepublik Deutschland bezogen, daß sie

künstliche Gebilde seien, die uns das Leben nur aus zweiter Hand vermitteln, die uns - weit schlimmer noch - von uns selbst, von unserem eigentlichen, geheimnisvollen Sein entfremden. Es sind Schulen, die die jungen Menschen mit Wissen als einem Konsumgut überschwemmen, die ihnen Wissen vermitteln um zu funktionieren. Die Kinder lernen funktionieren, aber sie erhalten keine eigentliche Bildung, und die Kreativität und das Staunen, diese Grundvoraussetzung für echte Bildung, gehen völlig verloren. Wissen wird in manipulativer Absicht den Jugendlichen aufgedrängt, ohne Erkenntnis reifen zu lassen. Aber nur das Selbsterkannte ist wahres Wissen und wird auch in Verantwortung vertreten.

Die Schule hat eine gesellschaftliche Aufgabe. Und so wird immer wieder gefragt, welche Art von Menschen wird von der Gesellschaft gebraucht, und deshalb stehen in einer von Industrie, Wirtschaft und Wachstum bestimmten Welt auch jene Forderungen an oberster Stelle, die diesem Gefüge eines wirtschaftlichen Wohlstandes die geeignete Grundlage bieten. Menschen, also mit einer immer stärker auf Berufe und Berufsanforderungen ausgerichteten Bildung, anpassungsfähige Menschen, um nicht zu sagen angepaßte Menschen, die geänderten Strukturen in Wirtschaft und Gesellschaft rasch entsprechen können. Menschen, die auch bereit sind, den Segnungen dieser postindustriellen Welt durch ihr eigenes Konsumverhalten ein weiteres Wachstum zu garantieren.
Der Lehrer in der heutigen Schule hat es enorm schwer. Nicht nur daß er mit seinem Bildungsauftrag ständig gegen den Strom der Zeiterscheinungen ankämpfen muß, immer neue Veränderungen bringen das Schulgefüge in Unruhe, erfordern neue rechtliche Grundlagen. Und die Verrechtlichung unseres Schulwesens bis ins Detail hemmt pädagogische Höhenflüge sehr stark. Auch die mit der derzeitigen Autonomie-Strömung eingeleitete Bewegung in die entgegengesetzte Richtung, wird nicht ohne entsprechende vorgegebene Strukturen auskommen können.
Vester meint, "Der Lernvorgang ist schon rein biologisch auf eine Atmosphäre der Vertrautheit, der Entspannung, des sich Wohlfühlens, zugeschnitten. In einer Konstellation, die Freude verspricht, Lustgefühle und Erfolgserlebnisse, in der wir unbekümmert spielen und ausprobieren können, da funktioniert er optimal. Auf eine solche Umwelt sollen wir neugierig sein, sie erforschen, uns in ihr zurechtfinden, sie erlernen.
Aber in welchen Schulen ist dies heute noch möglich?

Ich habe versucht, einige Gedanken zum Leistungsstreben eines Sportlers aufzuzeigen. Aber gilt dies wirklich nur für den Sportler ?
Vor etwa drei dutzend Jahren hat Prof. O. Kratky im Rahmen einer Inaugurationsrede an der Technischen Hochschule Graz den Wissenschaftler in seiner immer spezialisierteren Arbeit mit einem Bersteiger verglichen, der in den Kamin einsteigt. Seine Tätigkeit ist mit diffizilen kleinsten Problemen verbunden, die höchste Konzentration erfordern. Es gibt keine Ausblicke, keine erfreulichen Zwischenstationen. In dem engen Bereich seiner Spezialwissenschaften

hat er sich von Tritt zu Tritt von Griff zu Griff weiterzubewegen. Jedes Nachlassen bedeutet ein Preisgeben des Zieles, ein Nutzloswerden der bisherigen Anstrengungen. Wenn der Wissenschafter aber sich durch die Enge der Spezialisierung durch diesen Kamin durchkämpft und oben herauskommt, dann öffnet sich ihm ein Ausblick, der alle Anstrengung lohnt und über diesen Ausblick von oben, mit dieser Überschau sozusagen, findet er neue Zusammenhänge und es erschließt sich ein ganzheitliches Bild auf höherer Stufe.

Und so ist zu hoffen, daß die Belastung, die der Sportler auf sich nimmt, durch das Training, durch die Askese, die ihm ein dem Spitzensport gewidmetes Leben auferlegt, durch die zeitweilige Einengung des Lebens, die Unterordnung seines Tuns unter das Ziel das Beste zu erreichen, daß diese Übung und Disziplin, wenn sie bis zum Gipfel durchgehalten werden, dem Sportler auch den neuen Blick für das Ganze des Lebens gewährt. Daß er als Reiferer hervorgeht, nicht nur in seiner Sportdisziplin, sondern auch als Mensch, als Person, in der über die Leistung im Sport auch das "ganz andere" hindurchscheint, hindurchtönt: per - sonare.

Ich hatte ein derartiges Gefühl bei einem Interview von den Olympischen Winterspielen in Albertville. Es war ein Interview mit Hubert Strolz. Ich habe mich damals spontan hingesetzt und einen Brief geschrieben, einen Brief, der zwar nie abgesandt wurde, den ich aber jetzt gerne als späte Post zur Kenntnis bringe.

Lieber Hubert Strolz !

Als Sie gestern beim Kombinationsslalom vier Tore vor dem Ziel ausgerutscht sind und damit die sichere Goldmedaille verloren, mit der Sie Ihren großartigen Erfolg von 1988 wiederholt hätten, waren viele Österreicher ebenso traurig wie Sie. Auch über die patriotischen Gefühle hinaus, hätten Ihnen viele Menschen unseres Landes diesen Erfolg gegönnt, weil Sie ein sympathischer, ruhiger und zielstrebiger Sportler sind. Ein Vorbild mit einem Wort.
Aber viel höher als den Verlust der Goldmedaille erachte ich den Gewinn, den Ihr Interview im Anschluß an das Mißgeschick gebracht hat. Sie haben darin echte Sportlichkeit und Fairneß bewiesen, Eigenschaften, die gerade in dieser Situation selten anzutreffen sind. So sind Sie auch in Ihrer Niederlage ein Sieger geblieben, ein Vorbild an sportlichem Verhalten und ein Träger des echten olympischen Ideals.

Meine sehr geehrten Damen und Herren !

Lassen Sie mich schließen mit ein paar Gedanken zur Verantwortung. Eltern, Lehrer, Trainer haben die Aufgabe und Chance, Kinder und Jugendliche eine begrenzte Zeit auf ihrem Lebensweg zu begleiten. Es ist dies eine Zeit des Wachsens, des Hineinfühlens in die eigenen Fähigkeiten, eine Zeit der Orientie-

rung an den Vorstellungen und Werthaltungen der Gesellschaft. Für viele Schüler von Stams geht es, ob ihrer hohen sportlichen Erwartungen, um das Alles- oder Nichts-Prinzip, eine (wie wir wissen) für das Leben eher untaugliche Grundlage.
Bei dem großen Erwartungsdruck, der auf dem Spitzensport in vielen Nationen heute lastet, stoßen wir auf die Frage, was noch verantwortbar ist, wo die Preisgabe des Menschen um der Leistung willen beginnt. Es betrifft dies sowohl die Verwendung leistungssteigender Mittel, die Fragen des Kindertrainings, als auch Fragen der Kommerzialisierung des Sports.
Ganze Industrien und Forschungsteams werden zur letzten Auslotung der Leitungsgrenze mobilisiert und lassen vieles als machbar erscheinen. Aber es fragt sich, ob alles, was der Leistungsverbesserung dient, auch wirklich gemacht werden soll.

Das Aufsuchen von Grenzen ist immer mit einem Wagnis verbunden. Es bedeutet Versuchung im wahrsten Sinne des Wortes. Erst die Beherrschung der Grenze macht den Meister, der wie der Artist bis an den Rand scincs Könnens geht, der es voll auslotet. Mit dem Wissen, von wo an es tödlich sein kann. Ohne die Erfahrung des Grenzerlebnisses wird in einer Erziehung immer etwas fehlen. In unserer Zeit der allgemeinen Maßlosigkeit, der Entgrenzung des Bewußtseins durch vorgefertige Angebote, durch beschränkte Erlebinsmöglichkeiten, wird die Ich-Entdeckung immer schwieriger. Ohne Selbsteinschätzung und ohne Selbstsicherheit ist aber eine Integration des Einzelnen in die Gemeinschaf sehr schwierig. Bewegung, das Ausloten von Raum und Zeit mit den eigenen gegebenen Möglichkeiten, ist immer auch mit einer Verunsicherung verbunden, mit der Preisgabe des Gleichgewichts, des Ruhens im besten Punkt der Schwere, es ist immer auch ein bißchen Kipplage.
In dieser Welt der Verunsicherung, der bewegten Grenzen, die für den Sporttreibenden, aber auch für den Trainer besteht, brauchen wir Leitbilder als Wertmaßstab zur sicheren Orientierung. Ein Sportler ohne moralische Grundsätze, ohne Beachtung des Fairplay, der Ehrlichkeit, ohne Rücksicht auf die Mannschaft, ohne Verantwortung gegenüber seiner Gesundheit, ist wie ein Schiff ohne Steueranlage. Ich bin daher glücklich, daß wir in den 25 Jahren der Existenz des Skigymnasiums Stams immer wieder große Lehrerpersönlichkeiten hatten und haben, die den Jugendlichen Orientierung und Halt geben. Die Situation ist schierig, denn sowohl die Aufgaben der Schule als auch das Engagement im Spitzensport fordern heute den ganzen Menschen. Viele Absprachen, eine intensive Zusammenarbeit zwischen den einzelnen Bereichen in der Schule, im Internat, im Training sind erforderlich. Und ich möchte hier allen danken, die sich für diese gemeinsame Aufgabe einsetzen und soviel Verständnis für die Probleme und Lösungsbereitschaft aufbringen.

Die Jugend hat ihre Ziele und ihre Träume, aber "wir Älteren schulden der Jugend nicht die Erfüllung von Träumen, sondern Aufrichtigkeit", wie es Richard von Weizsäcker einmal formulierte.

Wir sind verantwortlich, daß die uns Anvertrauten heil bleiben. Heil in einem doppelten Sinn des Wortes, nämlich gesund; aber das Wort hat auch einen Bezug zum englischen "whole", und das bedeutet "ganz", also nicht eingeschränkt, geschädigt oder einseitig. Wir sind daher aufgerufen, alles zu unternehmen, daß die Jugendlichen in unserer Obhut heil an Leib und Seele, heilfroh sozusagen, in ihre eigenen Lebensgeleise gelangen.

Quellenangaben:

Andrecs, H.: Die Grenze im Sport. In: ISF Open Door, 1/1983, Brüssel

Csikszentmihalyi, M.:Das Flow - Erlebnis. Jenseits von Angst und Langeweile im Tun aufgehen. Stutgart 1985

Dürckheim, K.:Sportliche Leistung - menschliche Reife.

Aachen 4/1986

Kurz, D.:Was suchen die Menschen im Sport ?

Spiele. Schorndorf 2/1972, Seite 44

Nissiotis, N.: Pierre de Coubertin as a Philosopher. The Problem of the Religio Athletae.In Olympic Message (I0C)15/1986, Seite 21-29

Plessner, H.: Die Bedeutung des Sports in der weestlichen gesellschaft. Vortrag. Manus. O.J:

Postmann, N.: Wir amüsieren uns zu Tode. Urteilsbildung im Zeitalter der Unterhaltungsindustrie. Frankfurt a.M. 1988

Rumpf, H.: Die künstliche Schule und das wirkliche Leben.

Egs - Texte 1986

Vester, F.: Vernetztes Lernen. Ein Vorschlag zum Überleben über das Jahr 2000 hinaus. In: Salzburger Nachrichten. 13.Juli 1985, Seite 21

Wolf, K.: Wetteifer und Sport. Eine pädagogische Studie. In: Leibeserziehung in der Kultur. Festschrift, Graz 1954

(Festansprache zum 25jährigen Bestehen des Skigymnasiums Stams,1993)

Zur Situation der Leibeserziehung der 16-20jährigen in Österreich

Im folgenden Referat möchte ich zunächst eine kurze Charakteristik dieses Alters geben, wie sie sich in der Jugendstudie 1993 und in den dazugehörigen Trendanalysen für Österreich darstellt. Im weiteren möchte ich auf gesellschaftliche Tendenzen in unserem Land hinweisen, die sich vorwiegend auf die Schulsituation auswirken. Von diesem Hintergrund möchte ich dann das Schulsystem in Österreich, die leibeserziehlichen Möglichkeiten und Angebote sowie die spezifischen Probleme eingehen.

Wenn wir einschlägige Untersuchungen und Analysen (Jugend in Österreich. Fakten, Trends, Prognosen, Institut für Demographie, Wien 1994; Freizeit im Trend, Boltzmann-Institut Wien, 11/93; Trendanalyse Jugend 1993, Dr. Fessl + GfK-Institut für Marktforschung) betrachten, stellen wir folgende Trends in der angesprochenen Altersgruppe fest: Die Jugendphase ändert sich im Laufe der Zeit. Sie beginnt mit etwa 15 Jahren, aber wann endet sie? Beim Berufseintritt, bei der Familiengründung? Jedenfalls kann eine "Dehnung" der Jugendphase festgestellt werden. Wir haben einen "responsibility-lag", das heißt, Jugendliche werden immer später erwachsen. Dazu trägt sicher auch eine Verschulung des Jugendalters bei.
Eine Entwicklung der Schülerzahlen zeigt eine starke Erweiterung der Schulbildung. Lediglich die Berufsschulen (duale Ausbildung) verlieren an Bedeutung. Immer mehr Jugendliche studieren, und das Studium dauert im Schnitt länger. Der Anteil der Frauen im Studium hat sich dem der Männer angenähert.

Die Arbeitslosenrate bei den 15- bis 19jährigen betrug 1971 1,5 % und 1991 bereits 5,6 %. Der Anteil ausländischer Jugendlicher der 15 bis 19jährigen betrug 1971 3,3 % und 1991 9,5 %.
Trendanalysen im Konsumverhalten lassen sich wie folgt darstellen:

1. Junge Leute leben zunehmend über ihre Verhältnisse.
2. Die Abhängigkeit von Freizeittrends steigt.
3. Jeder 5. Jugendliche bekennt sich zum Kaufrausch.
4. "Dazugehören" beweist sich im Freizeitstil.
   In dieser Altersgruppe herrscht ein ungeheurer sozialer Druck vor allem vom Freundeskreis, der Clique. Wer dazugehören will, muß sich den Gleichaltrigen anpassen.

Die Trendanalyse für Marktforschung weist allerdings darauf hin, daß unter den Bedingungen der modernen Gesellschaft es kaum mehr angemessen ist, verallgemeinernd von "den Jugendlichen" zu sprechen. Sie kommt vielmehr aufgrund einer Clusteranalyse in ihrer Jugendtypologie auf 6 verschiedene Gruppen, die durch Art der Lebensform und Lebenswelten, die Vielfalt der Verhaltensstile und Handlungen, den Verselbständigungsprozeß im Kommunikations- und Freizeitbereich sich voneinander abgrenzen. Diese, mit englischen Bezeichnungen belegte, Typen charakterisieren sich wie folgt:

"**Outsiders**"

sind zurückgezogen lebende, resignative und eher inaktive Jugendliche, die soziale Vorgaben und Regeln akzeptieren und in beruflichen und finanziellen Belangen vom Sicherheitsdenken geprägt sind.

"**Desparados**"

stehen als eher orientierungslose, desintegrierte Jugendliche der Gesellschaft distanziert gegenüber und schätzen die Freizeit als Kontrast zu den Anforderungen der sozialen Wirklichkeit.

Jugendliche unserer Alterskategorie stellen aber vor allen die beiden folgenden Typen:

"**Bouncers**"

sind vergnügungslustig, extravertiert, aktiv und zielbewußt. Die Freizeit mit sozialen Kontakten und gemeinschaftlichen Aktionen ist als "Gegenwelt" wichtig, in der Reichtum, Karrierechancen und Statussymbole bedeutungsvoll sind.

"**Successors**"

sind selbstbewußt, aktiv, leistungs- und erfolgsorientiert. Freizeit nimmt als Möglichkeit der Aktivität, und der Selbstdarstellung einen hohen Stellenwert ein.

"**Conventionals**"

bevorzugen traditionelle Lebensentwürfe, haben Interesse an leichter Unterhaltung aber auch an kulturell orientierten Freizeitaktivitäten.

Und schließlich als kleinste Gruppe die

"**Idealisten**",

die eine kritische Haltung gegenüber bestehenden Wertsystemen, genuß- und konsumorientierten Angeboten und äußerlichen Attributen zeigen.

(Trendanalyse Jugend 1993, 13)

Viele der 16-20jährigen von heute sind in einer Zeit der Fülle aufgewachsen, zum Unterschied von ihren Eltern, die oft unter schwierigen Bedingungen und Entbehrungen ihre Jugend verbrachten, und die vielleicht gerade aus diesem Grund es dieser jungen Generation, ihren Kindern, schöner machen wollen.

Die Gesellschaft, in der sie aufwachsen und aufgewachsen sind, weist eine große Tendenz zur sozialen Absicherung auf. In Österreich haben wir ein stark verrechtlichtes Gesellschaftssystem mit vielen Normen, Gesetzen, Verordnungen (die aber wenig kontrolliert werden), in das nunmehr eine stärkere Ausrichtung auf die Gegebenheiten in der EU, und im Bereich der Schule stärkere Autonomiebestrebungen eindringen. Die ausufernden Sozialmaßnahmen zwingen Regierungen zu finanziellen Sparmaßnahmen, zur Rücknahme bzw. Einschränkung gewisser Sozialleistungen. Eine Schlachtung der Heiligen Kühe ist allerdings nicht beabsichtigt. Zu diesen sozialen Errungenschaften im Bereich der Schule zählen die Schulgeldfreiheit von der Volksschule bis zur Universität, die Schülerfreifahrten auf allen öffentlichen Verkehrsmitteln zum Schul- bzw. Hochschulbesuch, das kostenlose Schulbuch und eine Vielzahl anderer Unterstützungen.

Von diesem Hintergrund her wollen wir nun die Stellung der Leibeserziehung und des Schulsports in Österreich (für diese Altersstufe beleuchten). Zunächst ein kurzer Überblick über das Schulsystem in Österreich: Wir haben eine vierjährige Grundschule, darauf aufbauend eine Weiterführung entweder in der gymnasialen Unterstufe, oder in der Hauptschule, oder in der Sonderschule (vierjährig). Damit ist die Schulpflicht noch nicht erfüllt. Wir haben eine neunjährige Schulpflicht, und Schüler, die sich nicht den Oberstufenformen zuwenden, erfüllen das 9. Schuljahr entweder über den Polytechnischen Lehrgang oder meist über eine Klasse der Berufsbildenden mittleren Schulen. Bei den Oberstufen bietet sich entweder die vierjährige Oberstufenform des Gymnasiums oder die drei- bis vierjährige berufsbildende mittlere Schule bzw. die fünfjährige höhere berufsbildende Schule (HTL, HBLA, HAK) mit Abitur an.

Außerdem, von etwa 40 % der Jugendlichen dieser Altersstufe genützt, das duale Ausbildungssystem der Berufsschule (entweder 1 Tag pro Woche in der Schule, 4 Tage im Betrieb oder 8 Wochen des Jahres im Lehrgang, die restlichen Wochen im Betrieb).

Die Situation der Leibeserziehung

Wir können von 6 Bereichen ausgehen, in welchen die Leibeserziehung zum Tragen kommt:

- Der Pflichtunterricht in den Oberstufenformen
- Die Schulen mit besonderer Berücksichtigung der sportlichen Ausbildung Schulen mit allgemein sportlichem Schwerpunkt haben das Ziel, an Bewegung besonders interessierten Schülern, ein zusätzliches Angebot an Leibesübungen (4 Stunden pro Woche) zu bieten und damit ein vertieftes Erleben und Verstehen sportlicher Phänomene zu ermöglichen. Es gibt 120 Sporthauptschulen und 15 Sportgymnasien mit dieser Zielsetzung. Schulen mit einem sportspezifischen Schwerpunkt sind vor allem die 10 Skihauptschulen und 3 Oberstufenformen (Skigymnasien, Skihandelsschulen), die jungen rennbegeisterten Jugendlichen neben dem intensiven Skitraining die entsprechende Schulbildung vermitteln. Die bekannteste Einrichtung dieser Art ist das Skigymnasium Stams. In den letzten Jahren haben die Anforderungen des Leistungssports an Jugendliche dazu geführt, daß 6 ORG für Leistungssportler geschaffen wurden, die in einer verlängerten Schulzeit bei verminderten Wochenstunden die Erreichung der Hochschulreife ermöglichen, aber durch schulorganisatorische Maßnahmen auch ein Training (im Rahmen der Verbände) zu optimalen Zeiten erlauben.

- Die Unverbindlichen Übungen im Ausmaß von 1 bis 2 Stunden pro Woche (eingefroren auf die Zahlen des Schuljahres 1985/86)
- Die Schulveranstaltungen (Wintersportwochen, Sommersportwochen, Wandertage) im Ausmaß von mindestens 1 Sportwoche in der Schulstufe 9. bis 13. und von jeweils zwei ganztägigen Wandertagen pro Schuljahr)
- Schulwettkämpfe: Im Gegensatz zu den Vereinen nur Mannschaftswettkämpfe, in den Oberstufen Wettbewerbe auf Bundesebene für jene Sportarten, die auch die ISF durchführt. Darüber hinaus verschiedene andere (wie Orientierungslauf, Tennis, Badminton, Faustball, Snowboard) ohne internationale Entsendung.
- Projekte, die fächerübergreifend Ziele verfolgen wie Gesundheitserziehung ("Bewegte Schule"), Fairneßerziehung (Fair-Play-Bewerbe) oder Aktivitäten der Österreichischen Olympischen Akademie

Die größten Probleme

Diese sehen sicherlich vom Lehrer aus gesehen anders aus, als vom Schüler, oder von der Unterrichtsverwaltung. Sorgen, die von der Warte der Verantwortlichen für die Leibeserziehung am dringlichsten erachtet werden, um die gestellten Ziele zu erreichen, sind:

- Die Berufsschule (noch kein verpflichtender Leibesübungsunterricht in der dualen Form der Ausbildung)
- Die Anhebung des Stundenausmaßes im 4. und 5. Jahrgang der Höheren technischen Lehranstalten mit derzeit nur 1 Wochenstunde Leibesübungen.
- Die Vorbereitung der Lehrer zu einem stärkeren Engagement und besserer Argumentation in den Entscheidungsgremien (Schulgemeinschaftsausschuß, Schul(klassen)forum), die über Autonomie in der jeweiligen Schule befinden.
- Maßnahmen zur Motivation von Schülern in dieser Altersstufe, die ihnen Leibesübungen zu einem wesentlichen Teil ihrer Lebensqualität machen.
- Eine vermehrte Zusammenarbeit in allen Bereichen, insbesondere von Schule und Verein, ohne daß dadurch die Idee aufkommt, die Leibesübungen könnten in diesem Alter überhaupt vom Verein getragen werden.

Ausblick

Im europäischen Vergleich ist die Lage der Leibeserziehung (noch) nicht schlecht. Aber die Leibesübungen sind ständig in Gefahr, bei Kürzungen der Gesamtschulzeit betroffen zu werden. Negative Auswirkungen zeigen dabei auch einige Modelle der Schulautonomie. Aus diesem Grund haben die Leibeserzieherverbände eine Aktion "Pro Schulsport" gestartet, und dabei eine überparteiliche Bürgerinitiative ins Leben gerufen.

Die von mehr als 40.000 Unterschriften getragene Petition für mehr Leibesübungen wurde am 29. Juni 1993 dem Präsidenten des Nationalrates überreicht, aber bis heute nicht behandelt!

Diese positiv gedachte Aktion, die immer wieder in den Medien auch von einer Demontage der Leibesübungen sprach, hat aber auch einen negativen Nebeneffekt. Wir wissen alle, daß nicht so sehr eine wesentliche Verschlechterung der Situation der Leibeserziehung an den Schulen für den Haltungsverfall und die geringere Anstrengungsbereitschaft der Jugendlichen verantwortlich ist, sondern die völlig geänderte Lebenssituation.
Man müßte also dahingehend argumentieren, daß die bisher annäherend ausreichende Dotierung mit Stunden durch die geänderten Umstände nicht mehr genügt und man zusätzliche Maßnahmen treffen muß. Durch die Negativkampagne ist aber das Selbstbewußtsein der Leibeserzieher stark gesunken. Aus taktischen Gründen wird jede Verminderung einer Stunde als Demontage der Leibeserziehung und als ihre Bankrotterklärung angesehen. Und das hat viele Lehrer frustriert. Solange wir selbstsicher waren, das Richtige zu tun, solange war unser Unterricht auch klar.

Ich glaube, wir sollten in unserer Zeit nicht falschen Träumen, wie die der täglichen Turnstunde nachhängen, sondern realistisch das Vorhandene annehmen und optimal gestalten. Mehr Mut und Selbstbewußtsein ist vonnöten.

(Kurzreferat beim Kongreß des Internationalen Arbeitskreises für zeitgemäße Leibeserziehung (IAZL) in Enschede 1994)

Die Situation des freiwilligen Schulsports in Österreich

I. Terminologische Abgrenzung

Wenn wir die beiden Kriterien, nämlich das der Freiwilligkeit und jenes der Bindung an die Schule, berücksichtigen, können für Österreich folgende Bereiche unter dem Begriff des freiwilligen Schulsports eingeordnet werden:

- Alle Aktivitäten innerhalb des Freigegenstandes Leibesübungen (unverbindliche Übungen, Neigungsgruppen), wobei hier die Freiwilligkeit in erster Linie in der Wahl dieses Gegenstandes liegt, der zusätzlich zum pflichtmäßigen Fach Leibesübungen angeboten wird.
- Sportliche Schulveranstaltungen (Schulskikurse, Schulsportwochen, Schulwettkämpfe). Es sind dies Veranstaltungen, die im Rahmen der Schule durchgeführt, von der Schule organisiert werden, ohne daß für den einzelnen Schüle eine Verbindlichkeit für die Teilnahme besteht.
- Wettkämpfe für Schulen und Schüler, die nicht im Rahmen der Schule, sondern von den verschiedenen Sportverbänden für Schüler bzw. Schulmannschaften veranstaltet werden.

Im Rahmen dieses Referates soll vor allem auf die Punkte 1 und 2 näher eingegangen werden, da der dritte Bereich der schulischen Einflußnahme entzogen ist.

II. Zielsetzung

Es kann nicht geleugnet werden, daß der Freigegenstand im Schulgesetzwerk 1962 für alle berufsbildenden Schulen und die musisch-pädagogischen Realgymnasien zunächst als eine quantitative Aufbesserung eingeführt wurde. Die Möglichkeit des Freigegenstandes mit 2 Wochenstunden brachte im Kampf um die tägliche Turnstunde wenigstens eine teilweise Annäherung an das Fernziel. Die für die berufsbildenden Schulen, die nur 2 Pflichtstunden im Gegenstand Leibesübungen aufwiesen, eingeführten unverbindlichen Übungen haben sich als so sinnvoll und zwechmäßig erwiesen, daß inzwischen auch an allen anderen Schultypen Österreichs diese Möglichkeit in den Lehrplänen verankert wurde. In den ersten drei Klassen der allgemeinbildenden höheren Schule mit 4 Wochenstunden im Pflichtgegenstand Leibesübungen und 2 Wochenstunden im Freigegenstand ist damit das Ziel der täglichen Turnstunde tatsächlich erreicht.
Es geht aber beim Freigegenstand nicht nur um den quantitativen Aspekt, ebenso wichtig ist die Eröffnung der Wahlmöglichkeit im Bereich der Leibesübungen. In einer Gesellschaft mit starkem Konsumdruck einerseits und einer

Tendenz zur passiven Freizeitausfüllung andererseits, können Wahlmöglichkeiten nicht früh genug angeboten und das freie Entscheiden nicht oft genug geübt werden.

Die Unverbindlichen Übungen (Neigungsgruppen) haben die Zielsetzung einer Intensivierung, einer Spezialisierung und auch einer Erweiterung und Ergänzung des im Normalunterricht für Leibesübungen gebotenen Stoffes. Sie sind somit auch ein freiwilliger Beitrag des Schülers für seine eigene künftige Freizeitgestaltung. Wie sehr Eltern und Schüler diese Einrichtung schätzen, geht aus einer Untersuchung des Institutes für Leibeserziehung Salzburg unter Prof. Dr. Erwin Niedermann hervor („Schulsport aus der Sicht der Eltern, Schüler, Lehrer“, in: Sport und Wissenschaft, Band II, Graz 1973), in welcher 85,7% der befragten Eltern in den Bundesländern Salzburg und Oberösterreich eine sehr positive Beurteilung der Führung von Neigungsgruppen im Rahmen des Freigegenstandes hatten. Auch die Schüler und Lehrer beurteilen den Freigegenstand ähnlich positiv.

Die Neigungsgruppen sind als Klassen-, als Mehrklassen-, aber auch als Mehranstaltenkurse durchführbar. Die hiefür interessierten Gruppen müssen 25 Schüler zu Beginn aufweisen und dürfen nicht unter 20 Schüler während des Schuljahres absinken. Kleiner Gruppen sind für das Schwimmen und Skilaufen zulässig.

In den derzeitigen Neigungsgruppen liegt der Schwerpunkt eher im Bereich der Intensivierung als in der Erweiterung der schulischen Angebote. Gerade hier aber wäre ein echter Beitrag für die Freizeitgestaltung zu suchen und entsprechende Bemühungen in der Lehrerfortbildung sind bereits im Gange.1

Wesentlich stärker in dieser Richtung wirken Schulveranstaltungen mit sportlicher Zielsetzung wie Schulskikurse und Schulsportwochen. Die Skikurse, die sowohl fachliche als auch allgemein-pädagogische Ziele verfolgen, sind als wertvolle Gemeinschaftsveranstaltung ein besonderes Anliegen der Schule. Neben der Ausbildung im Skilauf werden grundlegende Kenntnisse aus der Gelände-, Schnee-, Geräte- und Rettungskunde vermittelt. Die Skikurse dienen aber auch zur Pflege der partnerschaftlichen Kommunikation, bieten sie doch besondere Möglichkeiten der Begegnung in einer aus dem Schulalltag herausgehobenen Atmosphäre (auch Koedukation). Mehr als 200.000 Schüler nehmen jährlich an dieser Art der Veranstaltungen teil.

Im Gegensatz zu den Schulskikursen, die über eine 40-jährige Tradition verfügen, ist die Schulsportwoche eine junge Entwicklung. Auf Initiative von Fachinspektor Prof. Hedwig Moser haben Salzburger Schulen versuchsweise Schulsportwochen mit der Zielsetzung einer Einführung in freizeitige Sportarten wie Segeln, Tennis, Reiten, Rudern und Bergwandern in den letzten Jahren durchgeführt. Die dabei gemachten poisitiven Erfahrungen haben bewirkt, daß diese Art der Schulveranstaltung in die Verordnung zum Schulunterrichtsgesetz 1974 aufgenommen und den Schulen die Durchführung einer Schulsportwoche im Laufe der Schulzeit empfohlen wurde.

Im Rahmen des freiwilligen Schulsports nehmen schließlich auch die Wettkämpfe ihren Platz ein. Wie kein anderer Bereich der Leibesübungen sind gerade sie sehr stark einer fachlichen Kritik ausgesetzt. Ich bin in der glücklichen Lage, nicht über das Soll referieren zu müssen, sondern über ein Ist zu berichten, und zwar der Istzustand auf diesem Gebiet in Österreich, der für uns keinen Anlaß für eine pädagogische Revolution darstellt.

Wir sehen im Wettkampf - überhaupt im sportlichen Wettstreit - ein Element der Leibeserziehung, das neben vielen anderen steht und sow wie die anderen nicht aus dem Bereich der Leibeserziehung zu verbannen ist.

Jede Leistung drängt zum Vergleich, zur Konkurrenz. Konkurrenz allein führt zu einem brutalen Individualismus. Gezügelte Konkurrenz jedoch ist eine unentbehrliche Grundlage für das Gedeihen einer demokratischen Gesellschaft.

Unsere Bemühungen sind darauf gerichtet, sinnvolle Angebote, Herausforderungen zu setzen, die für die Schüler eine sportliche und charakterliche Bewährung darstellen. Dabei sind wir darauf bedacht, eine breite Fächerung von Übungsbereichen, die das Interesse möglichst vieler Schüler trifft und Möglichkeiten zur Selbstbestätigung, zur Meisterung von Situationen bringt, anzubieten.

Mit unseren Schulwettkämpfen unterscheiden wir uns bewußt von den Wettkämpfen der Sportverbände, indem wir in erster Linie Mannschaftsbewerbe durchführen. In ihnen kommt die Leistung aller und auch das Prinzip der Kooperation zur Geltung. In den Mannschaftswettkämpfen innerhalb gleichstrukturierter Gruppen wird die Anstrengung jedes Einzelnen belohnt. Die Punkteleistung des 9. ist genau so wichtig wie die des 1. für einen Sieg der Mannschaft.

Der Erfolg soll aus der schulischen Arbeit herauswachsen und nicht einem zufälligen Vorhandensein eines Talentes entspringen. Wir ziehen daher die Schulmannschaft den regionalen Auswahlmannschaften vor und bieten in erster Linie Bewerbe an, die im Rahmen des Unterrichtes aus Leibesübungen an vielen Schulen betrieben werden, die aber nicht im Widerspruch zu den bevorzugten Sportinteressen der Schüler stehen sollen.

Wenn wir die Leistung im Wettkampf fördern und suchen, so tun wir dies nicht um jeden Preis. Wir sehen in den Wettkämpfen Bewährungsmöglichkeiten für den Einzelnen und für die Mannschaft und ein Aktionsfeld für die Erziehung. Wir wollen die Anstrengung und die Leistung, wir fordern dabei aber

- das sportlich Vertretbare (fair sein, nicht gegen die Regeln und gegen die Gemeinschaft verstoßen)
- das pädagogisch Richtige (keine Ausschließlichkeit im Sport, Integration in das gesamte Schulleben, Einsatz für die Gemeinschaft; Beschränkung in der Zahl der Wettkämpfe)
- das gesundheitlich nicht Schädigende (altersgemß, nicht überfordern im Hinblick auf eine rasch zu erbringende Leistung).

Es ist wichtig, auch hier noch einmal darauf hinzuweisen, daß die Teilnahme an den Wettkämpfen im Rahmen der Schule auf Freiwilligkeit beruht. Diejenigen, die gern an Wettkämpfen teilnehmen, sollen auch im Rahmen der Schule die Möglichkeit haben und dabei pädagogisch geführt und betreut werden. Ich sehe die pädagogische Bedeutung des Wettkampfes gerade darin, daß er erhöhte Anforderungen an die charakterlichen Eigenschaften des Wettkämpfers stellt. Die Chance einer richtigen Führung in dieser stark affektiv geladenen Situation sollte sich die Schule nicht entgehen lassen.

III. Organisationsformen

In den einzelnen Bereichen der unverbindlichen Übungen, der Schulveranstaltungen und Schulwettkämpfe haben sich entsprechen den angeführten Zielsetzungen auch eigene Organisationsformen herausgebildet. Für die Neigungsgruppen ist der Rahmen im Lehrplan festgelegt, für die Schulskikurse und Schulsportwochen gibt es eigene Verordnungen mit gesetzlicher Verankerung im Schulunterrichtsgesetz. Die Schulwettkämpfe, deren Durchführung in den Lehrplänen empfohlen wird, haben keinen festen gesetzlichen Rahmen. Es ist daher sinnvoll, hier näher darauf einzugehen. Ich möchte dabei aber von jenen Wettkämpfen und Veranstaltungen absehen, die seit vielen Jahren und Jahrzehnten in den einzelnen Schulen oder Schulorten zum Teil regelmäßig, zum Teil sporadisch durchgeführt werden, die also nur lokalen oder regionalen Charakter haben. Hier geht es um jene Bereiche, die von der Schulbehörde empfohlen und auf gesamtösterreichischer Basis durchgeführt werden.

Die älteste Veranstaltung dieser Art ist das Bundes-Turn-und Spielfest, das eine 50-jährige Tradition aufweist und zunächst im dreijährigen Intervall, später im zweijährigen Rhythmus abgewickelt wurde. Im Hinblick auf die große Bedeutung, die der Skilauf im Rahmen unserer Leibesübungen einnimmt, wurden 1969 erstmals anstelle eines Bundes-Turn- und Spielfestes Bundesskiwettkämpfe durchgeführt und seither wechseln in zweijährigem Intervall Bundes-Turn- und Spielfeste und Bundesskiwettkämpfe ab. Bei den Bundes-Turn- und Spielfesten, das nächste wird 1975 im Burgenland durchgeführt, liegt der Schwerpunkt auf Mannschaftsbewerben in der Leichtathletik und im Schwimmen sowie in je einem Spiel für Schülerinnen und Schüler. Auch bei den Bundesskiwettkämpfen stellt nach Vorkämpfen auf Orts-, Bezirks- und Landesebene jedes Bundesland die beste Schulmannschaft im jeweiligen Bereich. Bei beiden Veranstaltungen gibt es nur Mannschaftssieger, eine besonderte Einzelwertung wird nicht durchgeführt. Bei den Endkämpfen auf Bundesebene nehmen zwischen 500 und 800 Schüler teil, an den Vorkämpfen auf Landes- und Bezirksebene werden aber viele 1000 Schüler erfaßt. Die Bundeswettkämpfe, die abwechselnd in den einzelnen Bundesländern durchgeführt werden, sind durch ihren Rahmen immer auch ein echtes Fest, das nicht nur von den Leibesübungen getragen wird, sondern zu einer echten Fächerkooperation führt. Neben den Wettkämpfen wird meist auch eine Demonstration moderner Formen der

Leibesübungen angeboten. Ein Zeichenwettbewerb für Plakat und Siegerzeichen macht im ganzen Bundesland auf den Anlaß aufmerksam. Instrumentalgruppen und Chöre unterstreichen mit ihren Darbietungen den festlichen Charakter der Eröffnung und des Schlußfestes.

Ein Turn- und Spielfest ist sozusagen eine allgemeine Mobilmachung der Schulen in einer bestimmten Region (Stress als Vitalisierungsfaktor).

In den Jahren zwischen den Bundes-Turn- und Spielfesten bzw. Bundesskiwettkämpfen werden seit 1962 als Art Fernwettkampf die Leichtathletik-Mannschafts-Dreikämpfe für die entsprechenden Altersgruppen der 10- bis 16-Jährigen regelmäßig durchgeführt. Diese Wettk ämpfe sind sozusagen ein Beitrag der Schule, diese für viele Leibesübungen als ideale Grundlage anzusehende Sportart zu propagieren und auf breiter Basis auch wettkampfmäßig zu betreiben. Ein winterliches Gegenstück zu den Leichtathletik-Dreikämpfen ist die Schüler-Skiliga, die seit 1972 auf breiter Basis läuft. Es handelt sich um einen Mannschaftsbewerb (Zehnermannschaften) für die 9- bis 12-Jährigen, bei dem es in erster Linie darum geht, das Erlebnis des Wettkampfes an Schüler zu vermitteln, die selten dazukommen, aber gerne einmal mitmachen möchten. Es gibt ganze Talschaften, in welchen der Skilauf intensiv betrieben wird und junge Menschen einmal dieses Prickeln des Starts, das Erlebnis des Durchfahrens von Toren, des Zieles usw. erfahren möchten.

Alle diese Veranstaltungen stehen nicht in Konkurrenz zu den verschiedenen Einzelmeisterschaften auf Vereins- und Verbandsebene, sie ergänzen sie vielmehr (der Freiraum außerhalb der Schule soll erhalten bleiben).

Zur besseren Koordination der Anliegen von Schule und außerschulischem Sport sind in Österreich zwei ständige Komissionen eingesetzt, so die Kommission „Schule und Sport", die vor allem auch im Bereich der gemeinsamen Verwendung der Übungsstätten tätig ist, und in jünster Zeit auch die Kommission "Kinder- und Jugendrennlauf", die versucht, besondere Konfliktsituationen zwischen Leistungssport und Schule auf dem Gebiete des Skirennlaufes zu lösen. Eine enge Kooperation von schulischen und außerschulischen Institutionen ist heute unbedingt erforderlich.

IV. Schulwettkämpfe im internationalen Bereich

Ich darf hier noch auf eine Einrichtung eingehen, die in letzter Zeit auch Anlaß zu verschiedenen Diskussionen gegeben hat: die Internationalen Schulsport-Föderation. Österreich hat sich seit vielen Jahren an internationalen Schulsportveranstaltungen mit Schulmannschaften beteiligt. So seit Beginn der Europaspiele der Schulen im Handball 1963 und später dann auch im Fußball, Volleyball und Basketball an allen derartigen Turnieren. Der Turn- und Spielfestausschuß der Schulen Österreichs hat 1968 aus Anlaß des Europatages in

Graz ein Internationalen Turn- und Spielfest der Schulen mit Beteiligung von Mannschaften unserer Nachbarländer durchgeführt und 1969 die Europaspiele im Handball abgewickelt. Die unterschiedliche Organisationsform dieser Turniere und die fehlende Koordinierung der Termine hat eine Vorbereitung auf diese Wettkämpfe im Rahmen der Schule schwieriger gemacht.
Die Anregung eines Vertreters aus der Bundesrepublik Deutschland anläßlich der ersten Europaspiele im Fußball in Kaiserslautern, diese Fragen einer Klärung zuzuführen, haben wir aufgegriffen und eine Konferenz zur Gründung einer Europäischen Schulsport-Föderation 1971 in Österreich veranstaltet. Die anwesenden 22 Nationen haben dabei den Wunsch nach einer Öffnung auch für Länder außerhalb Europas vorgebracht und im Jahre 1972 ist in Luxemburg die Internationale Schulsport-Föderation gegründet worden.

Für Österreich war es keine Schwierigkeit, diesem Internationalen Schulsportverband beizutreten, da wir auf eine lange Tradition von Schulwettkämpfen auf gesamtösterreichischer Ebene zurückblicken zu können und die neue Föderation die Gewähr bot, die Wettkämpfe in einer der pädagogischen Zielsetzungen entsprechenden Weise zu organisieren. Dazu gehört meiner Meinung nach

a) eine langfristige Planung, damit die Vorbereitungsarbeiten im Rahmen der schulischen Leibesübungen geleistet werden können (dieser Erwartung ist die ISF bisher nicht voll gerecht geworden).
b) eine Ausschreibung der einzelnen Wettkämpüfe auf Mannschaftsebene einer Schule, damit einerseits das Zusammenwirken begünstigt werden und die Vorbereitungen nicht im Konflikt zu anderen schulischen Tätigkeiten stehen
c) ferner die Forderung der Berücksichtigung der entsprechenden Altersstufen und pädagogisch vertretbare Bewerbe.

Die Möglichkeit eines internationalen Kontaktes im Rahmen sportlicher Tätigkeit war überdies ein überzeugendes Argument.

Gewisse Anlaufschwierigkeiten und das Problem von sehr unterschiedlichen Strukturformen in verschiedenen Ländern hat jeder junge internationale Verband. Aber in jedem Verband werden jene Prinzipien zum Tragen kommen, die die Mehrzahl seiner Exponenten vertreten. Wenn in diesem Gremium viele überzeugte Pädagogen mitarbeiten, wird es nicht schwer fallen, die Zielsetzungen entsprechend den leibeserziehlichen Grundsätzen zu verwirklichen. Da die Sportverbänd sich nicht unbedingt nach pädagogischen Zielen orientieren, die Jugend aber zum Vergleich drängt, hätte die Schule hier eine Möglichkeit einer positiven Beeinflussung und Erziehung der jungen Sportler. Ich sehe darin eine große Aufgabe der Schule. Ein Sportunterricht, der sich ausschließlich darauf beschränkt, die Schüler in den verschiedenen Wettkampfsparten zu unterweisen und zu trainieren und sie auf Wettkämpfe vorzubereiten, ist heute ebenso wenig vertretbar, weil einseitig, wie ein Unterricht aus Leibesübungen, der an der Freude am Sich-Messen und an der Motivation durch außerschulische Wettkämpfe und Sportereignisse vorbeigeht.

Es gäbe wenig Schwierigkeiten bei der Rechtfertigung von Schulwettkämpfen, wenn sich die Lehrer in diesem Bereich auf ihre vorwiegende Aufgabe besinnten, nämlich zu erziehen! Der Ehrgeiz, es wie in der Welt des Sports zu tun und mit einem Schüler oder einer Mannschaft unbedingt zu reüssieren, verdirbt den Schulsport.

Wir wissen, meine Damen und Herren, daß durch die hier aufgezeigten Wege des freiwilligen Schulsports österreichische Mannschaften auf den Siegespodesten internationaler Sportgroßveranstaltungen nicht häufiger zu finden sein werden, daß sie in den Nationenwertungen möglicherweise ungünstiger abschneiden, aber wir können dafür einen bleibenden Trost für uns in Anspruch nehmen: daß wir die Jugend unseres Landes zu fördern versuchten,

ohne sie durch falsche Ideale irregeleitet,
ohne ihre Gesundheit auf Spiel gesetzt und
ohne ihnen die anderen Bereich des Lebens vorenthalten zu haben.

(Referat im Rahmen des 6. Internationalen Kongresses für zeitgemäße Leibeserziehung, Magglingen 1974)

Ikarus in Sonnennähe. oder: Von der Versuchung des Schulsports

Wenn ein Kind in einer großen Familie Geburtstag hat, noch dazu einen runden, und es sich dabei um einen prächtigen 10jährigen Tiroler handelt, sind Glückwünsche wohl angebracht.

So möchte ich im Auftrag des Exekutivkomitees der Arbeitsgemeinschaft Schulfußball, aber auch seitens der Abteilung Leibeserziehung und Schulsport im BMUKS dem kleinen Jubilar ganz herzlich gratulieren.

Es ist aber sicher auch angebracht, bei diesem Anlaß all jenen zu danken, die sich um die Erziehung dieses so gut gedeihenden Kindes angenommen haben: der Landesschulbehörde, den Bezirksschulräten, insbesondere den Fachinspektoren für Leibeserziehung , den Direktionen, dem Tiroler Fußballverband mit seinen Funktionären und Helfern, den Sponsoren, die diesen Erfolgsbewerb mit ihren Zuwendungen erst ermöglichen, den sportbegeisterten Eltern und den vielen Betreuern der Mannschaften.
Stellvertretend für alle diese möchte ich einem symbolisch ein Geschenk überreichen, einem, der mit seinem Einsatz und seiner Hingabe immer ein Vorbild war: HOL Manfred Nendwich. Weil Bilder und Alben ihm immer sehr wichtig erschienen, möchte ich ihm ein Bilderbuch von den Sporthöhepunkten 1983 überreichen, jenem Jahr also, in dem auch unser Jubilar, die Schülerliga Tirol, mit der Ausrichtung der Bundesmeisterschaften und des Finales und mit der Erringung des Sieges in diesem Bewerb einen großartigen Höhepunkt erlebte, der leider in diesem Buch fehlt.

Zum zehnjährigen Bestehen der Schülerliga Tirol

Meine sehr geehrten Damen und Herren! Als Titel für meine kurze Festrede habe ich "Ikarus in Sonnenähe, oder Von der Versuchung des Schulsports" gewählt. In Ihrem Programm ist dieses Thema leicht verändert, es heißt hier "Von den Versuchen des Schulsports". Gewiß, die spielen dabei auch eine Rolle. Irgendwie scheint bei der Übertragung diese Veränderung vorgenommen worden zu sein. Wahrscheinlich klang der Titel zu sehr nach Bußpredigt und nicht nach Schülerliga. Ich möchte aber beim ursprünglichen Thema bleiben.
Sie alle kennen die Sage aus dem klassischen Altertum von Dädalus und Ikarus. Es ist die Geschichte vom großen Bildhauer, Kunsthandwerker und Baumeister Dädaeus, der wegen eines ihm angelasteten Verbrechens mit seinem Sohn von Athen auf die Insel Kreta floh.
Hier fand er bei König Minos eine Freistätte, wurde dessen Freund und stand als berühmter Künstler in hohem Ansehen. Er wurde beauftragt, für den ge-

fürchteten Minotaurus, ein Doppelwesen halb Mensch halb Stier, eine sichere Behausung zu bauen: das Labyrinth, aus dem das Ungeheuer nie mehr herausfinden sollte.

Als Theseus mit Hilfe der Ariadne Minotaurus befreite, kam Dädalus in den Verdacht, Verrat geübt zu haben. Selbst bedroht , in das Labyrinth gesperrt zu werden, beschöoß er mit seinem Sohn Ikarus von der Insel zu fliehen. Aber er wußte, daß es zu Lande keinen Weg gab und auf dem Meerwege er sicher entdeckt werden würde. So sann er auf Rettung und sagte schließlich: "Durch die Luft will ich davongehen. Sind dem Menschen keine Flügel gewachsen, so muß er sich welche machen!"

Gesagt getan. Dädalus sammelte Vogelfedern und fügte sie kunstvoll nach Größe zusammen und verknüpfte sie zu zwei Flügelpaaren, eines für sich und eines für seinen Sohn Ikarus. Nachdem das Werk vollendet war und die Fittiche an den Körper angepaßt, mahnte Dädalus noch seinen Sohn: "Flieg immer auf der Mittelstraße, damit nicht die Fittiche ans Meerwasser streifen und Dich in die Tiefe hinabziehen oder Dein Gefieder den Sonnenstrahlen zu nahe kommt und plötzlich Feuer fängt. Zwischen Wasser und Sonne fliege dahin, immer nur meinem Pfade durch die Luft folgend."
So erhoben sich beide, der Vater flog voraus, sorgenvoll sich immer wieder umblickend. Bald waren die Küsten weit hinter ihnen, als der Knabe Ikarus, durch den glücklichen Flug zuversichtlich gemacht, seinen väterlichen Führer verließ und in verwegenem Übermute mit seinem Flügeepaar einer höheren Zone zusteuerte. Aber die Nachbarschaft der Sonne erweichte mit allzu kräftigen Strahlen das Wachs, daß die Fittiche zusammenhielt, und ehe es Ikarus bemerkte, waren die Flügel aufgelöst, er stürzte plötzlich in die Tiefe und versank in den Fluten.

Meine geschätzten Damen und Herren, Sie haben es von der Ankündigung meiner Worte schon erraten, daß ich meine Gedanken zum Thema Schulsport an dieser Sage aufhängen will. Vier Bilder möchte ich herausgreifen.

Das erste: Der Traum vom Fliegen.

Etwas ähnliches wie die Verwirklichung eines irrealen Traumes bedeutete für den Schulsport die Einführung der Schülerliga Fußball. War man in der Schule in den fünfziger und sechziger Jahren bei den Schulwettkämpfen gewohnt, bundesweite Veranstaltungen nur alle 3 bis 4 Jahre durchzuführen, die Bundes-Turn- und Spielfeste, ohne große Beachtung durch die Medien, sehr oft mit noch unzulänglicher Ausrüstung, beschränkt auf die Schülerinnen und Schüler der Oberstufe, so eröffnete sich hier ein ganz neues Feld: Die begeisterungsfähigen 11- und 12-Jährigen sollten erfaßt werden im überaus populären Bewerb des Fußballspieles, in kleinen Ligen beginnend, mit Aufstieg über Bezirk und Bundesland bis zu einer Bundesmeisterschaft mit einem Finale im großen

Rahmen, mit einer Ausstattung jeder teilnehmenden Mannschaft mit Dressen, mit Fahrtkostenzuschüssen für alle Spiele über Bezirksebene und mit einer Live-Übertragung des Endspieles im Fernsehen.

Der zweite Gedanke : Die Suche nach einem brauchbaren Gerät

Dädalus hatte die Vorsteleung vom Fliegen, aber er brauchte Flügel. Die Schülerliga hatte ihre Zielsetzung, nämlich Begeisterung zu schaffen, möglichst viele Schüler zu erfassen, die Vereinsarbeit zu ergänzen und die Talente ausfindig zu machen, um sie den Vereinen zuzuführen, aber es fehlten noch die Strukturen, um diese Zielsetzung zu verwirklichen. Sie wurden in der Konstruktion der Arbeitsgemeinschaft gefunden, in welcher die Schulverwaltung, der Österreichische Fußbalbund und die Wirtschaft zusammenwirkten, die in einer Vollversammlung die allgemeinen Richtlinien festlegt, ein Exekutivkomitee zur Durchführung der Aktivitäten einsetzt und Landesreferenten als verlängerter Arm des Exekutivkomitees in den Bundesländern bestimmt. Mit der Setzung auch der erforderlichen Begleitmaßnahmen konnte das Abenteuer beginnen.

Ein drittes Bild: Von den Flugversuchen zur Meisterschaft .

Von den Vorstellungen am grünen Tisch bis zur Realisierung der Ziele auf der breitesten Ebene ist ein weiter Weg. Die Organisation des Bewerbes auf der untersten Ebene bedeutete die größte Herausforderung. Hier waren noch alle Mannschaften im Einsatz, es gab Platzprobleme, Schiedsrichter mußten gefunden und Betreuerschwächen gelöst werden. Intensive Bemühungen in der Lehrerfortbildung und Instruktorenschulung waren notwenig. Ich erinnere mich noch an den ersten Instruktorenkurs im Bundessportzentrum Südstadt, bei welchem alle Lehrer mit großem Eifer dabeiwaren und es gab auch hier die Mahnung des Fluglehrers Stasny: "Laßt die Kinder spielen! " Trotzdem gab es eine rasche Entwicklung vom Rudelfußball zum Systemspiel. Es kam der BSPS-Fünfkampf dazu, der zur Hebung des technischen Niveaus beitrug. Allmählich trat eine Sicherheit ein, der Bewerb erfreute sich großer Anerkennung und eines hohen Ansehens und führte damit auch zu einer starken Identifikation zwischen Schülern, Betreuern, Direktionen und Gemeinden mit dem Schulsport.
Die Schülerliga Fußball war zum Aushängeschild geworden und damit komme ich zum vierten Bild, das ich "In Sonnennähe" nennen möchte mit einem Fragezeichen dahinter.

Viertens: In Sonnennähe

Von Jahr zu Jahr (von Geburtstag zu Geburtstag) konnten wir bei den Bundesmeisterschaften bessere technische Leistungen der Schüler beobachten, mehr Spielverständnis bei den Mannschaften feststellen und einen höheren körperlichen Einsatz bei den Spielern wahrnehmen. Die Betreuer, über 300 hatten auch schon die Nachwuchstrainerausbiedung des ÖFB absolviert, zeigten professionelleres Wissen in der Betreuung und eine immer großartigere Organsiation der Bundesmeisterschaften und der Finalveranstaltungen konnte verzeichnet werden.

Aber je perfekter die Organisation, je größer die Popuearität eines Bewerbes , desto wahrscheinlicher ist auch der Beginn eines Eigenlebens, einer Eigengesetzlichkeit des Geschehens , der wir uns kaum entziehen können. Der olympische Ruf des çitius, des ajtius, fortius, des immer schneller, immer höher, immer stärker, hat auch hier Platz gegriffen und mit ihm tauchen auch Gefahren auf : die des Gigantismus, des Chauvinismus und von jugendfremden Tendenzen.

Gigantismus: immer mehr bestimmen Größe und Ökonomie unser Leben. Aus solchen Tendenzen werden aus Betrieben Fabriken, aus Schulen Schulkasernen mit tausenden Schülern. Wie soll darin "Begegnung" stattfinden, Kontakt und Identität entstehen, die für das soziale Lernen Voraussetzung sind?

Chauvinismus: eine Einstellung, die nur den eigenen Standpunkt und Vorteil sieht, mit eingeschränktem Blick ohne Sicht für das Ganze. Ich weiß, der Lehrer steht manchmal unter einem großen Erwartungsdruck von Seiten der Eltern , der Gemeinde, vielleicht auch einer ehrgeizigen Direktion. Und hier könnte er schwach werden und dem Bewerb eine zu große Bedeutung zumessen, ihn zum alleinigen Lernziel zu machen, die Turnstunde zum Training umzufunktoniern, sich mit den talentierten wichtigen Mitgliedern der Mannschaft zu befassen unter Vernachlässigung der weniger begabten, weniger interessierten, die aber die Leibesübungen so dringend notwendig brauchen.

Hier sind die Versuchungen! Ich fühle mich gedrängt, in dieser festlichen Stunde der Bilanz, der stolzen Rückschau auch mögliche Schattenseiten aufzuzeigen, denn die Idee der Schülerliga ist etwas großartiges, ist ein eigenständiges österreichisches Modell des Schulsports, auf das wir stolz sein dürfen und das zu sichern unseren Einsatz lohnt.

So ist denn mein Ausblick auch mit der besorgten Frage verbunden, ob der Flug der Schülerliga bzw. des Schulsports in der angemessenen Entfernung zwischen Starkult und Langeweile zwischen profimäßigem Erfolgsstreben und zielloser Tändelei zwischen überspitzter Talentsuche und Vernachlässigung der Schwachen gelingen wird und ob die Schülerliga den Verlockungen des sich Sonnens in den warmen Strahlen des Erfolges und den Versuchungen des trügerischen Scheins widerstehen kann.

Dem betreuenden Lehrer, aber auch allen, die in diesem Schulsportbewerb in irgendeiner Funktion mitwirken, ist eine große Verantwortung auferlegt. Es geht nicht darum Sieger zu produzieren, sondern darum Menschen zu erziehen für, durch und über den Sport. Der Lehrer muß daher die Zielsetzungen genau kennen, um diese Position verteidigen zu können. Die Schule und damit auch die Arbeitsgemeinschaft Schulfußball hat auch eine gewisse Schutzfunktion gegenüber unwissenden Eltern aber auch überehrgeizigen Funktionären zu erfüllen.

Meine sehr geehrten Damen und Herren! Ich glaube, jeder von uns kann in seinem Bereich einen Beitrag dazu liefern, daß die jungen Menschen, die uns anvertraut sind, so geführt werden, daß sie sich nicht ihre stolzen Flügel versengen und damit möglicherweise abstürzen, sondern daß sie heil und froh (heilfroh sozusagen) über die Strecke des Lebens kommen.

(Festrede zum zehnjährigen Jubiläum der Schülerliga Fußball, 1975)

Die Stoppuhren stehen still.

Die Stoppuhren stehen still,
die Torkombinationen sind aus den Pisten geräumt,
die Rennen sind gelaufen.
Sieger und Unterlegene stehen fest.
Für einige haben sich die Erwartungen erfüllt,
andere haben ihre kurzen Hoffnungen begraben.
Die ganze Skala sportlicher Erlebnisse und Empfindungen
ist ausgelotet.

Und nun sind wir zusammengekommen,
um die Besten der alpinen Bewerbe zu ehren;
die Erfolgreichsten, die ihr Talent nützten,
die technisches Können und
persönlichen Einsatz richtig abstimmen konnten,
die Glück hatten.

Unsere Achtung gilt aber allen,
die sich wacker geschlagen,
herzhaft gekämpft haben,
auch wenn sie heute nicht vorne waren.

Es war von jeher ein Traum der Jugend,
schneller zu sein, besser zu sein, kräftiger zu sein
als die anderen.

Es war von jeher ihr Wunsch,
der Erste zu sein,
oder vielleicht überhaupt der Einzige zu sein.
Das ist durchaus legitim.

Aber dieses Bemühen muß in einen größeren Rahmen
hineingestellt werden.
Der Sieg ist nicht Selbstzweck.
Und aus diesem Grunde
möchte ich in dieser Stunde des Sieges, des Erfolges
Euch bitten, auch an jene Kameraden zu denken,
die aus diesem Bewerb früher ausgeschieden sind
oder ausgeklammert sind überhaupt,
denn es gibt viele, die weniger begabt sind als Ihr,
schlechter betreut, vom Glück verlassen,

von der Gemeinschaft mißverstanden,
durch Krankheit gezeichnet oder behindert,
viele,
bei uns und in der ganzen Welt.

Sie warten auf die Hand des Stärkeren,
der sie stützt, der sie ihm reicht als Bruder,
als Kamerad.

Könnte ich olympisches Gold verleihen,
ich gäbe es einem gelähmten Kind,
das sein Schicksal meistert!

Liebe jungen Freunde,
wer stärker ist als andere,
hat eine größere Verantwortung und Verpflichtung.
Und deshalb möchte ich Euch bitten,
wenn Ihr morgen diesen gastlichen Ort verläßt,
seht darin nicht eine Entlassung
von den 3. Bundes-Skiwettkämpfen,
seht darin eine Entsendung.

Euch, die Ihr durch Eure Leistung und Teilnahme
herausgehoben wart, entsenden wir als Diplomaten,
als Botschafter der Hoffnung
in Eure Schulen zurück.

Ihr sollt werben durch Euren Einsatz,
durch Eure Kameradschaftlichkeit und durch Euer Beispiel
für die herrliche Idee des Sports
und
für ein besseres Verstehen unter den Menschen.

In diesem Sinne wollen wir nunmehr
die siegreichen Mannschaften
zur Übernahme der Preise und Urkunden aufrufen.

(Bundesskiwettkämpfe der Schulen Österreichs, Altenmarkt 1977)

IN-TER-CONTACT: Gedanken zur Zielsetzung des Seminares

Als vor etwa 12 Jahren die Internationale Schulsport Föderation gegründet wurde, sah sie ihr Ziel zunächst darin, für nationale Schulsportorganisationen einen Dachverband abzugeben. Dieser sollte die einzelnen Wettkämpfe terminlich abstimmen und die Wettkampfbestimmungen koordinieren.
Es zeigte sich jedoch bald, daß eine Institution, die ihr Tun im Rahmen der Schule ansiedelte, sich sehr wesentlich auch an den Aufgaben der Schule orientieren mußte. Alle Bemühungen, die sich darauf beschränkten, der Juniorpartner der internationalen Fachverbände zu sein, blieben etwas wesentliches schuldig: die Orientierung an pädagogischen Zielsetzungen.
Als daher nach nur 8-jährigem Bestand die ISF in ihrem weltweiten Symposion IN-TER-SCHOOL 1980 in Brügge ihre Ziele zur Diskussion stellte, und die Philosophie von Schulwettkämpfen definierte, hatte sie einen wichtigen Schritt getan. Wie dringend Leitlinien für die Ausrichtung des Sports und insbesondere auch des Jugendsports gebraucht und gefordert werden, zeigte sich auch in mehreren Referaten beim 11. Olympischen Kongreß 1981 in Baden-Baden zum Thema "Vereint durch und für den Sport". In ihnen wurde wiederholt eine verstärkte Information über die Olympische Idee und auf die Rolle der Schule bei der Erziehung zum Sport hingewiesen.

Eine neue menschliche Kultur sollte über den Sport erreicht werden und die Rolle des Sports als Erziehungsmittel und als eine Schule des Lebens wurde mehrfach angesprochen. Gafner (CH) sprach vom Sport als einer Dimension eines neuen Humanismus. Wir müssen für unsere Sache alle gewinnen, die irgendwie für Leibeserziehung und Sport verantwortlich sind. Auch der Generaldirektor der UNESCO, M'Bow, wies auf die Stellung von Leibeserziehung und Sport im heutigen Leben hin und meinte, daß der Sport ein Vermittler nur sein könne, wenn er von humanistischer Kraft getragen wird und nicht chauvinistischen Zwecken dient. Der Sport richte sich an alle menschlichen Fähigkeiten; körperliche, geistige und charakterliche sind in gleicher Weise angesprochen.
Es ist für die ISF eine erfreuliche Feststellung, daß viele von den im Kongreß in Baden-Baden angesprochenen Ziele schon in den Resolutionen des Symposiums IN-TER-SCHOOL in Brügge sehr genau dargelegt waren.
Wir haben jeden einzelnen Teilnehmer in die Seminarmappe diese Resolutionen des Symposiums 1980 eingelegt, weil sie eine ganz klare Orientierung für alle Bemühungen innerhalb der ISF abgeben.
Dieses Seminar IN-TER-CONTACT deutet schon durch die Benennung an, daß es sich dabei um ein enger gestecktes Ziel handelt, nämlich um die Realisierung der im Symposium vorgestellten Philosophie. Die ISF führt jährlich als vorwie-

gende Aktivität internationale Schulwettkämpfe in drei bis vier Sportarten bzw. Sportspielen durch. Diese Turniere bzw. Veranstaltungen sind das Aushängeschild unseres Verbandes.

Wie stellt sich die Philosophie der ISF in diesen Veranstaltungen dar?

Sind es Anlässe der Begegnung junger Menschen von unterschiedlicher Herkunft, von oft weit entfernten Ländern, von unterschiedlichen Kulturen und Gesellschaftsformen?
Sind es Anlässe für sportliche Bewährung, für faires Handeln und für die Achtung der Mitkämpfer?
Bleiben die Austragungsorte den Teilnehmern in Erinnerung, hatten sie Kontakt mit der Bevölkerung (Schuljugend) des Landes, sind sie mit deren Eigenheiten vertraut geworden und haben sie dadurch das Gastland und seine Bewohner besser verstehen gelernt?

Man soll die Ziele nicht maßlos hoch schrauben. Aber die Bedeutung, die der Teilnahme an einer internationalen Veranstaltung im Rahmen des Schulsports zukommt, der Einsatz der Mittel für die Entsendung einer Mannschaft aber auch der personelle, ideelle und finanzielle Aufwand des Organisationslandes rechtfertigen die Frage, ob damit das Optimum erreicht wird. Und unsere Fragestellung betrifft nicht nur ISF-Wettkämpfe, sondern gilt eigentlich ebenso für Bewerbe auf schulischer Ebene ganz allgemein und Wettkämpfe mit Jugendlichen.
Wir wollen in unserem Seminar vier Themenbereiche ansprechen:
1. den sportlichen Rahmen
2. die Begegnungsmöglichkeiten mit Teilnehmern anderer Länder
3. das Kennenlernen des Veranstaltungsortes und -landes
4. das Umsetzen der Forderungen in die Veranstaltungspraxis.

Der sportliche Bereich

Wir wollen nicht bestreiten, daß der sportliche Wettkampf ein zentraler Bereich unserer ISF-Veranstaltungen ist. Wenngleich hier durch das internationale Regelwerk der Rahmen eher geschlossen ist , gibt es doch auch viele Überlegungen, die den Ablauf der Wettkämpfe beeinflussen: die Wahl des Ortes, der Einsatz von Schiedsrichtern, die für eine geschickte Spielführung auch ausreichen pädagogisch geschult sind, die positive Atmosphäre des äußeren Rahmens, die Beeinflussung des Publikums über den Sprecher etc.
Auch die Art des Wettkampfes (Mannschaftskampf auch bei Individualsportarten wie Cross-Country, Skilauf) , die Betonung der Schulmannschaft als organisatorische Einheit, die Wahl der Altersklassen sind Versuche der ISF, den sportlichen Wettstreit aus dem Bereich chauvinistischer Interessen zu befreien.
Es ist bezeichnend für die ISF, daß sie beim Symposium in Brügge, wie auch bei diesem Seminar, ihre eigene Tätigkeit in Frage stellt, sich für Veränderun-

gen offenhält (vgl. auch Titel des ISF-Journals "Open door") und als Referenten immer wieder auch Persönlichkeiten wählt, die nicht den ISF-Gremien angehören.
So ist auch der Beitrag von Prof. Dr. Grössing zu verstehen, der weit Über die unmittelbare Schulsportsituation hinausreicht und Zukunftsperspektiven aufzuzeigen versucht: Unsere industrialisierte Welt ist an einem Wendepunkt angelangt . Der Glaube an den ständigen Fortschritt durch Wachstum ist ins Wanken geragten, neue Strukturen werden gesucht. Wir stecken in einem Wandel von der Industriegesellschaft in eine postindustrielle. Und da der Sport so wesentlich von der Leistungsgesellschaft geprägt wird, ist auch er in seinen Grundstrukturen in Frage gestellt.
Tendenzen im gesellschaftlichen Bild rechtzeitig zu erkennen und auf neue Fragen einzugehen und auch neue Antworten zu finden, sind Aufgaben, die auch der Internationalen Schulsport Föderation gestellt sind.

Ausgehend von diesen Überlegungen stellt Projektdirektor André Van Lierde in seinem Referat Möglichkeiten von sportlichen Begegnungen außerhalb des eigentlichen ISF-Wettkampfes dar, er führt auf eine andere Aktionsebene unter Auflösung der Schulmannschaft: Begegnungen im freien Spiel, im gemeinsamen Tanz, in der sportlichen Freizeitgestaltung aber auch in neuen Wettkampfformen.
Wir begeben uns damit aber auch schon sehr nahe in den zweiten Bereich.

Die Begegnung mit den Teilnehmern anderer Länder.

Sportlicher Wettstreit ist nicht auf Ausgleich gerichtet. Er will den Rangunterschied und birgt damit zunächst etwas Trennendes in sich. Aber dieses Trennende wird relativiert durch das Bewußtsein aller, daß es sich hier nur um ein Spiel handelt, um eine Aktivität in einer irrealen Welt .

Man hat mir erzählt, daß in Wimbledon über einem Tor zum Centre Court zwei Zeilen eines Gedichtes von Rudyard Kipling stehen. Und jeder Spieler, der sich auf den Platz begibt, oder von diesem wieder in die Kabine zurückkehrt, muß an dieser Aufschrift vorbei. Die Zeilen lauten:
"Wenn Du Triumph und Niederlage tragen kannst - und beides gleich als trügerischen Schein erkennst" (englisches Original: "If you can meet with triumph and disaster, and treat those two imposters just the same").

Es ist eine Aufforderung zur Gelassenheit , die wir in einer Welt der Konkurrenz so notwendig haben. Im sportlichen Wettkampf wird es immer Sieger und immer Verlierer geben. Auch Ehrgeiz, Temperament und Spontaneität gehören zum Sport. Zum Bild des Sportlers gehört aber auch, daß er einen Sieg nicht als Demütigung des Gegners versteht und eine Niederlage nicht als Katastophe empfindet. Die wirklichen Katastrophen unserer Zeit liegen nicht im Sport und in der Niederlage beim Wettkampf.

Derjenige, der diese Philosophie der ISF den Schülern weitergeben kann, der die Schüler anleitet, im Sport einen Anlaß der Bewährung, eine Schule der Anständigkeit zu sehen, der seine Schützlinge trotz mancher negativer Vorbilder zu fairem Handeln im Sport erzieht, ist der Lehrer.
Er soll in dieser verantwortungsvollen Aufgabe aber auch von den nationalen Schulsportorganisationen bestens unterstützt werden durch Information , durch Schulung, durch ständige Verdeuteichung der Anliegen der ISF und des Schulsports bei den verschiedenen Veranstaltungen. Der Lehrer wird in dieser Aufgabe aber oft im Stich gelassen. Es müßte daher eine Aktivität in allen Ländern sein, die vielen Betreuer von Mannschaften immer wieder in Aus- und Fortbildungskursen auch in dieser Hinsicht zu schulen.
Weil der Lehrer eine so große Verantwortung trägt, wird bei den ISF-Turnieren nicht nur den plazierten Schülern eine Plakette überreicht, sondern auch der betreuende Lehrer damit bedacht.

Internationalität

Der dritte Bereich deckt die Internationalität der Schulwettkämpfe ab: Das Kennenlernen des Veranstaltungslandes.
Es gibt Länder wie die Bundesrepublik Deutschland, die Schweiz und vielleicht auch Norwegen, die die Durchführung von Internationalen Schulwettkämpfen als nicht zweckmäßig erachten, weil sie befürchten, daß negative Einflüsse zu stark sind, wie . die zu frühe Hervorhebung von Jugendlichen im Wettkampf (Gefahr des Starkults), die hohen Kosten (nur für eine kleine Gruppe von Schülern eingesetzt). und mögliche andere Gefahren.
Auch die ISF ist sich dieser möglichen negativen Auswirkungen bewußt, glaubt aber, daß die positiven Möglichkeiten überwiegen, wenn die Vorbereitung gut und der betreuende Lehrer die Mannschaft über die rein sportlichen Belange hinaus richtig auf die internationale Begegnung ausrichtet:
Auf das Kennenlernen eines anderen Landes, anderer Menschen, anderer Sitten, einer vielleicht unterschiedlichen Wirtschaftsstruktur. Das Offensein für neue Eindrücke, das Interesse für die Veranstaltung über den reinen Wettkampf hinaus bietet eine große Chance für eine Lebenserweiterung.

Aus dieser Zielsetzung stellt sich aber auch für das Veranstalterland die Aufgabe, Möglichkeiten der Begegnung zum Kennenlernen des Landes, der Menschen, der Jugend (Schuljugend) sorgfältig zu überlegen. Einige ISF-Veranstaltungen haben hierin ein ganz besonderes Beispiel gesetzt, andere wiederum sind diesbezüglich auch manches schuldig geblieben.

Die relativ hohen Kosten für die Entsendung einer Schulmannschaft sind dann gut genutzt, wenn einerseits die Schüler über die sportliche Begegnung hinaus einen Nutzen ziehen, andererseits aber auch wenn durch die Belohnung einer internationalen Entsendung viele Mannschaften für den sportlichen Wettstreit gewonnen werden können.

Öfentlichkeitsarbeit als Umsetzen der Theorie in die Praxis

Der vierte Bereich trifft einerseits die Öfentlichkeitsarbeit für eine ISF-Veranstaltung und andererseits das Umsetzen der Theorie in die Praxis.
In vielen Ländern unseres Kontinentes sind wir gewohnt, daß Schulsportereignisse in der Berichterstattung einen sehr kleinen Raum einnehmen. Die auf spektakuläre Ergebnisse und Ereignisse konzentrierte Presse kann Schulsport ereignissen oft nicht viel Interesse abgewinnen, weil sie die eigentlichen Anliegen des Schulsports nicht erkennt und daher auch für die Öffentlichkeit nicht interpretieren kann. In unserem Seminar soll daher auch dieser Bereich behandelt und Anregungen für eine Verbesserung der Zusammenarbeit zwischen Medien und Schulsport gegeben werden.
Da sich Organisationsländer und -orte erfreulicherweise in der Veranstaltung von ISF-Turnieren ablösen, müssen neue Veranstalter stets mit den Anliegen der ISF, mit der Philosophie vertraut gemacht werden.
Dem Bemühen soll eine Checkliste als Gedächtnisstütze helfen, daß kein Bereich übersehen und kein Anliegen unberücksichtigt bleibt. Aus der Fülle der Veranstaltungen in den einzelnen ISF-Mitgliedsländern und den dabei gemachten Erfahrungen hat der Generalsekretär der ISF eine Checkliste entworfen, die im Seminar zur Diskussion gestellt werden und mit den entsprechenden Ergänzungen als Organisationsgrundlage allen Organisatoren von künftigen ISF-Veranstaltungen zur Verfügung stehen soll .

Meine sehr geehrten Damen und Herren, ich möchte zusammenfassen:
Dieses Seminar stellt sich zum Ziel, einen ganz kleinen Beitrag in einem Bereich zu leisten, für den wir uns verantwortlich fühlen, im Schulsport. Sicherlich, eine perfekte Lösung wird es im Bereich des Menschlichen nie geben. Es kommt wohl mehr darauf an, sich der Unvollkommenheit der Welt bewußt zu sein, aber nicht zu resignieren im Versuch , das Beste zu erreichen.
Wir leben in einer Zeit, in der im Sport der Sieg noch immer alles zählt, in der der Erfolg über das Erlebnis gestellt wird. Wir leben in einer Gesellschaft, die das Haben (den Konsum) weit über das Sein (die Frage nach dem Sinn des Lebens) stellt. Und wir leben in einer Zeit , in der in der Politik man sich in Ost und West oft schämen muß, für Entscheidungen, die im Namen des Volkes aber gegen den Menschen getroffen werden.
In einer solchen Zeit nach Prinzipien, wie Anständigkeit und Solidarität zu verlangen, muß antiquiert erscheinen; aber doch , was wäre diese Welt ohne Leitlinien, ohne Hoffnung.
Die Internationale Schulsport Föderation hat noch nicht kapituliert. Sie ist eine Einrichtung der Hoffnung und sie verdient unser ganzes Engagement und unsere Überzeugungskraft, daß menschliche Begegnung höher zu stellen ist als der Rangunterschied durch einen Sieg, daß die Achtung des Mitmenschen höher zu stellen ist als die Befriedigung des Selbstwertgefühls und das das Verstehen und Schützen der Menschen anderer Länder die günstigste Brücke für ein Überdauern aller Katastrophen ist .

Grundsätze, wie die Betätigung um der Freude, der Selbstverwirklichung willen, wie Fairness, Anteilnahme, Vertrauen und Menschlichkeit mögen zwar wie eine Utopie erscheinen, aber es ist eine real existierende Utopie, ohne die jede Wirklichkeit unlebbar wird .

Unsere Bemühungen sind eine Brücke über die Kluft des Trennenden hinweg und ein Handschlag, der alle Mißverständnisse und Mißgunst überwindet, so wie es im Symbol dieses Seminares angedeutet ist.

(Einführungsreferat der ISF-Veranstaltung IN-TER-CONTACT, 1984)

Der österreichische Sportstättenplan

Unter den Aufgaben, die den Menschen unseres Landes und unserer Zeit gestellt sind, sind die der Erhaltung der Gesundheit, der Arbeitskraft und des Leistungswillens besonders wichtig. Die Erscheinungsformen des Lebens im Wechselspiel von Arbeit und Freizeit sind Anlaß zu Besorgnis, wenn zur einseitigen Arbeit nicht auch ein sinnvoller Ausgleich hinzutritt.
Der Sport als Mittel der körperlichen Kräftigung, der Entspannung und Erholung, der Selbstbestätigung in freier Leistung, der Freude und Vitalität wie auch als Mittel der Gesellung ist zwar allseits anerkannt, aber die praktischen Konsequenzen sind noch wenig gezogen. So fehlen vielfach noch die Voraussetzungen für eine sportliche Bestätigung breitester Bevölkerungsschichten:
Eine ausreichende Anzahl von geeigneten Spiel- und Sportplätzen, von Schwimmbädern und Turnhallen, um nur die wichtigsten Einrichtungen sowohl für die Erfüllung der Aufgaben der schulischen Leibesübungen - nämlich der Sicherung der Entwicklungs- und Wachstumsreize - als auch die Voraussetzung für den Wettkampfsport und für Erholung und Genesung zu nennen.
Obwohl einzelne Bemühungen bereits viele Jahre zurückgehen, ist es dennoch nie zu einem umfassenden Konzept gekommen, das erlaubt hätte, die Lage auf dem Sportstättensektor einer genauen Untersuchung zu unterziehen und Vorschläge und Empfehlungen für eine Beseitigung des bestehenden Sportstättenmangels zu unterbreiten.

Erst bei der Sportenquete 1965 in Raach regte Ministerialoberkommisär Mader an, nach dem Vorbild des „Goldenen Planes“ der Deutschen Olympischen Gesellschaft auch in Österreich einen „Sportstättenplan“ zu schaffen, der den großen Fehlbestand an Übungsstätten in absehbarer Zeit beseitigen hiflt. Diese Anregung wurde durch den Auftrag des Bundesministeriums für Unterricht an das Österreichische Institut für Schul- und Sportstättenbau, ein entsprechendes Konzept auszuarbeiten, sofort in ein erstes Stadium der Verwirklichung gesetzt.
Das Konzept, von Vertretern des Bundessportrates und Bundessportfachrates begutachtet, schlägt für den Sportstättenplan vier Etappen vor:

1. Die Erhebung der vorhandenen Übungsstätten. Diese Bestandsaufnahme sollte mit Stichtag 1.10.1966 erfolgen und die Freiflächen, die für Sport- und Spielzwecke genützt werden, sowie die Schwimmeinrichtungen und Turnsäle erfassen; Anlagen also, die im allgemeinen für die Durchführung des Unterrichtes im Gegenstand Leibesübungen und des normalen Sportbetriebes notwendig sind.
2. Die Ermittlung des Bedarfes an Übungsstätten für die einzelnen Gemeinden auf Grund der für die verschiedenen Größentypen festgelegten Schlüsselzahlen.
3. Die Ausarbeitung eines Finanzierungsplanes.

4. Die Erstellung eines Ausbauprogrammes mit Empfehlungen an die Gemeinden, die Länder und die Bundesregierung.

Die eben abgeschlossene erste Etappe des Österreichischen Sportstättenplans, nämlich die Erhebung der in unserem Lande vorhandenen Sport- und Spielplätze, der Schwimmeinrichtungen und der Turnhallen zeigt, daß die Bevölkerung vieler Orte vom sportlichen Geschehen, vom eigenen Üben ausgeschlossen sind. So hatten am Stichtag 1.10.1966 von 3890 Gemeinden Österreichs 3187 keine Schwimmanlagen irgendwelcher Art, 3090 Gemeinden keinen Turnsaal oder kein Turnzimmer, 1419 keine auch sportlich nützbaren Freiflächen.
Neben dem großen Nachholbedarf gibt es aber auch eine gewisse Fehlverteilung, wie z.B. viele Freibäder, sehr wenige Hallenbäder.
Beim Bau von Übungsstätten haben sich folgende Erkenntnisse durchgesetzt: Die Übungsstätten sollten, der Bevölkerungszahl angepaßt, in unmittelbarer Nachbarschaft der Wohngebiete sein, vielen Benützern dienen (Schule, Verein, Betrieb), den Interessen der Benützer entgegenkommen.
Alle guten Einrichtungen kosten zunächst Geld und Mühe, sodaß der nur auf den augenblicklichen Vorteil Gerichtete gerne die Notwendigkeit leugnet, der Aufgeschlossene genau weiß, daß sich diese Einsätze lohnen und amortisieren, weil sie

1. die gesunde Entwicklung der Jugend fördern,
2. die Arbeitskraft länger erhalten,
3. Menschen der verschiedensten sozialen Gruppierungen zusammenführen und
4. auch der Wirtschaft daraus Nutzen erwächst.

Diese Tagung hat viele Problemstellungen, aber nur ein Ziel: Die Verwirklichung des österreichischen Sportstättenplanes. In Zusammenarbeit vom Bundesministerium für Unterricht, von Bundessportorganisation und dem Österreichischen Institut für Schul- und Sportstättenbau ist in zielstrebiger Arbeit die Bestandserhebung durchgeführt worden. Die weiteren Schritte dienen nunmehr der Bedarfsaufstellung und dem Realisierungsplan. Bei dieser Enquete sollen diese weiteren Ziele in Grundsatzreferaten aufgezeigt und in zwei großen Arbeitskreisen besprochen werden: Programmierung und Realisierung.
Der eine Arbeitskreis dient der Grundsatzerarbeitung: Schlüsselzahlen, notwendige Flächenausmaße, Situierung der Anlagen, Typen bezogen auf die Einwohnerzahl und Siedlungsgröße, der andere der Verwirklichung der arbeiteten Grundsätze: Empfehlung, der sich die Körperschaften anschließen, sie als verbindlich anerkennen; den Forderungen entsprechende Maßnahmen sezten, Mittel hiefür vorzusehen; Zeitplan für die Verwirklichung; Dringlichkeitsreihung; Berücksichtigung des Sportstättenplanes im städtebaulichen Konzept.
Der Österreichische Sportstättenplan kann jedoch nur wirksam werden, wenn sich die Bevölkerung mit ihm identifiziert, d.h. im Sinne des Bemühens um die eigene sportliche Ertüchtigung daran mitarbeitet.

(1967)

Die Schaffung von Turnspielgärten - ein dringendes Anliegen für Österreich

Die Bestandserhebung zum Österreichischen Sportstättenplan im Jahre 1966 hat gezeigt, daß der Nachholbedarf an Übungsstätten bei den Hallenbädern am größten ist, gefolgt von den Turnhallen, während die Versorgung mit Freianlagen in unserem Land schon relativ weit gediehen ist. Diese günstige Versorgung mit Freianlagen ist zumeist auf größere Sportanlagen und Spielplätze beschränkt, worduch ein ganz großer Mangel verdeckt wird, nämlich der an Kinderspielplätzen.

Eine genauere Analyse zeigt weiters, daß Kinderspielplätze derzeit fast nur in den Städten mit mehr als 50.000 Einwohnern und auch dort in ungenügender Anzahl und Ausstattung vorhanden sind, während Gemeinden mit Siedlungsgrößen zwischen 5.000 und 20.000 Einwohnern für diesen Bedarf fast überhaupt nicht vorsorgen. Kann man in diesen Gemeinden aber zur Not auch auf einen Sportplatz ausweichen, wo zwar keine altersspezifischen Übungsmöglichkeiten für Kinder vorhanden sind, aber immerhin gelaufen, gesprungen und ballgespielt werden kann, so weist die oben angeführte Erhebung auch aus, das in 1.419 von 3.890 Gemeinden in Österreich überhaupt keine Freianlagen bestehen. Bei diesen Gemeinden handelt es sich meist um kleinere Siedlungen mit dörflichem Charakter. Diese Orte haben auch vor 30 Jahren viele Angebote für spielerische und turnerische Betätigung in der unmittelbaren Umgebung aufgewiesen (Spielstraßen, Obstgärten zum Klettern, unbefahrene Höfe, abgestellte Pferdewagen etc.), durch die zunehmende Motorisierung und Industrialisierung auch in diese ländlichen Bereichen ist aber auch dort die Übungsmöglichkeit für Kinder immer mehr eingeschränkt. Es ist umso bedauerlicher, als auch die Schulen in diesen Dörfern nur eine sehr bescheidene Ausstattung aufweisen und für den Unterricht aus Leibesübungen räumlich meist in keiner Weise vorgesorgt haben.

Die Funktion des Turnspielgartens

Es ist heute in allen Bereichen der Wissenschaft anerkannt, daß Körper und Geist eine Einheit bilden, das heißt, daß alle Maßnahmen und Veränderngen in einem Bereich sich auch auf den anderen auswirken. Die erfreuliche Entwicklung dieses Verständnisses finden wir in der Medizin schon sehr lange, sie ist aber auch in der Psychologie, in der Pädagogik und in der Religion feststellbar; leider weitaus öfter in theoretischen Abhandlungen als in der praktischen Anwendung.

Die Reformbestrebungen der Schule unserer Zeit richten sich u.a. auf eine Chancengleichheit für alle Kinder, sie wollen also allen Kindern gleiche Möglichkeiten zur optimalen Entwicklung ihrer Anlagen bieten. Die Erörterungen in dieser Materie zeigen jedoch rasch, daß die Chancengleichheit schon im Alter von 6 Jahren nur eine relative ist, wenn die Entwicklung der kindlichen Anlagen in der Vorschulzeit durch Unvermögen oder Unverständnis der Eltern sehr unterschiedlich erfolgt. Die Möglichkeiten, die geistigen und körperlichen Talente der Kinder in ausreichendem Maße und zur richtigen Zeit zu entwickeln oder entfalten zu lassen, wird nur von wenigen genützt und damit den Kindern ein ungleicher Start für das Leben gegeben.

Der Psychologie Heinz-Rolf Lückert sagt: „Die Halbzeit für die Entwicklung der Körpergröße und der Intelligenz liegt nicht etwa bei 8 bis 10, sondern bei 4 bis 5 Jahren. Die Lernbereitschaft der 2- bis 5-Jährigen ist von ganz besonderer Art. In dieser Zeit lernen die Kinder noch unmittelbar und spielerisch, aus originren Tätigkeitsimpulsen heraus, aus reiner Neugierde und Freude am Tun." (Zitiert bei E.Ott, Vorschulische Intelligenzförderung, Stuttgart, 1970). Wie für eine optimale Entwicklung entsprechende Reize und Aufgabenstellungen gestellt werden müssen - Herausforderungen, deren Annahme und Lösung zur Verbesserung der Fähigkeiten führt. Für die natürliche Entwicklung der körperlichen Anlagen und Fähigkeiten sind diese Anreize unbedingt notwendig; sie können nicht auf spätere Zeit verschoben werden. Es ist allseits bekannt, daß der Erwerb von vielen komplizierten motorischen Fertigkeiten in einem späteren Lebensalter wesentlich mehr Energie erfordert.

Der Beitrag, den körperliche Betätigung und Spiel für die Persönlichkeitsentfaltung des jungen Menschen leisten können, wird meist unterschätzt. Es wird übersehen, daß das Kind lange bevor es sprechen oder denken lernt, sich schon bewegen, durch Bewegung ausdrücken kann. Es/Er - „faßt" , be- „greift" die Umwelt. Durch Tun und Probieren erhält es ein Verhältnis zu den Gegenständen und Mitmenschen, durch Aufgabenreize wird es aktiviert, erhält Lust am Tun. Wer sich vor Augen hält, welch große Leistungen schon das Aufrichten, das Stehen und das Gehenlernen bedeuten und welche Erweiterung des Aktions- und Gesichtskreises mit diesen Errungenschaften verbunden ist, wird die Wichtigkeit und den Wert der Bewegung als Anreiz für eine gesunde Entwicklung des Kindes erkennen. Im frühen Kindesalter allerdings vollzieht sich das Spielen und Üben in erster Linie in der elterlichen Wohnung oder im wohlbehüteten Familienbereich.

Mit dem Erwerb der Fertigkeiten des Gehens und Laufens sind aber neue Kontaktmöglichkeiten gegeben, der Aktionsraum wird größer, der Tätigkeitsdrang nimmt zu. Die Hauptbetätigung im Vorschulalter ist das Spiel. Das Spiel aber braucht Spielraum, indem sich das aktive, selbstschöpferische Tun entfalten kann, indem das Kind seine Vitalität aufbaut und festigt. Im späteren Vorschulalter (etwa ab dem 5. Lebensjahr) zeigt das Kind auch schon ein ausgesprochenes Aufgabenbewußtsein (Seybold), es möchte etwas leisten und freut sich über den Erfolg. Besonders wichtig ist die Gelegenheit zu ausreichen-

dem Tummeln, Spielen und Probieren im Bewegungsbereich für den Schulanfänger, der durch den plötzlich einsetzenden Sitzzwang in seiner freien Bewegungsentfaltung stark eingeschränkt wird.
Der Turnspielgarten soll, wie schon der Name sagt, einen geschlossenen Raum (Garten) bilden, indem die Benützer gegen Straßen, Gebäude und gegen andere störende Einflüsse abgeschirmt sind, und wo sie selbst nicht zu Störquellen (Lärmbelästigung etc.) werden können.
Der Turnspielgarten soll für spielerische und turnerische Betätigung vielfältige Anlagen aufweisen und soll dadurch vor allem im außerschulischen und vorschulischen Bereich ein Bewährungs- und Übungsfeld für die sensomotorischen Fähigkeiten der Kinder sein.
Da diese Anlagen für Schule und Kindergarten eine günstige Gelegenheit für eine Intensivierung und Verbesserung der Bewegungserziehung bieten, wird man sie vorzugsweise bei diesen Einrichtungen anlegen, aber die öffentliche Zugänglichkeit wahren, zumal das Ausmaß an Bewegungsreizen, das durch die Schule angeboten wird, nicht ausreicht und durch eigenes selbständiges Üben der Kinder ergänzt und erweitert werden soll. Bei einer schulischen Verwendung der Anlage liegt die Obsorge in der Hand des Lehrers, der Anregung für die Beschäftigung geben kann, der die Tätigkeit beaufsichtigt und Ordnung überwacht.
Bei der Planung eines Turnspielgartens soll daher diese Nutzung durch Institutionen mitberücksichtigt werden, die Hauptkriterien werden sich aber nach der unbeaufsichtigten, freien Benützung richten müssen, weil hier keine lenkende Hand mit Anregungen und Umsicht aushilft.
Der Turn- und Spielgarten soll daher sowohl im Spiel vor allem im Turnbereich
a) Aufforderungscharakter aufweisen
b) eine vielseitige Betätigung ermöglichen
c) keine Gefahrenquellen bieten und
d) frei zugänglich (aber nach Möglichkeit beaufsichtigt) sein.

Aufforderungscharakter

Unter Aufforderungscharakter verstehen wird, daß das Angebot an Geräten und Spieleinrichtungen altersgerecht (Geräte nicht zu hoch, phantasieanregend, der Denkwelt der Altersstufe angepaßt) und so interessant sein soll, daß die Betätigung direkt provoziert wird. Beobachtungen bei bestehenden Kinderspielplätzen können hier sehr gute Aufschlüsse geben. Im Vorschulalter sind besonders beliebt der Tummelrasen mit einem Hügel, auf den man hinauf- und hinunterlaufen, rollen und purzeln kann; Bäume (ohne gefährdende Äste), Sandhaufen (zum Gestalten, Graben und Bauen). An Geräten werden vor allem solche zum Klettern (Kletterturm, Gitterleiter), zum Hängen (Stufenreck oder Ringreck, Hangelbogen), zum Kriechen (Röhren), Schaukeln und Balancieren gerne verwendet, also in erster Linie Möglichkeiten zum Erproben, zum Erfahren und zum Trauen. Der Spielplatz (Allwetterplatz) soll Ballspiele (frei und gegen eine Wand, Zielwurfeinrichtung), Reifentreiben, Rollerfahren, Rollschuhfahren erlauben und daher nicht zu klein sein.

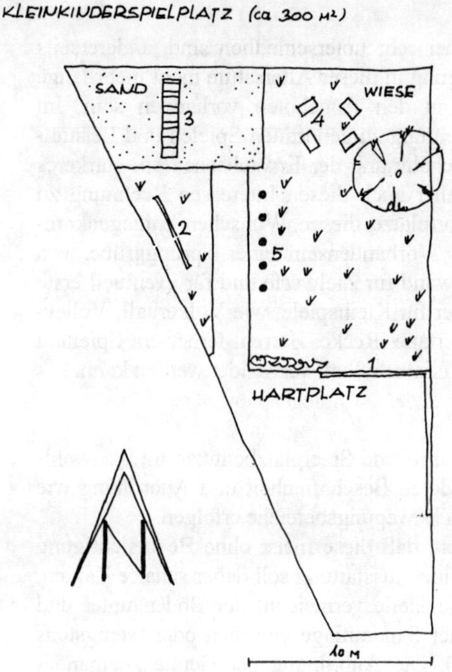

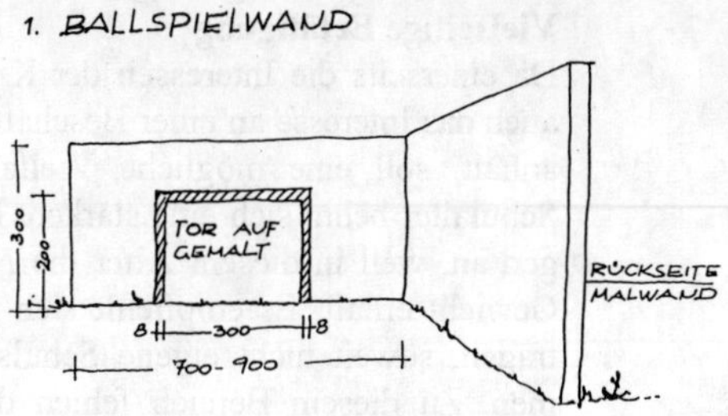

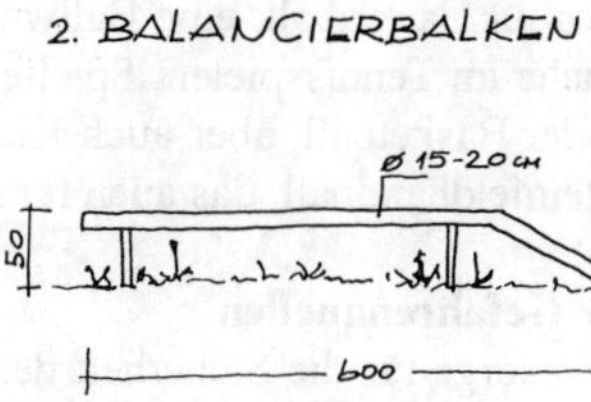

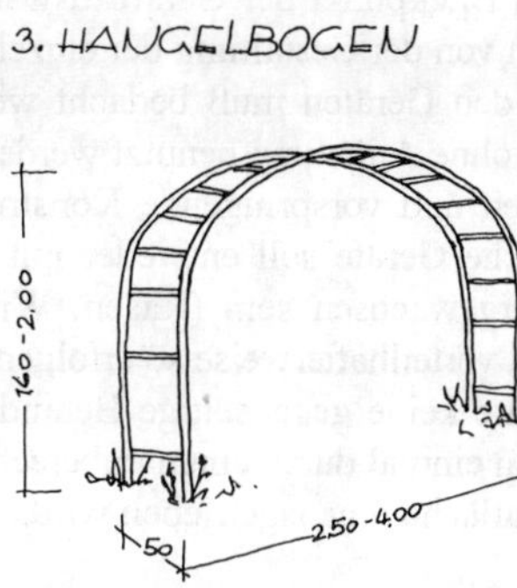

Die Ziffern im Lageplan verweisen auf die Detailzeichnungen gleicher Zahl.

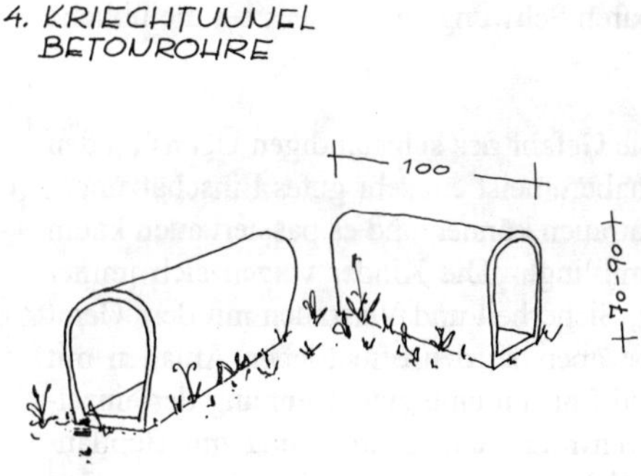

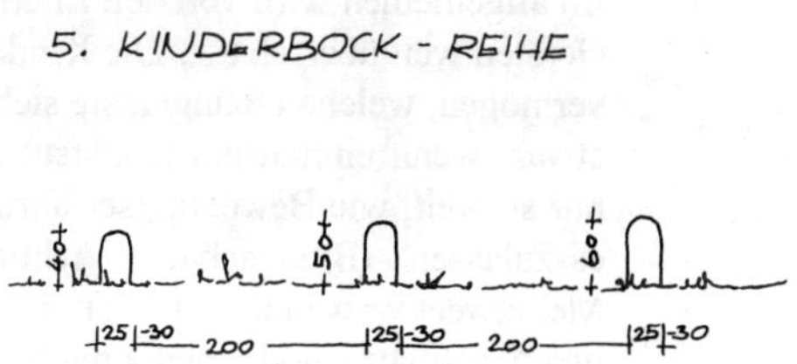

Vielseitige Betätigung

Da einerseits die Interessen der Kinder sehr unterschiedlich sind, andererseits auch das Interesse an einer Beschäftigung in dieser Altersstufe nicht mehr lange anhält, soll eine mögliche Vielfalt in den Angeboten vorhanden sein. Im Schulalter behnt sich eine stärkere Neigung zu genormten Spielen und Leistungen an, weil in diesem Alter die Nachahmung der Erwachsenen ein stärkeres Gewicht erhält. Es empfiehlt sich daher auch diesen Interessen Rechnung zu tragen, soweit nicht eigene Schulsportplätze diesen Wünschen entgegenkommen. Zu diesem Bereich fehlen das Vorhandensein einer Sprunggrube, von Körben für Basketball, eine Ballwurfwand für Zielwürfe und für eventuell erste Versuche im Tennisspielen, Spielfelder für Kleinspiele, wie Völkerball, Volleyball oder Basketball, aber auch Klettertaue, Recke, Barren, ferner ein Spielfeld für Kleinfeldhandball, das auch für Miniaturfußball verwendet werden kann.

Keine Gefahrenquellen

Die Vorsorge für die Sicherheit der Turn- und Spielplatzbenützer muß sowohl-vom Blickpunkt der Geräteauswahl, deren Beschaffenheit und Anordnung wie auch von der Gestaltung der einzelnen Bewegungsbereiche erfolgen.
Bei den Geräten muß bedacht werden, daß diese meist ohne Beaufsichtigung und ohne Anleitung benützt werden. Ihre Ausstattung soll daher scharfe Kanten, Ecken und vorspringende Konstruktionsteile vermeiden, der Boden unter und um die Geräte soll entweder mit einer Sandauflage versehen oder wenigstens naturgewachsen sein (Rasen, Wiese). Die Anordnung der Geräte zueinander wird vorteilhafterweise so erfolgen, daß bei gleichzeitiger Verwendung mehrerer Geräte keine gegenseitige Behinderung der Übenden eintritt, auch dann nicht, wenn einmal durch einen unberechenbaren Schwung ein Turner über die übliche Turnfläche hinausgetrieben wird.

Im allgemeinen wird von den Eltern die Gefahr des selbständigen Übens an den Geräten weit überschätzt. Die Kinder haben meist ein sehr gutes Einschätzungsvermögen, welche Übungen sie sich zutrauen können und es passiert auch kaum etwas, wenn einmal ein Kunststück mißlingt. „Die Kinder wagen sich immer nur so weit, wie Bewegungserfahrung, Sicherheit und Vertrauen mit dem Gerät es zulassen“ (Breugschat). Wichtig ist aber bei den öffentlichen Anlagen mit Mehrzweckverwendung für Turnen und Spielen eine gute Trennung der einzelnen Spielplätze und Spielbereiche durch räumliche Gruppierung mit Bepflanzung oder durch entsprechende Geländegestaltung. Ballfanggitter sind dort vorzusehen, so dies aus Gründen der Sicherheit erforderlich ist, z.B. durch Einfriedung von Bolzplätzen, die sich neben Kleinkinderanlagen befinden. Bei dieser Unterteilung desTurnspielgartens in bestimmte Bereiche wie z.B. Robinson-Spielplatz, Sandspielplatz, Gerätekreis, Rollerbahn, Ballspielplatz usw. Soll die Altersgruppierung Berücksichtigung finden.

Freie Zugänglichkeit

Der Einsatz öffentlicher Mittel bei der Erstellung von Turnspielgeräten und Kinderspielplätzen verlangt nach einer optimalen Ausnützung. Die Anlagen sollen daher sowohl den Institutionen der Erziehung (Kindergarten, Schule, Hort) während der Schulzeit, als auch den Kindern im freien Übungsbetrieb zur Verfügung stehen. In der Ferienzeit könnten diese Plätze in Fremdenverkehrsgebieten auch für die Kinder der Gäste Verwendung finden und die Gemeinden täten gut daran, auf solche Möglichkeiten hinzuweisen. Viele Eltern wären froh, wenn sie im Urlaub ihre Kinder auf einen Kinderspielplatz schicken könnten, wo sie sich einmal austoben könnenm damit sie nicht den Speisesaal in der Pension oder die Hotelhalle - sehr zur Verstimmung anderer Hotelgäste und zum Leitwesen des Hotelinhabers - als Turnplatz mißbrauchen.

In New York stellt die Stadtverwaltung Jahr für Jahr während der Ferien 600 Sportlehrer an, die die öffentlichen Spielplätze betreuen und interessierten Kindern und Jugendlichen beim Erlernen von Spielen und sportlichen Fertigkeiten behilflich sind.
Wir sind bei uns noch weit von einer solchen Entwicklung entfernt, aber es wäre schon viel gewonnen, wenn Spielplätze und öffentliche Turnspielgärten in ausreichender Anzahl geschaffen würden.
Es ist verständlich, daß viele kleine Gemeinden mit einer ein- oder zweiklassigen Volksschule für die 3 bis 6 Stunden Leibesübungen pro Woche einen Millionenaufwand für die Errichtung eines Turnsaales nicht wirtschaftlich und daher nicht gerechtfertigt finden. In diesen kleinen Gemeinden könnte aber mit einem Kostenaufwand, der nur ein Zehntel der Kosten für einen Turnsaal ausmacht, ein Turnspielgarten geschaffen werden.
Ein Turnspielgarten, der mithelfen könnte, den Kindern vor allem im Vorschulalter und im Grundschulalter durch vielseitige Bewegungserfahrung, durch Mutproben und vielerlei Erfolgserlebnisse die optimale Entwicklung in gesundheitlicher, bewegungsmäßiger und persönlicher Hinsicht sicherzustellen.

(Aus: Mitteilungsblatt des Österreichischen Institutes für Schul- und Sportstättenbau 1970, Heft 4)

Der Turnhallenbau in Österreich

Der Bau von Schulturnhallen ist eng verbunden mit der Entwicklung des Gegenstandes „Leibesübungen" in den einzelnen Schultypen. Ich darf daher meine Ausführungen mit ein paar geschichtlichen Daten beginnen. Die Einführung des Turnunterrichtes in Österreich geht auf das Jahr 1849 zurück, in welchem durch einen neuen Organisationsentwurf von Bonitz und Exner der Gegenstand „Turnen" erstmals für Gymnasien und Realschulen vorgesehen wurde, damals allerdings nur als Freigegenstand. Verpflichtend wurde das Fach in den angeführten Schultypen seit 1897 eingeführt. Die Verordnung beschränkte sich auf die Knabenschulen.

In den Mädchengymnasien wurde erst 1900 der Turnunterricht als Freigegenstand und 1913 als Pflichtgegenstand eingeführt.

Bei den Volksschulen brachte das Jahr 1869 mit der Schaffung des Reichsvolksschulgesetzes neue Richtlinien, die den Gegenstand „Turnen" verpflichtend an den Volks- und Bürgerschulen und an den Lehrerbildungsanstalten mit jeweils 2 Wochenstunden vorsahen. Im Jahre 1883 wurde diese Bestimmung für die Mädchen wieder aufgehoben und erst Jahrzehnte später als notwendig wieder berücksichtigt.
Das Reichsvolksschulgesetz war in seinem Konzept durchaus modern, es blieb dennoch vieles unverwirklicht, weil für die echte Erfüllung der Forderungen in fast allen Schulen die räumlichen und gerätemäßigen Voraussetzungen fehlten. Durch das Reichsvolksschulgesetz wurde nämlich die Erhaltung und die bauliche Verankerung für die Volksschulen und für die Pflichtschulen in die Obsorge der Gemeinde verlegt, bzw. ihr übertragen. Die weniger bemittelten Gemeinden haben dies vorsorgend auf das äußerst Notwendige beschränkt, dies im besonderen auch auf die Schaffung von Turnhallen. Verhängnisvoll war in diesem Zusammenhang vielleicht auch der § 66 des Reichsvolksschulgesetzes, der besagte, daß die Länder verpflichtet sind, die Schwächen oder die Versäumnisse der Gemeinden auszugleichen. Also verließen sich viele Gemeinden auf die Hilfe durch das Land erst recht, das aber seinerseits nicht in der Lage war, den großen Anforderungen zu entsprechen.

Welche Stellung nimmt nun 100 Jahre nach dem Inkrafttreten des Reichsvolksschulgesetzes die Leibeserziehung in Österreich ein? Der Gegenstand „Leibesübungen" ist als Pflichtfach in allen Schultypen fest verankert. Eine kleine Ausnahme besteht nur bei den Berufsschulen, die eigentlich keine Schulen im herkömmlichen Sinn sind, denn die Lehrlinge kommen einmal in der Woche zum Unterricht, um zu ihrer praktischen Ausbildung die notwendige theoretische Ergänzung zu erhalten. Die Einführung des Turnunterrichtes auch für diese Jugendlichen, die Leibesübungen zum Ausgleich besonders notwendig haben, konnte bisher noch nicht verwirklicht werden. Auf diese Art sind noch 150.000 Lehrlinge in Österreich ohne Unterricht im Gegenstand „Leibesübungen".

Als wesentlichster Fortschritt in der Entwicklung seit damals kann wohl die Veränderung in der Auffassung des Turnens und der Leibesübungen angesehen werden, die das Fach aus einem Fertigkeitsfach zu einem integralen Bestandteil der Gesamterziehung emporhob. Dies ist auch daraus zu erkennen, daß seit dem Jahre 1926 das Studium der Leibeserziehung ein vollwissenschaftliches ist. Die Leibeserzieher der höheren Schulen studieren an Universitäten in einem vollakademischen Ausbildungsgang. Wir können sagen, daß Österreich auf diesem Gebiete bahnbrechend war, da viele Bestrebungen, die in Österreich durch die „Österreichische Turnerneuerung" Verwirklichung fanden, später auch von anderen Ländern nachgeahmt wurden.

Aus der Erkenntnis heraus, daß die besonderen Anforderungen und die besondere Verantwortung, die mit dem Fach „Leibesübungen" verbunden ist, nicht den üblichen Schulaufsichtsorganen übertragen werden kann, wurden Fachinspektoren für den Gegenstand „Leibesübungen" geschaffen. Den Fachinspektoren obliegt nicht nur die Inspektion und Beratung der Leibeserzieher aller Schultypen, ihnen ist auch die Lehrerfortbildung und die Beratung beim Bau von Schulturnsälen und Übungsanlagen als Leibesübungen anvertraut.

Stundenausmaß

Wenden wir uns nun dem Stundenausmaß in den Lehrplänen zu, dem eine besondere Bedeutung in der Frequenzberechnung für die Erstellung der Raum- und Funktionsprogramme zukommt. Dem Ideal der täglichen Turnstunde, die von Leibeserziehern, von Ärzten und von den Sportverbänden immer wieder gefordert wird, haben wir uns in einigen Schultypen genähert, in andere Schultypen sind wir davon noch weit entfernt. So sieht der Lehrplan für die Volksschulen 2 bis 3 Wochenstunden im Gegenstand „Leibesübungen" vor. Leider haben sehr viele Landesschulbehörden, in deren Kompetenz die Entscheidung liegt, ob 2 oder 3 Stunden Leibesübungen abgehalten werden sollen, die Stunde der Zeit nicht erkannt und haben sich für die geringere Zahl entschlossen.
In den Hauptschulen haben wir in allen 4 Klassen 3 Stunden Leibesübungen als Pflichtgegenstand. Zu diesen 3 Stunden kommt bei günstiger Witterung noch ein 2stündiger Freiluft-Nachmittag dazu. Der Freiluft-Nachmittag bringt aber aus organisatorischen Gründen gewisse Schwierigkeiten mit sich, weßhalb derzeit Schulversuche laufen, an Stelle des Freiluft-Nachmittages den Freigegenstand „Leibesübungen" mit 2 Wochenstunden anzusetzen. Eine ähnliche Lösung ist auch für die allgemeinbildenden höheren Schulen vorgesehen, über welche die Lehrplanberatungen zwar noch im Gange sind, die aber im Gegenstand „Leibesübungen" folgendes Ergebnis bringen dürfte:

- 1. bis 4. Klasse: 4 Stunden Leibesübungen Pflichtgegenstand; 2 Stunden Freigegenstand;
- 5. bis 7. Klasse: 3 Stunden Leibesübungen Pflichtgegenstand, 2 Stunden Freigegenstand;
- 8. und 9. Klasse: 2 Stunden Leibesübungen Pflichtgegenstand und
- 2 Stunden Leibesübungen Freigegenstand.

In den musisch-pädagogischen Realgymnasien, einer Oberstufenform der allgemeinbildenden höhere Schule, sind im Lehrplan der 5.-9. Klasse 3 Wochenstunden Leibesübungen als Pflichtgegenstand und 2 Wochenstunden als Freigegenstand eingesetzt.

Bei den berufspädagogischen Lehranstalten (technisch-gewerbliche, kaufmännische und berufsbildende) ist die Lage der Leibesübungen etwas schwieriger. Bis zum Jahre 1946 hatten diese Schulen überhaupt keinen Unterricht im Gegenstand „Leibesübungen“. Seit 1946 waren 2 Stunden im Gegenstand „Leibesübungen“ pflichtmäßig vorgesehen, die nach den Schulgesetzen vom Jahre 1962 mit 2 Stunden Leibesübungen als Freigegenstand ergänzt wurden. Es ist sehr erfreulich, daß an diesen Schultypen, in denen die Schüler bis zu 44 oder 46 Wochenstunden Unterricht haben, der Freigegenstand relativ häufig durchgeführt wird. Die jungen Leute, die durch den Unterricht so stark belastet sind, haben den Wert der Leibesübungen voll erkannt und melden sich trotz der großen Belastung gerne zum Freigegenstand.
Die Gesamtstunden, die an einer Schule an Leibesübungen anfallen, ergeben sich aus der *Wochenstundenanzahl im Pflichtgegenstand x der Klassenanzahl + etwa ein Drittel der möglichen Wochenstunden im Freigegenstand.* Bei Koedukationsschulen müssen noch 3-4 Extrastunden dazugegeben werden, denn in gemischten Klassen werden einige Stunden für die Leibesübungen der Mädchen anzusetzen sein, wobei manchmal 2 Klassen zusammengezogen werden können, eine solche Lösung aber auch auf stundenplanmäßige Schwierigkeiten stoßen kann, wodurch Extrastunden anfallen.
Die Kapazität einer Turnhalle im schulischen Bereich soll mit 45 Stunden maximal angenommen werden. Es gibt natürlich Beispiele, wo Turnhallen im höheren Maße beansprucht werden, aber solche Sonderfälle und Notlösungen sollen nicht als Planungsgrundlage für zukünftige Bauten dienen. Etwa 50% aller Schüler der höheren Schulen aber auch der Hauptschulen bei uns sind Fahrschüler. Für diese ist ein Unterricht, der über 17 Uhr hinausgeht auf die Dauer nicht zu verantworten. Darüberhinaus sind in Österreich fast alle Turn- und Sportvereine auf die Mitbenützung von Schulturnhallen angewiesen. Diese Vereine müßten Gelegenheiten haben, in den Schulturnhallen ihre Übungsstunden für Kinder- und Jugendgruppen schon ab 17 Uhr einzuteilen.

Ich habe hier als Voraussetzung für den Unterricht im Gegenstand „Leibesübungen“ immer vom Turnsaal gesprochen. Es gäbe auch andere Übungsanlagen, aber die klimatischen Verhältnisse sind bei uns derart, daß ein regelmäßiger Unterricht an das Vorhandensein von Raum gebunden ist. Hier bietet die Turnhalle zweifellos die besten Ausnützungsmöglichkeiten. Es wäre jedoch auch denkbar, daß sich eine Gemeinde, die stark auf den Fremdenverkehr ausgerichtet ist, mit einer Komibnation Kleinstschwimmhalle, Spielplatz, Turngarten, behilft. Die Kleinstschwimmhalle könnte in den Abendstunden fremdenverkehrsmäßig gut ausgenützt werden und würde vielleicht so der Gemeinde einen gewissen Anreiz zum Bau dieser Möglichkeit bieten.

Turnhallengrößen

Welche Turnhallengrößen sind nun für die verschiedenen Schultypen erforderlich? Für 1-bis 3-klassige Volksschulen (in Österreich gibt es 800 einklassige und 1000 zweiklassige Volksschulen) wird als Mindestforderung ein Turnraum von 8 x 12 m Flächenausmaß bei 4 m Raumhöhe anzusehen sein. Dieses Ausmaß erscheint Ihnen bestimmt sehr klein. Ein gesonderter Raum in größeren Ausmaßen wird jedoch kaum zu fordern sein, da ja die Ausnützung in einer 1- bis 3-klassigen Schule sehr unwirtschaftlich ist. Eine einklassige Volksschule hat im besseren Fall 3 Turnstunden in der Woche. Bei einer zweiklassigen Schule würden 6 Turnstunden anfallen, bei einer 3-klassigen - soweit 3 Stunden in dem betreffenden Bundesland wirklich gehalten werden - 9 Turnstunden. Es wird also sehr schwer möglich sein, in diesen Fallen die Forderung nach einem eigenen Turnraum durchzusetzen. Es wäre jedoch denkbar, daß man eine Klasse, oder die Klasse bei einer 1-klassigen Schule in den obenangeführten Ausmaßen für einen Mindest-Turnraum ausstattet, und mit einer entsprechenden Einrichtung versieht (Schwingboden, schußfeste Fenster, versenkte Leuchten und zusätzliche Umkleidemöglichkeit, Geräteraum und Dusche), daß in den 3 anfallenden Stunden die Bänke hinausgeräumt werden können und hier ein behelfsmäßiger Turnraum geschaffen wird. Der Einbau eines Brauseraumes hat sich bei den 1-klassigen Schulen in letzter Zeit gut bewährt, da die Kinder in vielen Landgegenden nicht die Möglichkeit haben, moderne sanitäre Einrichtungen kennenzulernen. Die Schaffung solcher Anlagen ist hier gleichzeitig eine erziehliche Maßnahme.

Für die 4-bis 8-klassige Volksschule bzw. Sonderschule ist eine Klein-Turnhalle mit Ausmaßen von 10 x 18 m x 5,6 m Höhe bis Binder-Unterkante zu fordern. Diese Ausmaße reichen für die Erfüllung der Aufgaben, die im Lehrplan der Volksschule gestellt sind. Herr Sekt.Chef Dr. Pruckner hat in seiner Einführung auch den goldenen Plan der Deutschen Olympischen Gesellschaft erwähnt. Der goldene Plan hat gewisse Richtlinien für die Errichtung einzelner Übungsanlagen in den Gemeinden geschaffen, bezogen auf Freiflächen, auf Schwimmbäder und auf Turnhallen. Als Mindestmaß an Turnhallenfläche wird pro Einwohner ein Ausmaß von 0,1 m^2 angesehen. Das würde bedeuten, daß ein Raum von 10 x 18 m für eine Gemeinde bis zu 1800 Einwohnern als ausreichend erachtet wird, auch für die Bedürfnisse des außerschulischen Turn- und Sportbetriebes. Es gibt natürlich kleine Gemeinden, die einen intensiven Spielbetrieb, bei-

spielsweise in Basketball, haben. Hier müßte ein größerer Raum geschaffen werden, um den Anforderungen des Vereines zu entsprechen.
Für Schulen mit mehr als 8 Klassen, vor allem auch für Schulen mit Schülern über 10 Jahren, ist eine normale Turnhalle erforderlich. Bei uns haben sich als Ausmaße für die Normal-Turnhalle zwei Maße durchgesetzt: die kleinere Normal-Turnhalle mit 12 x 24 x 5,60 m (die häufigste Form der Hauptschul-Turnhalle) und die größere Normal-Turnhalle mit dem Ausmaß 15 x 25 x 5,6m, das bisher bei den Bundesschulen am häufigsten verwirklicht wurde. Hier versuchen wir nun, besonders im Hinblick auf die Wünsche der Sportverbände, ein Maß von 15 x 26 m zu erreichen, damit in diesen Hallen ein Basketball-Spielfeld nach internationalem Ausmaß Platz findet. Bei Schulen mit mehr als 12 Klassen ist mit einer Halle das Auslangen nicht mehr zu finden. Wenn mehrere Räume geschaffen werden müssen, bieten sich verschiedene Kombinationsmöglichkeiten an. So z.B. zwei Doppel-Turnhallen im Normalausmaß oder eine große und eine kleinere Halle oder eine große Halle und ein Lehrschwimmbecken.
Groß-Turnhallen mit 21 x 42 x 7 m sind für den Schulbetrieb nicht erforderlich, könnten aber in Städten geschaffen werden, in welchen von Seiten der Sportvereine der Bedarf nach einer solchen Halle dringend besteht. Die zusätzlichen Kosten müßten dann natürlich auch von den entsprechenden Sportverbänden, bzw. interessierten Stellen bereitgestellt werden.

Schulerhaltung

Welche Verpflichtung liegt nun auf den schulerrichtenden und schulerhaltenden Behörden zur Vorsorge für die Schaffung dieser Übungsstätten.
Dr. Loicht hat in einem Artikel in Heft 2/1966 des Mitteilungsblattes des Österreichischen Institutes für Schul- und Sportstättenbau versucht, die gesetzlichen Voraussetzungen zusammenzufassen. Er sagt darin, daß es für die Bundesschulen kein Gesetz gibt und keine Verordnung im Rechtssinn, die Aussagen über die für die einzelnen Schulen notwendigen Räume machen würden. Es gibt noch nicht einmal ein Gesetz, daß die Verpflichtung des Bundes zum Bau von Schulen, deren organisatorische Einzelregelung er sich vorbehalten hat, festsetzen würde.
Wohl gibt es aber eine Regelung für die Programmierung der Schulneubauten. Hierin ist vorgesehen, daß jede Schule über wenigstens einen Turnsaal mit den normalen Ausmaßen von 15 x 25 x 5,6 m verfügen muß, wobei im Regelfall aber auch noch ein zweiter gleich großer Turnsaal oder wenigstens ein Lehr-Schwimmbecken dazukommt. Die Frage, ob ein oder zwei Turnsäle im Raumprogramm vorgesehen wären, richtet sich nach den örtlichen Umständen, im wesentlichen nach der Klassenzahl, danach ob die Schule koedukativ geführt wird und nach der Anzahl der Fahrschüler der Schule. Eine durchschnittliche österreichische Bundesschule mit 13 - 20 Klassen hat in nahezu 100% der Fälle zwei Turnsäle aufzuweisen. Diese Turnsäle werden nicht nur projektiert, sie werden auch gebaut; hierbei zeigt sich, daß auf den Turnbereich ca. 20 - 22%

der Gesamtbaukosten entfallen. Dies ist daher ein sehr hoher Prozentsatz, der allerdings gerechtfertigt ist. Die Hallen werden gebaut, weil das programmierende Bundesministerium für Unterricht und das bauausführende Bundesministerium für Bauten und Technik als Bundesressorts koordiniert sind. Für den Pflichtschulbereich sieht das Pflichtschulerhaltungs-Grundsatzgesetz aus dem Jahre 1963 im § 7, Abs. 3, vor, „daß die Schulen, insbesondere die Volks-, Haupt- und Sonderschulen, die Polytechnischen Lehrgänge sowie die lehrgangsmäßigen Berufsschulen nach Tunlichkeit mit einem Turn- und Spielplatz und vor allem die Hauptschulen auch mit einem Turnsaal, ferner nach Bedarf auch mit einer Schulküche, usw. ausgestattet zu sein haben." Dieses Grundsatzgesetz ist in einzelnen Bundesländern verschieden ausgeführt worden. Die Ausführungsbestimmungen besagen jedoch auch nur, daß bei Volksschulen bloß nach Tunlichkeit oder nach Möglichkeit ein Turnsaal vorzusehen ist; daß bei den Hauptschulen ein Turnsaal gebaut werden muß, wird nur in den Bundesländern Oberösterreich und Vorarlberg verlangt. In den übrigen Bundesländern ist es gleichfalls eine Frage der Tunlichkeit oder Möglichkeit, ob ein Turnsaal gebaut wird oder nicht.

Turnhallen in den Schulen

Wie sieht nun die tatsächliche Situation auf dem Turnhallen-Sektor in Österreich aus. Die OECD, das ist die Organisation für die erziehliche Zusammenarbeit und Entwicklung, hat ihre Mitgliedsstaaten im Jahre 1964 aufgefordert, einen Bericht über die Entwicklung der Schülerzahlen, über die augenblickliche Lage und die vorauszusehende Entwicklung für die nächsten 10 Jahre zu geben. Aus diesem OECD-Bericht, der den Stand aus dem Jahre 1965 berücksichtigt, ist zu entnehmen, daß von rd. 4400 Volksschulen in Österreich nur 1100 über einen eigenen Turnraum verfügen. 3300 Volksschulen sind ohne Turnzimmer, bzw. Turnsaal. Von 800 Hauptschulen weisen 590 einen Turnsaal oder ein Turnzimmer auf, 210 Hauptschulen haben keinen Turnraum. Bei den mittleren und höheren allgemeinbildenden Schulen, dazu gehören die Gymnasien, Realgymnasien, die Handelsschulen, die technischen und gewerblichen Lehranstalten und die berufsbildenden Lehranstalten, besteht noch immer ein Nachholbedarf von rd. 100 Turnhallen.

Hier ist der Nachholbedarf bei den Privatschulen, sowie bei den technisch-gewerblichen und kaufmännischen Lehranstalten am größten.

Wenn ich noch einmal die Zahlen wiederholen darf: Der Nachholbedarf bis zum heutigen Stand ist 3300 Turnräume oder Turnzimmer für Volksschulen, 210 Turnsäle für Hauptschulen und 100 Turnsäle für die höheren Schulen. Der OECD-Bericht gibt aber auch eine Vorschau bis 1975 und führt als bis dahin erforderliche Zahl an zusätzlichen Klassenräumen an: Bei Volksschulen aufgrund der steigenden Geburtenzahl nach 1955, 3400 zusätzliche Klassenräume, bei den Hauptschulen 2600, bei den höheren Schulen durch die Differenzierung

in den verschiedenen Schultypen und durch die Neugründungen, die ja fast in allen Bezirken in den letzten Jahren stattgefunden haben, 3000.
Gehen wir also von unserer Kapazitätsrechnung von rd. 40 Wochenstunden Leibesübungen für einen Turnsaal aus, müssen wir für rd. 10 Klassen zusätzlich einen Turnsaal fordern. Das bedeutet also, daß bis 1965 zusätzlich 340 Turnräume für Volksschulen, für Hauptschulen 260 Turnsäle und 300 Turnsäle für mittlere und höhere Schulen zu schaffen sein werden. Der Gesamtbedarf bis 1975 steigert sich somit auf 3640 Turnzimmer und Klein-Turnsäle für Volksschulen, 470 Turnsäle für Hauptschulen und 400 Turnsäle für mittlere und höhere Schulen.

Das sind Zahlen, meine Damen und Herren, in denen sich ein katastrophaler Notstand einer Berufsgruppe offenbart. Lassen Sie einmal einen Lehrer ein Jahr hindurch in einem Gastzimmer eines Wirtshauses oder im Wartesaal eines Bahnhofes seinen Unterricht in Deutsch, Rechnen oder Heimatkunde geben; vom Lehrer, der Leibesübungen unterrichtet, wird ähnliches aber in vielen Fällen Jahre hindurch erwartet. Das muß seine Auswirkungen haben. Der Unterricht wird auch bei guten Lehrern schlechter, weil sie sich in den ständigen Wiederholungen abstumpfen, weil sich immer neue Schwierigkeiten bei der Durchführung ergeben. Die Ausreden vor sich selbst mehren sich, Klassenlehrergeschäfte werden immer mehr in die Turnstunde verlegt, um vor dem schlechten Wetter auszuweichen und letztlich wird ein Widerwille entstehen, an Schulen ohne Turnsäle oder Turnzimmern zu unterrichten. Diese Schulen werden dann sicherlich unter großem Lehrermangel zu leiden haben. Auswirkungen wird dieser Mangel an Übungsstätten aber auch auf den Leistungsstand der Schüler haben, denen wertvolle Entwicklungsreize und persönlichkeitsfördernde Erlebnisse verlorengehen. Es ist bekannt, daß das beste Alter für die Erlernung gewisser köperlicher Fertigkeiten und Eigenschaften die Vorpubertät ist. Durch die Akzeleration, also durch das frühere Einsetzen der Pubertät, in welcher das gute Gefühl für den Bewegungsablauf durch das starke Längenwachstum etwas verlorengeht, liegt nun das beste Alter für die Erwerbung köperlicher Fähigkeiten im 9. und 10. Lebensjahr. Bewegungsabläufe, die der Schüler in diesem Alter lernt, verliert er nie wieder. Denken Sie an das Schwimmen, Eislaufen und Radfahren. Selbst wenn man 10 Jahre in einer dieser Sportarten aussetzt, kann man sie im wesentlichen noch immer. Ebenso ist es bei komplizierteren Bewegungsformen. Das unterstreicht die Notwendigkeit eines besonders guten Unterrichtes im Gegenstand „Leibesübungen" in der 3. und 4. Klasse der Volksschule.
Von der Turnsaalmisere sind aber auch die örtlichen Turnvereine und Sportgruppen, die auf Turnhallen angewiesen sind, besonders betroffen. Rund 95% aller Turnhallen sind Schul-Turnhallen. Ein kleiner Verein wird nicht in der Lage sein, sich eine eigene Turnhalle zu schaffen und ist somit auf die Mitbenützung einer Schul-Turnhalle angewiesen.
Als in den 30er-Jahren dieses Jahrhunderts der englische Schriftsteller George Orwell mit seinem Roman „1984" die Welt aufhorchen ließ, hat niemand

vermutet, daß sich diese Utopie in einem einzigen Menschenleben, in vielen Ländern und in vielen Einzelheiten bereits verwirklichen wird. Und wer hätte sich gedacht, daß die Utopien einen Jules Verne so rasch von der Wirklichkeit eingeholt und überholt werden würden. So schnellebig ist unsere Zeit.
Vor 60 Jahren, also vor kaum 2 Generationen, haben einige begeisterte Bastler versucht, ein Gerät, das sie Flugzeug nannten, einige Sekunden über dem Boden zu halten. 30 Jahre später flog die erste Maschine über den Atlantik und wieder 30 Jahre später zogen künstliche Satelliten ihre Bahnen um die Erde und Raketen steigen ins All; so rasch geht die Entwicklung.

Wir streben dem Jahre 2000 zu, nur eine einzige Generation trennt uns von dieser Zeit. Behalten wir dies im Auge. Die Schulen, die heute gebaut werden, sollen auch in 50 Jahren den Ansprüchen gerecht werden. Wenn im Jahre 2000 die Bevölkerung Österreichs auf 10 Millionen angestiegen, die Schulpflicht auf 10 Jahre erhöht sein wird, die Ausbildung für einen akademischen Beruf 8 - 10 Jahre erfordert, der natürliche Lebensraum verengt, die Anreize zur Eigenbewegung und zu körperlicher Arbeit bis auf ein Minimum eingeschränkt sein werden, wenn die geistige Beanspruchung des Menschen bis zur Preisgabe der Vitalität vermehrt sein wird, dann werden die Leibesübungen eine ganz ungeheure Bedeutung haben und zwar die Leibesübungen, die in den nächsten Jahren in den Schulen und Betrieben gefördert werden.

Helfen Sie mit, daß das Zukunftsbild eines gesunden und harmonischen Menschen und Lebens durch Ihren besonderen Einfluß beim Bau und bei der Forderung nach geeigneten Übungsstätten verwirklicht wird. In den Gemeinden, in den Landtagen und im Parlament, in den Schulverwaltungen, bei Pädagogen aller Richtungen und aller Fächer und beim einzelnen Steuerträger muß zum Bewußtsein kommen, daß die Mittel und die Bemühungen, welche diesem entscheidenden Zweck dienen, den Einatz wohl wert sind.
Sonst erkennen wir vielleicht zu spät, daß Gesundheit zwar nicht alles, aber ohne Gesundheit alles nichts ist.

(1983?)

Maßnahmen zur besseren Ausnutzung von Hallenbädern

Die mit dem Österreichischen Sportstättenplan vor 20 Jahren initiierte Bautätigkeit hat sich insbesondere auch auf die Schaffung von Hallenbädern ausgewirkt. Es waren ja bis zur Erhebung im Oktober 1966 nur 78 gedeckte Schwimmöglichkeiten in ganz Österreich vorhanden, die den Anspruch eines Sportbades, wenn auch von geringsten Ausmaßen, erfüllten und überdies waren diese Anlagen im Bundesgebiet schlecht gestreut.
Der damalige Unterrichtsminister Dr. Piffl-Percevic gab das Motto aus: **Kein Schulabgänger ein Nichtschwimmer**. Ein Motto übrigens, das bis heute noch nicht erfüllt ist, und als Zielvorstellung meinte er, daß wenigstens jeder Bezirk über ein Hallenbad verfügen sollte. Um insbesondere den Schulen einen regelmäßigen Schwimmunterricht zu garantieren, hat das Bundesministerium für Unterricht und Kunst einen Bäderzuschußplan entwickelt, der Gemeinden, die an einem Standort einer mittleren oder höheren Schule ein Hallenbad errichten, eine Art Mietvorauszahlung gewährte, wenn das Bad der Schule für eine gewisse Wochenstundenanzahl ein ausschließliches Nutzungsrecht einräumt.

Innerhalb von nur zwei Jahrzehnten stieg so die Zahl der öffentlichen Hallenbäder auf 627 an, die Zielquote des Sportstättenplanes ist damit fast erreicht.

Doch nun sind Gemeinden, die in Anerkennung der gesundheitlichen Bedürfnisse der Bevölkerung, in manchen Fällen auch der Erfordernisse des Fremdenverkehrs und zur Sicherung des Schwimmunterrichtes für die Schulen sich zum Bau von Hallenbädern entschlossen haben, durch die plötzlich gestiegenen Energiepreise und durch die rigorosen Forderungen des Bäderhygienegesetzes vor große wirtschaftliche Probleme gestellt worden. Die hohen Kosten, die den Gemeinden beim Betrieb von Hallenbädern nunmehr erwachsen, können durch erhöhte Eintrittspreise nicht wettgemacht werden, da eine unangemessene Erhöhung der Preise auch zu einer Minderung der Frequenz führte. Finanzschwächere Gemeinden haben sich zu einer zeitweisen Schließung oder zu kürzeren Öffnungszeiten entschlossen, was aber die Betriebskosten auch nicht wesentlich senkte, einige kleinere finanzschwächere Gemeinden haben sich zur völligen Schließung ihrer Lehrschwimmbecken und Schwimmbäder entschlossen und andere haben vor allem zu Maßnahmen gegriffen, die eine Senkung von Energiekosten herbeiführten. Eine Reihe von Beiträgen und Untersuchungen befassen sich mit dem Problem einer Absenkung der Betriebskosten und einer besseren Auslastung der Bäder.

So hat die Deutsche Gesellschaft für das Badewesen 1980 „Empfehlungskataloge zur Freizeitorientierung der Bäder“ veröffentlicht und darin eine

Vielzahl an Vorschlägen für die Verbesserung der Betriebsorganisation aufgrund der Beobachtung der Badegäste angeboten. Anhand von Marketing-Untersuchungen zum Bedarf wurde ein Aktions- und Maßnahmenkatalog erstellt. Ein Jahr vorher hat Fabian (1979) wichtige Hinweise zur Gestaltung des Betriebsablaufes gegeben und dabei viele Anregungen auch für die Gestaltung der Kinderspielbereiche aufgezeigt.

In Österreich hat das ÖISS 1982 in einer Veranstaltung auf die geänderten Anforderungen an Hallenbäder (vgl. Krems, 1982) hingewiesen und das Land Niederösterreich hat in einer eigenen Enquete 1983 Schwerpunkte der Energiekostensenkung und auch Möglichkeiten einer Frequenzsteigerung behandelt.

Da Änderungen baulicher Art in neu errichteten Hallenbädern kaum auf das Verständnis der Bevölkerung stoßen und auch nur schwer durchzusetzen sind, kommt notwendig gewordenen Sanierungen in Altbauten eine besondere Bedeutung zu. Hier waren für manche altgedienten Einrichtungen die strengen Richtlinien des Bäderhygienegesetzes 1976 ein willkommener Anlaß, neben einer Erneuerung bzw. Verbesserung der betriebstechnischen Einrichtungen auch bauliche Veränderungen vorzunehmen (vgl. Lauscha 1982).

In diesem Zusammenhang darf auch der Beitrag von Kullack (1983) über Erhöhung der Besucherzahlen durch Aktivierung bestehender Bäder genannt werden. Es zielt dabei besonders auf die Bereiche Freizeitorientierung, Werbung und Aktionsprogramme. Ähnliches kann bei Hauri (1983) festgestellt werden, der einerseits die Freizeitgewohnheiten und Besuchercharakteristiken im Raum Zürich untersuchte, dabei insbesondere die Attraktivitätsmängel der Hallenbäder aufzeigte und daraus seine Forderungen für die Zukunft ableitet.

Geller (1984) wiederum unterstreicht insbesondere die Lebensqualität, die von der Aktivität „Baden“ ausgehen muß, und zeigt interessante Beispiele von Ausstattungs- und Einrichtungsvorschlägen, die insbesondere den Erlebnis- und Abenteueraspekt bei den Besuchern ansprechen. Zum Unterschied von den allgemeinen Empfehlungen, Vorschlägen und Anmerkungen der vorgenannten Beiträge berichtet Hüppe (1982) von einem konkreten Forschungsprojekt für das Hallenfreizeitbad in Bornheim (BRD). Es handelt sich dabei um ein gemeinsames Projekt der Internationalen Akademie für Bäder-,Sport- und Freizeitbauten, des Deutschen Schwimmverbandes und der Zentralen Beratungsstelle für den kommunalen Sportstättenbau. In diesem Beitrag wird vor allem für eine Funktionstrennung in Sportbereich, Schulschwimmen, Springerbecken, in Kleinkinder-, Alten- und Behindertenbereich plädiert.

Die vorgenannten Untersuchungen und Beiträge unterstreichen fast einhellig, daß eine Möglichkeit für eine bessere Kosten-Nutzen-Relation in der Ausweitung der Besucherfrequenz liegt, da bei gleichbleibenden Betriebskosten einerseits die Einnahmen angehoben werden können und auf jeden Fall ein entstehendes Defizit, das durch Steueraufkommen abgedeckt werden muß, zumindest durch einen hohen Besucherzuspruch und dem damit verbundenen gesundheitlichen Nutzen gerechtfertigt werden könnte.

Anhebung der Besucherfrequenz

Im folgenden sollen - ohne Anspruch auf Vollständigkeit - einige Überlegungen und Anregungen aus den genannten Untersuchungen hier zusammengefaßt werden.
Der leichteren Übersichtlichkeit wegen wird diese Übersicht in verschiedene Bereiche unterteilt, wie bauliche und ausstattungsmäßige Aspekte, Betriebsorganisation, besondere Angebote und Aktionen, sowie Werbung und Marketing.

1. Verbesserungen in baulicher und ausstattungsmäßiger Hinsicht
Neben den baulichen Maßnahmen, die einer Verbesserung der Wärmedämmung, der technischen Einrichtungen und den Erfordernissen der Hygiene dienen, die die Trennung von verschiedenen Funktionsbereichen berücksichtigen, und einen guten Funktionsablauf im Hallenbad gewährleisten, seien hier vor allem jene baulichen und einrichtungsnäßigen Vorkehrungen zu erwähnen, die die Atmosphäre des Bades und die Erlebnisfähigkeit für die Besucher wesentlich beeinflussen. Hier sollte planerisch folgendes berücksichtigt werden:

- Vielfältigkeit in Atmosphäre und Gestaltung,
- Wasser in vielen Variationen, Abkehr von nur rechteckigen Beckenformen,
- Entwicklung von Wasserlandschaften mit verschieden genutzten Flächen, verbunden mit weiteren Betätigungsfeldern,
- Animation und Trockenattraktionen. Die Badelandschaft, bestückt mit Blumen, Pflanzen, Felsen und Bachkiesel,...und
- warme, erdverbundene Farben erzeugen die gewünschte Atmosphäre (Hauri 1984, 289).

Im Ausstattungsbereich sollte vor allem für Kinder und Jugendliche eine Fülle von Möglichkeiten zur Körpererfahrung mit und im Wasser gegeben werden, wie Rutschen, Wasserpilz, Spritzhöhle, Kletterberge, Wasserfall, Strömungskanal etc. Im Erwachsenenbereich tragen Sitz- und Liegebuchten, eine Innencafeteria sowie Sauna, Solarium und Ruhe- und Liegezonen sehr wesentlich zum Wohlbefinden der Badebesucher bei.

Viel Sorgfalt ist auch den Kleinkinderschwimmöglichkeiten zu widmen, die eine Vielfalt von Wasserkontakten, Erprobungsmöglichkeiten und Spiellandschaften aufweisen sollen, und bei welchen auch für die betreuenden Personen entsprechende Sitzbuchten vozusehen sind.

2. Verbesserungen der Betriebsorganisation

- im Betriebsablauf gute Beschilderung mit besucherfreundlichen Hinweisen, einfachen Symbolschildern, informationsfreundliches Personal;

- in den Öffnungszeiten, Benutzungsdauer, Eintrittspreise, Anpassung an Besuchergruppen und Besuchergruppenwünsche, möglichst Beibehaltung des Wochenschemas, Vermeidung von Überschneidungen des öffentlichen Badebetriebes und Gruppennutzung (z.B. Schulen), Abstimmung der Badezeiten auf den tatsächlichen örtlichen Bedarf, aber Öffnungszeiten auch an Sonn- und Feiertagen, Früh- und Spätbadezeiten für Berufstätige;
- Berücksichtigung spezifischer Besuchergruppen besonders in besuchsschwachen Stunden mit entsprechenden Angeboten;
- Abstimmung der Badepreise auf die Benutzungsdauer. Leichte Veränderbarkeit von Kurzbadezeiten (z.B. durch Nachzahlung), Gewährung von Ermäßigungen für betriebsschwache Zeiten, von Gruppenermäßigungen, von Mehrfach- und Dauerkarten;
- Freikarten - Besondere Tarifpakete z.B. Wochenend- oder Ferienpaß, Familienangebote, aus besonderem Anlaß.

3. Besondere Angebote und Aktionen zur Hebung der Attraktivität

Zur Bekanntmachung der Einrichtungen sollen Aktionsprogramme in größeren Zeitabständen angeboten werden. Solche Aktivitäten können in Zusammenarbeit mit Vereinen oder mit speziellen Animateuren besonders wirksam sein.
Die Sonderangebote erstrecken sich auf Gruppen oder auch für jedermann und beinhalten Schwimmunterricht für Kinder, für Erwachsenengruppen, die Abnahme von Schwimmabzeichen, eine Einführung in den Umgang mit Tauchgeräten, Wassergymnastik, Babyschwimmen, Schwimmtreffs, Kinderspielfeste im Wasser, Warmbadetage (allenfalls in Zusammenhang mit Seniorenschwimmen), Mutter- und Kindkurse, weiters gehören hierher Schwimmsportangebote für jedermann, integrierte Ferienprogramme, Bademodeschauen, Faschingsschwimmen, Schwimmen und Wassergymnastik zu Musik.
In diesem Bereich wird man sehr oft auch mit anderen Einrichtungen wie z.B. mit dem Fremdenverkehrsverein eine Zusammenarbeit anstreben durch kombinierte Sportangebote (z.B. Wintersportpaß mit Verleihung einer für beispielsweise zweimal Wanderung auf Loipe, einmal Hallenbadbesuch, einmal Eisschießen etc. oder Kombination Wandernadel und Schwimmen und Kegelabend oder Lauftreff und Sauna).

4. Werbung und Marketing

Es ist wichtig, sich über die Besucherwünsche genau zu informieren. Dies kann geschehen durch Besucherbefragung, durch Gespräche und Einzelinformation oder Fragebogenaktionen, durch Erfahrungsaustausch mit anderen Einrichtungen gleicher Art, durch Beobachtung des Besucherverhaltens und Auswertung der Besucherstatistiken.
Die Werbung darf auch nie vernachlässigt werden. Die Werbung soll den Badegast zum Besuch auffordern und motivieren. Die richtige Werbung beginnt beim Bädernamen, bei den richtigen Hinweisschildern zum Bad, bei Plakaten und in Informatonstafeln. Wichtig ist auch, daß über besondere Einrichtungen und Ereignisse in der Presse berichtet wird und hiefür sind besondere Anlässe

im Schwimmbad eine geeignete Möglichkeit. Neben der unmittelbaren Produktwerbung soll in Vorträgen und Prospekten auf die gesundheitlichen Wirkungen des Schwimmens und auf die Steigerung der Lebensqualität durch Bad, Sauna, Solarium hingewiesen werden. Auch „Tage der offenen Tür" zum Kennenlernen der Einrichtungen sind eine wirksame Werbemaßnahme. Hier können auch besondere Werbe- und Marketingstrategien Anwendung finden, wie z.B. Coupons (freie Einritte als Werbegeschenk in Verbindung mit besonderem Anlaß oder besonderer Aktion, Verkauf von Geschenkblöcken, Widmungseinheiten zu besonderen Anlässen (z.B. Einladung zu freiem Hallenbadbesuch gesponsert von Kaufhaus oder örtlicher Bank, etc.).

Frequenzsteigernde Maßnahmen durch Zusammenarbeit zwischen Bäderverwaltung und Schwimmvereinen

Obwohl die Schwimmvereine wie auch der Schwimmverband in ihren Aktivitäten vom Vorhandensein geeigneter Schwimmanlagen abhängig sind, fühlen sich die Verbände und Vereine bei uns zu wenig verantwortlich auch zu einer optimalen Ausnützung der Bäder beizutragen. Ein Beispiel aus dem Ausland soll hier zur Nachahmung angeführt werden.

Der Niederländische Schwimmverband versucht seit etwa 15 Jahren nicht nur die Leistungssportler im Schwimmen besonders zu betreuen und die Nachwuchsarbeit zu forcieren, er hat sich in eigenen Programmen auch sehr stark mit Schwimmaktivitäten im Rahmen des Freizeitsportes befaßt.

1. Das Freizeitschwimmen

Da gibt es zunächst die Freizeitveranstaltungen, die auf örtlicher Ebene von Mitarbeitern der Gemeinde oder privaten Schwimmbädern in Zusammenarbeit mit den Schwimmvereinen organisiert werden. Man hat dabei drei Aktivitäten angeboten:

a) Die Formel des *Viertageschwimmens* ist einfach. Der Teilnehmer schwimmt an vier Tagen entweder 1.000 oder 2.000 m, an jedem Tag entweder 250 oder 500 m in selbstgewähltem Tempo. Nach Abschluß der Veranstaltung erhalten die Teilnehmer eine Medaille.
b) *Schwimmjogging* bedeutet regelmäßig Schwimmen. Hiefür benützt man eine Schwimmjogging-Abonnementkarte. Man nimmt die Karte ins Schwimmbad mit, schwimmt 500 m und erhält dafür einen Stempel. Mit 20 Stempeleintragungen ist die Karte voll und man erwirbt eine Medaille mit der Aufschrift 10 Kilometer. Zugleich erhält man eine neue Karte, auf der wesentlich mehr Kästchen angegeben sind, die man in mindestens 500-m-Strecken füllen muß, bis 25 Kilometer erreicht sind.
c) Das *Tauchschwimmen* ist ein besonderer Anlaß an einem Samstag im Mai mit vielen Angeboten im Wasser und rund um das Becken, also eher eine gesellschaftliche Veranstaltung, die den Auftakt zur Freischwimmsaison darstellt.

Bei diesen drei Aktivitäten liegt der Nachdruck auf Freizeit und auf einer gewissen Unverbindlichkeit, wobei aber eine Leistung im Rahmen der jeweiligen eigenen Möglichkeiten erbracht werden kann.

2. Freizeitsportprogramme für Schwimmvereine

Speziell für Schwimmvereine entwickelte Freizeitsportaktivitäten: *Schwimm und bleib fit*, ein Fitneßprogramm für Jugendliche und Erwachsene; *Aqua-Fit-Spiele* (Spielprogramme, die unter Berücksichtigung der örtlichen Schwimmbadverhältnisse in und um das Becken organisiert werden und die für Mitglieder und Nichtmitglieder des organisierenden Vereines zugänglich sind. Weiters Spielveranstaltungen im Wasser mit einer Art „Schnupperschwimmen", wobei die Teilnehmer alle erdenklichen Aspekte des Schwimmens kennenlernen können. Als Weiterführung dieser Aktivität gibt es einen Orientierungszyklus. Dieser steht allen Vereinsmitgliedern und künftigen Mitgliedern offen und soll deutlich machen, daß Freizeitschwimmsport mehr als bloßes Baden ist. Man lernt über spielerische Trainingsformen die verschiedenen Facetten des Schwimmens kennen.

Man hat hiefür gewisse Basisprogramme in mehreren Phasen entwickelt. In jeder Phase werden bestimmte Techniken beigebracht, beispielsweise ein Schwimmschlag. Zu jeder Phase gehört aber auch ein Thema, z.B. Ernährung, Wettkampfbestimmungen, Aufwärmen; und für jede Phase wurde ein Prospekt entwickelt, in dem das Kind nachlesen kann, was es lernen wird. Jeder Kandidat erhält am Beginn einen Poster mit leeren Feldern, die nach jeder Phase mit Klebern gefüllt werden. Für Trainer und Übungsleiter wurde ein eigener Leitfaden entwickelt und erforderlichenfalls auch eine Unterstützung durch den Schwimmverband in personeller Hinsicht angeboten.

Durch diese Maßnahmen konnte innerhalb weniger Jahre die Frequenz in den Schwimmbädern um 100% gesteigert werden.

Es sollte unser aller Bestreben sein, die mit viel Kostenaufwand erstellten Hallenbäder am Leben zu erhalten und den Trägern durch eine möglichst gute Ausnützung, wenn schon nicht eine finanziell ausgewogene Betriebsführung zu sichern, so doch zumindest das Gefühl für einen sinnhaften Einsatz der Mittel zu geben. Rentabilität ist in der Umwegrentabilität zu sehen, die sich in mehr Gesundheit, mehr Freude und mehr Wohlbefinden der Bevölkerung ausdrückt. Vielleicht kann dadurch auch ein besserer Kontakt innerhalb der Gemeinde und auch eine verstärkte Identifikation mit ihren Einrichtungen und eine größere freiwillige Mitarbeit zur Verbesserung der Infrastruktur erreicht werden.

Literatur

Amt der Niederösterreichischen Landesregierung (Hrg.): Hallenbäder in Niederösterreich. Enquetebericht 1983

Deutsche Gesellschaft für das Badewesen (Hrg.): Empfehlungskataloge zur Freizeitorientierung der Bäder. Essen 1980

Fabian, D.: Bäderbauten. Handbuch für Bäderbau und Badewesen. Düsseldorf 1979
Freund, Th.: Öffentlichkeitsarbeit - unverzichtbarer Teil des Bäderkonzeptes unserer Bäder. In: Archiv des Badewesens 5/1984, 166-168
Geller, L.: Lebendige Bäder - Ausdruck moderner Lebensqualität. Inhalte eines zeitgemäßen Bäderangebotes. In: Archiv des Badewesens 8/1984, 288 ff
Hauri, H.: Maßnahmen zur Rationalisierung und zur Steigerung der Nutzerfrequenz in Hallenbädern. In: Schul- und Sportstättenbau 3/1983, 165-168
Hüppe, F.: Hallenfreizeitbad Bornheim - ein Ergebnisbericht. In: Sport + Bäder - Freizeit-Bauten 4/1982, 95-117
Krems, W.: Geänderte Anforderungen an bestehende Hallenbäder. In: Schul- und Sportstättenbau 2/1982, 1-4
Kullak, H.: Erhöhung der Besucherzahlen durch Aktivierung bestehender Bäder. In: Archiv des Badewesens 3/1983, 82-83
Lauscha, H.: Notwendige (und empfehlenswerte) Veränderungen in Altbädern zur Erfüllung des Bäderhygienegesetzes am Beispiel Wien. In: Schul- und Sportstättenbau 2/1984, 15-18
Mallon, M.: Bemühungen um die Verbreitung des Freizeitsports durch die Niederländischen Sportorganisationen. Unveröffentlichtes Manuskript, 1985, 5-9

Dokumentation: I. Birbauer

(1986)

Der Österreichische Sportstättenplan und seine Auswirkungen auf Leibeserziehung und Schulsport

Als im Jahre 1966 das ÖISS daranging, einen für ganz Österreich gültigen Sportstättenplan zu erstellen und hiefür eine Bestandsaufnahme aller in unserem Lande vorhandenen Turnhallen, Freianlagen und Schwimmbäder durchführte, ahnte noch niemand, welche Entwicklung diese Maßnahme im Sportstättenbau in Gang setzen würde. Obwohl im Gegensatz zum „Goldenen Plan“ der Bundesrepublik Deutschland der österreichische Sportstättenplan keine festen Vereinbarungen über den Anteil von Förderungszuschüssen durch Bund, Länder und Gemeinden vorsah, war doch die Festlegung von Richtwerten für die pro Einwohner erforderlichen Flächen an Turnhallen, an Freisportanlagen und Schwimmbädern ein entscheidender Anstoß für die Träger des Sportbaues in Österreich.

Entwicklung

Daß diese Entwicklung vor allem auch auf den Unterricht für Leibesübungen in den Schulen große Auswirkungen hatte, kann man leicht aus einigen statistischen Zahlen ablesen: So ergab die Erhebung von 1966, daß von den damals insgesamt 3.890 Gemeinden in Österreich 1.419 (mit 600.000 Einwohnern) überhaupt keine Freianlagen aufwiesen, das heißt, daß etwa ein Drittel aller österreichischen Volksschulen nicht einmal eine kleine Schulhoffläche oder Wiese für einfache Formen der Leibesübungen zur Verfügung hatte.
Bei den Turnhallen war die Situation noch schlimmer; da waren es 3.015 von 3.890 Gemeinden (mit insgesamt über zwei Millionen Einwohnern), die keine Anlage dieser Art, also auch kein Turnzimmer aufwiesen. 75% aller Volksschulen waren ohne Übungsstätte für Leibesübungen.
Bei den klimatischen Gegebenheiten unseres Landes war dies mit einem weitgehenden Verzicht auf einen regelmäßigen und die Kinder ansprechenden Turnunterricht verbunden. Das mangelnde Veständnis mancher älterer Bürger für leibeserziehliche Anliegen geht sicher auch auf dieses Defizit in ihrer Erziehung zurück.

Inzwischen hat sich die Situation grundlegend geändert: Die Zahl der Turnhallen hat sich in den 20 Jahren von 1.742 auf 4.121 erhöht. Der errechnete Bedarf konnte weitgehend gedeckt werden.

Bei den Freianlagen (in der Größe eines Fußballplatzes von mindestens 90 x 45 Metern) stieg die Zahl von 1.521 auf 3.238, zusätzlich kommen 1.708 Kleinspielfelder hinzu, wie sie bei manchen kleineren Schulen errichtet wurden; was aber ebenso zu vermerken ist, ist die Anhebung der Qualität der Anlagen

(sportgerechte Ausmaße, Errichtung von Umkleiden, Verbesserung der Beläge, Einsatz von Pflegegeräten, etc.).
Wenngleich der große Zuwachs an neu erstellten Anlagen im schulischen Bereich anfänglich durch die ebenso explosionsartig anwachsenden Schülerzahlen nicht so augenscheinlich war, konnten doch die durch Raummangel bedingten Kürzungen im Gegenstand Leibesübungen im Laufe der Jahre ganz beseitigt werden.
Eine besondere Auswirkung des Sportstättenbaues zeigt sich im Schwimmunterricht, der bei unseren klimatischen Verhältnissen vom Vorhandensein gedeckter Schwimmöglichkeiten abhängig ist. Im Jahre 1966 gab es in Österreich nur insgesamt 78 Hallenbäder mit einem Mindestausmaß von 8 x 16 2/3 Meter und diese waren ungünstig im Bundesgebiet verteilt. Heute sind es 627 Einrichtungen und fast alle politischen Bezirke weisen ein Hallenbad auf. In diesem Bereich hat sich also die Zahl der Anlagen verachtfacht.
Das Bundesministerium für Landesverteidigung erstellt alle zehn Jahre eine Statistik über verschiedene gesundheitliche Parameter der Präsenzdiener, aus der auch die Schwimmfähigkeit hervorgeht. 1961 wies diese Statistik noch 50% Nichtschwimmer unter den Präsenzdienern aus; 10 Jahre später, 1971, war die Zahl durch das vermehrte Angebot an Hallenbädern (damals schon mehr als 300) und durch die Einführung von Schulschwimmwochen für Schulen ohne Zugang zu einer Schwimmöglichkeit auf 24,7% gefallen und 1981 sank der Prozentsatz erstmals unter 10%.
Gemeinsame Anstrengungen der Gemeinden, der Länder und des Bundes (mit seinem Bäderzuschußprogramm, mit welchem er sich die ausschließliche Benützung von Hallenbädern durch Bundesschulen zu gewissen Zeiten sichert) haben hier zu einer erheblichen Verbesserung für die Schule und für die Bevölkerung insgesamt geführt, die allerdings - auch das muß erwähnt werden - durch die Auswirkungen der Ölkrise 1973 und durch die verschärften Bestimmungen des Bäderhygienegesetzes 1976 teilweise wieder gefährdet sind.
Es scheint also, meine sehr geehrten Damen und Herren, daß vor allem der Schulsport vom Österreichischen Sportstättenplan mit den neun Landesleitplänen besonders profitiert hat. Diese Planungsvorgabe war für viele Gemeinden und Schulerhalter eine wichtige Orientierung und regte im Vergleich mit anderen Gemeinden gleichartiger Struktur zu einer Konkurrenz im Sportstättenbau an.
Daß aber in einigen Gemeinden mit einer besonderen Schulkonzentration trotz Erfüllung der Richtwerte immer noch Defizite bestehen, soll ebensowenig verschwiegen werden, wie die Tatsache, daß der forcierte Bau von Turnhallen im Bundesland Salzburg, das früh den Fehlbestand beseitigt hat, die spätere Entwicklung beim Bau von Großhallen im Ausmaß von 45 x 27 oder 44 x 21 Metern eher behinderte, da der zusätzliche Bedarf einer Großhalle mit den gegebenen Richtwerten nur mehr schwer nachgewiesen werden konnte.

Lassen Sie mich diesen ersten Teil meiner Ausführungen, die Bilanz der 20 Jahre, in einigen Sätzen resümieren:

Der Österreichische Sportstättenplan hat für die Leibesübungen und den Schulsport viel gebracht:

- Die Zahl der Anlagen konnte innerhalb einer einzigen Generation vervielfacht und damit die Voraussetzungen für einen geregelten Unterricht insbesondere auch in den Pflichtschulen geschaffen werden. (Diese Feststellung bedeutet nicht, daß in einzelnen Fällen nicht Schüler nach wie vor in völlig unzureichenden Übungsstätten einen Unterricht erfahren, der den heutigen Ansprüchen ganz einfach nicht genügen kann.)
- Die Qualität der Anlagen hat sich verbessert.
- Die Größen der Hallen sind im Hinblick auch auf die Vereinsnutzung meist über den unmittelbaren Bedarf der kleineren Schulen angehoben worden, sodaß auch der Unterricht davon profitiert.
- Bei den Freianlagen hat die Verbesserung der Qualität der Beläge eine viel längere und intensivere Nutzung der Anlagen ermöglicht (im Frühjahr und im Herbst und nach Regenfällen).

Wir dürfen also festhalten, daß durch die Annäherung an die Richtwerte für den Unterricht aus Leibesübungen und für den Schulsport in unserem Lande Bedingungen geschaffen wurden, die für diesen organisationsintensiven Fachbereich überaus positive Auswirkungen hatten.
Ich möchte nun im folgenden versuchen, einen Blick in die Zukunft zu werfen. Der Österreichische Sportstättenplan hat seine Orientierung von den gesellschaftlichen Strukturen, den Leitvorstellungen und den Bedürfnissen der 60er-Jahre bezogen. Die Weiterentwicklung kann nur von unseren gegenwärtigen Bedingungen ausgehen und davon zu erwartende Entwicklungen ableiten.

Leibeserziehung

Wie zeigt sich also unsere Gesellschaft und unsere Schulwelt, welche Ansprüche stellt eine moderne Leibeserziehung an Übungsstätten?
Es scheint, daß die derzeitige Situation für die Leibesübungen und auch für den außerschulischen Sport durch manche Widersprüche gekennzeichnet ist: Noch nie gab es ein so breites Sportinteresse in der Bevölkerung wie heute (der Sportunterricht, die Mode, die Massenmedien haben viel dazu beigetragen), aber gleichzeitig leben wir in einer Zeit, die noch nie so wenig Herausforderung für körperliche Betätigung an die Bevölkerung in der industrialisierten Welt gestellt hat. Die Verkehrserschließung nimmt uns das Gehen, die Maschinen viele Handgriffe ab, eine Industrie, die einem eher gesättigten Markt gegenübersteht, sucht immer neue Lücken, um Menschen irgend etwas an Arbeit abzunehmen. Dieser bewegungsarmen Zeit steht die Jogging-Welle, das neue Körperbewußtsein, die Tendenzen zum Body-Building und Body-Styling gegenüber und die Vorliebe für abenteuerliche Sportarten wie Surfen, Segeln, Hängegleiten, etc.
Auch die Unterhaltung (das Freizeitverhalten) wird sehr stark durch das Fernsehen und die neuen Medien am Elektroniksektor bestimmt. Fernsehen gibt es

überall, Kinder verbringen oft Stunden vor den Geräten, sie sehen sehr viel Sport, werden aber gleichzeitig zur Passivität verleitet. Videospiele ersetzen die alten Bewegungsspiele in den Höfen.

Die Schulzeit, die Ausbildungszeiten werden länger, die Arbeitszeit kürzer. Insgesamt gibt es mehr Freizeit, viele Angebote, trotzdem verlieren die Vereine etwas an Zugkraft und Zulauf (man wünscht keine festen Bindungen). Es scheint, daß die passive Lebensweise auch hier ihren Niederschlag findet.

Ein nicht unbeträchtlicher Teil von Jugendlichen ist auch noch durch Arbeitslosigkeit betroffen, ein Zustand, auf den in den Schulen nur wenig vorbereitet wird und die geringen ergreifbaren Alternativen führen leicht zu Frustration.

Tendenzen der Leibeserziehung

Welche Tendenzen finden wir heute in der Leibeserziehung vor?
Seit drei Jahren arbeiten verschiedene Gruppen an neuen Lehrplänen für Leibesübungen. Um den entsprechenden Aufbau zu sichern, wurde zunächst mit der Vorschulklasse und mit der Grundschule begonnen, dann wurden die Lehrpläne für die Hauptschule und die AHS-Unterstufe erarbeitet, die bereits in Kraft gesetzt sind. Die Lehrpläne der Oberstufenformen liegen derzeit im Entwurf vor und werden voraussichtlich im Herbst in das Begutachtungsverfahren gehen.
Es ist klar, daß der neue Lehrplan die bisherigen Schwerpunkte nicht verwirft, aber er setzt trotzdem neue Akzente. Standen bei den bisherigen Lehrplänen in den Bildungs- und Lehraufgaben der formende, ausgleichende Aspekt, die Leistungs- und Gemeinschaftsschulung im Vordergrund, so setzt der neue Lehrplan seine Akzente mehr auf das ursprüngliche Bewegungsverhalten, das mit dem Bewegen (Körpererfahrung, Bewegungserfahrung sichern) mit dem Spielen (die vielen Spielangebote erkennen, für sich gestalten zu können) und im Leisten seinen Ausdruck findet, stellt aber diese drei Bereiche sehr stark in den Dienst einer gesunden Lebensführung.
Kreativität und Eigeninitiative sollen durch offenere Unterrichtsformen gefördert werden und die Schüler dadurch besser befähigen Angebote zu erkennen, aufzunehmen und für den eigenen Bedarf zu strukturieren. Der Erlebnisgehalt des Spieles, des Wettkampfes, des Abenteuers, sollte zu einer stärkeren Motivation für ein lebenslanges Sporttreiben werden und wichtige Aktivitäten aus dem Freizeitsportbereich sollen schon in der Schule erlernt werden (Surfen, Segeln, Bergwandern, Tennis, vielleicht auch Golf).
Der Mensch braucht existentielle Erlebnisse. Das genormte Umfeld der Arbeitswelt bietet dazu wenig Anlässe. Der Spielplatz Natur ist durch die zunehmende Verstädterung weitgehend verloren gegangen und das Sportumfeld (die genormten Hallen und Ausstattungen, die ganz auf das Wettkampfgeschehen ausgerichteten Freianlagen und die reinen Sportbecken reichen dafür allein vielleicht nicht aus). Bei der Konkurrenz zu anderen „Unterhaltungen“ und Angeboten hat es der Sport nicht leicht. Auch in diesem Bereich ist es schwer,

die Spannung (die intrinsische Motivation) auf lange Zeit zu erhalten und ein Unterricht, der aus Angst vor Unfällen alles Abenteuerliche und Risikobehaftete ausspart, ist auf die Dauer zur Langeweile verdammt. Sehr ketzerisch ausgedrückt könnten wir fragen: Wie verändern wir unsere sportnormgeprägte Umwelt in der Schule, die „Turngerätemuseen", die sterilen Freianlagen, auf welchen oft kein Baum zu sehen ist, keine schiefe Ebene eingeplant, kein gekümmter Weg, die Hallenbäder, die ausschließlich Bahnen zum Sportschwimmen anbieten?

Soll damit der Österreichische Sportstättenplan in seiner Existenz und seiner Struktur in Frage gestellt werden? Keineswegs. Ich glaube, daß nach wie vor allgemeine Richtwerte für die wichtigsten Anliegen erforderlich sein werden. Jedoch sollte in diese Richtwerte nicht nur der Gesichtspunkt der Bevölkerungszahl sondern vielmehr auch die Notwendigkeit auf die schon seit 1968 praktizierte stärkere Kooperation bei der Nutzung der schulischen Einrichtungen durch Sportvereine sollten die geänderten Trends auch bei der Sportausübung in der Freizeit und die neuen Bedürfnisse des Vereinssportes miteinfließen. Welche Bedeutung sollen die Spezialanlagen auch für die Schule spielen, wie können noch andere nicht absehbare Entwicklungen später integriert werden.
Ich glaube, wir müssen heute noch stärker die örtlichen Notwendigkeiten, die Wünsche der Leibeserziehung, des Sports, des Fremdenverkehrs, Erfordernisse der Sozialeinrichtungen (Behindertenturnen) mitberücksichtigen und hiefür auch eine stärkere Kooperation an der Basis erreichen.

Ich stelle erneut die Forderung, daß dem Österreichischen Sportstättenplan so etwas wie ein österreichischer Sportplan beigestellt werden sollte, der in einem Subsidiaritätsprinzip vor allem in allen Ebenen wirksam werden sollte. In jeder Gemeinde sollen sich Vertreter der Schule, der Sportvereine, des Fremdenverkehrs und aller sonstigen Einrichtungen, die irgendein Interesse an der Nützung von Sportanlagen haben, zusammensetzen und bei der Errichtung einer neuen Anlage die Fragen prüfen: wie diese optimal genützt werden kann, wer freie Kapazitäten nützen wird, welche zusätzlichen Maßnahmen zur besseren Auslastung beispielsweise bei Hallenbädern, bei Freianlagen zu ergreifen sind, inwieweit in den Ferienmonaten Schuleinrichtungen auch für Urlauber sinnvoll genützt werden können, oder einem neueren Trend entsprechend, wie Anlagen auch vereinslosen Interessenten nutzbar gemacht werden können.

In einer Zeit, in der Menschen sehr stark durch die gesellschaftlichen Einflüsse gewöhnt sind, von allen möglichen Einrichtungen versorgt zu werden, sollten alle Gruppen, die Eigeninitiative entwickeln, auch von der Öffentlichkeit in ihrem Bemühen unterstützt, oder wenigstens nicht behindert werden.
Für die Leibeserziehung haben einzelne schulpolitische Änderungen der letzten Jahre auch eine völlig veränderte Situation mit sich gebracht: die fast durchgehende Koedukation in den Schulen bringt für die nicht-koedukativ geführten Leibesübungen Teilungsprobleme mit sich. Gruppenzusammenlegungen sind

erforderlich, ein Doppelbelag von Turnsälen durch kleinere Turngruppen gleichen und unterschiedlichen Geschlechts sind keine Seltenheit. Die Differenzierung in der Neuen Hauptschule und der verpflichtende Förderunterricht machen die Stundenplangestaltung im Fach Leibesübungen oft äußerst schwierig. Diese Entwicklungen werden beim Bau künftiger Anlagen und Einrichtungen auch zu berücksichtigen sein.
Zusammenfassend kann gesagt werden: Die neuen Tendenzen im Unterricht aus Leibesübungen haben auch ihre Auswirkungen im Sportstättenbau. Der Unterricht öffnet sich stärker, Freizeittrends werden auch in den schulischen Leibesübungen mitberücksichtigt. Hier ist sehr entscheidend, daß Herausforderungen von der Anlage, von den Einrichtungen her auch auf die Benützer ausgehen. In den Lehrinhalten berücksichtigen die neuen Lehrpläne einen erlebnisbetonten Unterricht, mehr Eigeninitiative der Schüler und ein stärkeres Selbsttätigwerden durch Mitgestalten der Schüler, durch das Erlernen auch von Organisationsstrategien.

Die Auswirkungen im Übungsstättenbau und im Übungsstättenangebot

Für die Schule bleibt die ausreichende Versorgung mit Turnhallen und Freianlagen und auch der Zugang zu Hallenbädern eine unabdingbare Forderung. Bei den Turnhallen wird zu bedenken sein, ob bei gewissen Schulstandorten, die schon über eine Doppelturnhalle verfügen, als zusätzlich erforderliche Anlage nicht eine größere Halle ohne zusätzlichen Umkleideraum und Geräteeinrichtung einen größeren Impuls ergibt als eine weitere Normturnhalle. Für die Freianlage wäre wünschenswert, attraktivere Umfelder zu schaffen (nicht nur durch Sportflächen definierte Felder), sondern vielseitige Spielangebote, ursprünglichere Landschaften mit Hügeln und Bäumen).

Und bei den Hallenbädern wird sicherlich ein Ziel sein müssen, die bestehenden auch voll zu nützen, um dem Baderhalter die getätigten Investitionen nicht als sinnlos erscheinen zu lassen. Hier insbesondere wird man sich neben der rein sportlichen Nützung verschiedene Aktivitäten und Angebote einfallen lassen müssen, um das Schwimmen auch zum beliebten Gesundheitsgenuß werden zu lassen als Ausdruck einer gesteigerten Lebensqualität.

In den meisten allgemeinen Anlagen wird man auch in Hinkunft diese Tendenzen und Entwicklungen berücksichtigen können. Wichtig erscheint, daß jede Einrichtung auch in einem benützerübergreifenden Sinne betrachtet wird.
Für die Schule selbst bleibt eine unabdingbare Forderung, daß neu zu schaffende Übungsstätten auch in Hinkunft in Verbindung mit der Schule gebaut werden, um nicht von dem zur Verfügung stehenden Stundenausmaß für Leibesübungen noch einen beträchtlichen Teil für täglich zurückzulegende Wegstrecken abstreichen zu müssen.
Je mehr es uns gelingt, junge Menschen über die Schule oder auch außerhalb für eine sinnvolle aktive, gesundheitsfördernde Freizeitgestaltung zu motivieren, je

mehr es gelingt, Jugendliche über den Sport zur Selbstfindung zu führen und in Gruppen zu integrieren, je öfter es gelingt, über Körpererfahrung, Erlebnisse und Gruppenkontakte Lebensfreude und Lebenssinn zu vermitteln, desto weniger werden die Jugendlichen Zeit und Lust haben zu Vandalismus, zum Drogenkonsum (egal ob die Droge nun Lärm, Alkohol oder Nikotin heißt) und zum sinnlosen Totschlagen der Freizeit.
Der Sportstättenbau hat in dieser Hinsicht eine enorm wichtige gesellschaftliche Funktion.

(Referat im Rahmen der Tagung „20 Jahre Österreichischer Sportstättenplan", Salzburg, 2. April 1987)

Zwischen Norm und Vision: Gedanken zur Weiterentwicklung des Sportanlagenbaues für Schulen

Die Erbauer und Planer von Schulsportanlagen sind heute in der glücklichen Lage, auf Normen des Österreichischen Normungsinstitutes und auf verschiedene Empfehlungen des Österreichischen Institutes für Schul- und Sportstättenbau zurückgreifen zu können, die viel Argumentieren und Feilschen ersparen. Die vorgegebenen Richtlinien haben unter Berücksichtigung vielfältiger Aspekte Vorgaben und Übereinkünfte erarbeitet und schützen so den Planer vor unrealistischen Vorschlägen und geben dem Bauträger eine wichtige Entscheidungshilfe in die Hand.

So besteht seit nunmehr zwei Dutzend Jahren die ÖNORM B2608 „Sporthallen - Richtlinien für Planung und Bau" (inzwischen mehrmals überarbeitet und auch auf Dreifachturnhallen erweitert), ergänzt durch die ÖNORM B2609, die Einrichtungen betreffend. In ihr wird die Mindestausstattung für die verschiedenen Hallentypen aufgelistet, gleichzeitig aber auch ein Optimum für eine großzügigere Ausstattung definiert. Ähnliches will für die Freianlagen die ÖNORM B2605 „Sportplätze" bewirken, wenngleich hier die Vorgaben für die jeweilige Situation nicht so klar festgelegt sind, wie bei den Sporthallenmaßen. Für die Hallenbäder - in Verbindung mit Schulbauten eher die Ausnahme -, weil seit vielen Jahren in Österreich die Auffassung vertreten wird, daß Bauten mit so großen Investitions- und Betriebskosten durch die Schule allein nur ungenügend ausgelastet werden können, gibt es zwar keine Norm, aber doch Richtlinien des ÖISS, die einer Norm sehr nahe kommen bzw. diese entbehrlich machen. Sind also die baulichen Voraussetzungen für die ordnungsgemäße Durchführung des Unterrichtes aus Leibesübungen durch die genannten Vorgaben weitgehend geregelt, vor allem für die Bereiche der Grundsportarten Turnen, Leichtathletik, Schwimmen und die üblichen Ballspiele, und kann der Leibeserzieher somit zumindest bei den Schulgebäuden der letzten beiden Jahrzehnte im ganzen Land mit annähernd gleichen Bedingungen rechnen, so ist er doch in anderer Hinsicht durch diese Vorgaben auch in ein gewisses Korsett gezwängt.

Die Veränderungen in der Gesellschaft in ihren Auswirkungen

Schulgebäude werden auf die Bedürfnisse der jeweiligen Zeit hin konzipiert. Sie haben trotz der starken Beanspruchung eine Tendenz zur Dauer. Veränderungen in der Schulstruktur (Klassengröße, klassenübergreifender Unterricht, ganztägige Schulformen), in der Art der Unterrichtserteilung (Projektunterricht, Team-Teaching, Koedukation etc.), in der Aufnahme neuer Fachbereiche (EDV, AHS-Formen mit Berufsausbildungszweigen) können oft nur schwer in den bestehenden Strukturen berücksichtigt werden. Dies trifft natürlich auch für den Bereich der Leibesübungen zu. Einige weitere Veränderungen dürfen hier beispielhaft angeführt werden:

Der Sinn für die Umwelt.
In der fortschreitenden Urbanisierung mit ihren vielen Annehmlichkeiten wird der Mensch doch seiner Entfremdung von der Natur und auch der Denaturierung seiner Umwelt bewußt.
Die Sehnsucht nach der grünen Landschaft im Wohnbereich, im Schulbereich wird stärker. (Dies sollte nicht nur auf die Schul- und Pausenhöfe Auswirkungen haben, sondern auch auf die Gestaltung der Freianlagen.)

Die Freizeitorientierung.
Durch die sinkende Arbeitszeit, den vermehrten Konsum, durch die intensive Werbung der Freizeitindustrie kommt diesem gesellschaftlichen Bereich eine Bedeutung zu, die auch den Unterricht aus Leibesübungen beeinflußt.
Nicht nur im Rahmen der Schulveranstaltungen (Wintersportwoche, Sommersportwoche) mit bewußt gesetzten Schwerpunkten auf jene Sportarten, die für die sportliche Gestaltung der Freizeit interessant erscheinen (Selgeln, Surfen, Reiten, Tennis, Bergwandern etc.) auch im Normalunterricht (Pflichtgegenstand/Unverbindliche Übungen) sind diese Tendenzen sichtbar. (Orientierung auf Körper- und Bewegungserfahrung, ein reichhaltigeres Spielangebot, Betonung der Selbstorganisation und Eigenverantwortlichkeit.)

Ganztägige Schulformen.
Trotz der zunehmenden Tendenz nach Verkürzung der Arbeitszeit sind ganztägige Schul- und Betreuungsformen im Zunehmen. Die Berufstätigkeit beider Elternteile, auch als Teil der Lebensqualität der Frau, die sich im Beruf verwirklichen und ihre Talente einsetzen will, zwingen zu neuen Betreuungsmodellen auch für den Nachmittag (Lernaufsicht, gelenkte Freizeit etc. mit Sport). Damit ergibt sich aber auch eine intensivere zeitliche Auslastung der Schulsportanlagen, sehr zum Leidwesen der Vereine mit Kinder- und Jugendgruppen, die diese Einrichtungen mitbenützen.

Insgesamt verbringt der Schüler ja mehr bewußte Lebenszeit in der Schule als anderswo. Schule wird daher mehr als nur ein Lernort - Schule ist Lebensraum für das Kind.

Die Offenheit für spontane Entwicklungen.
Dies ist zwar ein Wunschtraum in der Schule, aber es ist nicht zu leugnen, daß sich Modeerscheinungen, technische Entwicklungen, Ideologien in immer kürzeren Abständen grundlegend verändern.

Auch im Sport sind heute für Kinder und Jugendliche plötzlich ganz andere „Kunststücke" gefragt, als zur Jugendzeit ihrer Eltern (Skateboard, Surfen, Mountainbiking, Snowboard, Rafting, Hallenklettern sind sprechende Beispiele), für deren Ausübung die Schulen weder baulich, einrichtungsmäßig noch von der Ausbildung der Lehrer her gerüstet sind.

Die stärkere Betonung des gesundheitlichen Aspektes
Die Veränderung unseres Gesundheitsbegriffes, insbesondere die Erkenntnis, daß durch rein kurative Maßnahmen die Gesundheit und Leistungsfähigkeit weiter Bevölkerungsschichten nicht gesichert werden kann, geben allen prophylaktischen Bemühungen ein großes Gewicht. Über Gesundheit soll nicht nur informiert werden, meist wenn es zu spät, sondern Gesundheit ist ein Verhalten, das lebenslang geübt werden muß.

Die Autonomiebestrebungen
Eine Herausforderung für die Schule von morgen.

Aus den angeführten, willkürlich herausgegriffenen Beispielen läßt sich wohl ableiten, daß für eine künftige gesellschaftliche Entwicklung, der die Schule gerecht werden sollte, neben den in den Normen und Richtlinien festgelegten Erfordernissen doch auch noch ein Freiraum bleiben müßte, die Möglichkeit des Traumes, der Vision.

Die Norm hat uns dankenswerterweise gleiche Voraussetzungen, annähernd vergleichbare Arbeitsbedingungen gebracht. Schüler und Lehrer stehen bei einer Ortsveränderung nicht vor gänzlich anderen Gegebenheiten. Das Österreichische Institut für Schul- und Sportstättenbau und das Österreichische Normungsinstitut haben hier große Verdienste erworben.
Aber wenn Freianlagen bei Schulen so geplant und gebaut werden, daß ein Spielfeld fugenlos an die Laufbahn und diese ohne Zwischenraum zum Weitsprunganlauf führt, daß die ganze Anlage bretteleben und ohne Freiräume ist, verleitet dies auch zu einem wenig kreativen Unterricht. Und wenn Turnhallen mit genormten Geräten eng bestückt sind und eher an ein Museum als an eine symbolhafte Nachbildung von Natur (Bäume, Lianen, Hindernisse) erinnern, wird auch hier der Eintönigkeit Vorschub geleistet. Sicher, die Schule als Institution ist eine Utopie, eine Fiktion. Institutionen und „Leben" sind meist schwer vereinbar. Die Institution verlangt nach Vorschrift und Ordnung; bei uns nach Gesetz und Verordnung.

Sie normiert über Lehrplan und Lehrbuch den Unterricht und der Lehrer, der aus diesem Schema auszubrechen vermag, um den hinter den Vorschriften verborgenen lebendigen Auftrag der Menschenbildung gerecht zu werden, ist eher die Ausnahme. Er wird durch die bestehenden Strukturen, durch die enorme Verrechtlichung in allen Bereichen in seinem Bemühen und Tun nicht bestärkt. Der mündige, kritische, selbst Verantwortung spürende und kreative Absolvent unserer Schulen ist nicht die Regel.
Das Produkt unserer Schule ist leider immer noch der angepaßte Schüler, nicht der offene, kreative, eigenverantwortlich handelnde junge Mensch.

Die Probleme beginnen schon in der Kindheit, wenn in der frühen Entwicklung nicht die erforderlichen und herausfordernden Bewegungsräume und -anreize gegeben sind.

Mitscherlich warnt in „Die Unwirtlichkeit unserer Städte" (Frankfurt 1965, Seite 110) vor den Folgen der Nichtbeachtung dieser Forderungen: „Wenn wir in der kindlichen Erlebniswelt nicht saturiert werden, treten wir nicht als für die soziale Umwelt empfängliche, empfindliche sondern als sozial defekte, unempfindliche Wesen die Reise in die Welt der Erwachsenen an".
Und Hans A. Pestalozzi meint, „Die Neuorientierung der Schule im individuellen und sozialen Bereich würde zu den neuen Leitbildern führen, an denen sich die Wirtschaft einer nachindustriellen, einer nachmodernen Zeit orientieren müßte".(Nach uns die Zukunft, Bern 1980).
Es ist eine völlig falsche Einschätzung der Situation, wenn man in stark von der Wirtschaft geprägten Gesellschaftsformen glaubt, die Erfordernisse der künftigen Lebensgestaltung nur vom Diktat der unmittelbaren Berufsanforderungen ableiten zu können. Keinc Gesellschaftsform mit Zukunft wird ohne die Ausbildung eines hohen Verantwortungsbewußtseins auskommen.
Der Versuch, Verantwortung in Rechtsformen umzuwandeln, ist ein Widerspruch in sich selbst. (Pestalozzi 1980, 183)
„Wer Verantwortung übernehmen will, muß die innere und äußere Freiheit und die Fähigkeit zur Kreativität haben, um sich Genormtem entziehen zu können." (Pestalozzi 1980, 190)

Die Schulen sind gebaut, was nun?

Durch enorme Anstrengungen unserer Bevölkerung und durch entsprechende Vorkehrungen unserer gesellschaftlichen Strukturen konnten die Kriegsschäden beseitigt, der Bedarf weitgehend gedeckt werden und die Raum- und Ausstattungssituation auf ein auch international vertretbares Maß angehoben werden. Neubauten werden also in den nächsten Jahren nicht mehr wesentlich das Baugeschehen bestimmen. Viele in der Nachkriegszeit entstandene, oft sehr rasch gebaute Schulen sind jedoch in der Zwischenzeit sanierungsbedürftig, und hier bietet sich eine neue Chance. Galt vor dreißig Jahren das „Dach über dem Kopf der Schüler" als das Vordringliche, so erfordert heute die Erwartung des Jugendlichen eine wohnlichere Schule, eine Schule, die über die strengen Strukturen der absoluten Notwendigkeit hinaus Freiräume öffnet, die Schüler zu eigenem Tun zwischen den Schulstunden herausfordert, eine Umgebung der Schulen, die die Schüler ins Freie lockt.

Und hat die Norm bisher die Lehrer und die Schüler von einem Einfluß auf die Gestaltung der Räume weitgehend ausgeschlossen, so muß heute die Mitbefassung die die Mitgestaltung als Beitrag zu einer wichtigen Identifikation mit ihren Lebensräumen dringend gefordert werden. Wir brauchen heute keine „geschleckten Räume" sondern lebendige und anregende Umgebungen.

Wir brauchen mehr Zusammenarbeit und weniger Kastendenken. Schule, Eltern, Lehrer, Gemeinde, Verein und Arzt, vor allem aber die betroffenen Schüler selbst sollen in die Gestaltung ihrer vorwiegenden Lebenssituation miteinbezogen werden. Es ist dies sicher ein sehr schwieriger Prozeß, weil in Konstruktionen mit geteilter Verantwortung durch fehlende Übereinkunft meist (oder zunächst) Verschlechterungen eintreten. Es fehlt plötzlich der Verantwortliche, der die Schule als „seine" ausschließliche Einrichtung sieht, für die er voll da und deren Instandhaltung er wie die seiner eigenen Wohnung vorantreibt. Aber mit zunehmendem Verständnis für das gemeinsame Ziel, für die gemeinsame Aufgabe aller in der Betreuung von Menschen verliert die Einrichtung und ihre Instandhaltung etwas vom Selbstzweck und erhält mehr instrumentalen Charakter.

Schulen, Sportstätten und Einrichtungen würden nach dieser Übergangsphase und nach diesem Umdenken als unser aller Besitz erachtet werden, zu dessen Nutzung alle soweit möglich Zugang haben, dessen Erhaltung und Schonung auch Anliegen aller sein wird. Natürlich erfordert dies aber auch bei der Sanierung bestehender Gebäude und Anlagen wie bei der Schaffung neuer Schulen und Sportstätten eine stärkere Miteinbeziehung künftiger Benützerwünsche, um so früh Identifikationen zu bewirken.

(Referat anläßlich der Tagung des
Niederösterreichischen Pädagogischen Institutes, 1992)

Bericht über Schulversuche mit skisportlichem Schwerpunkt in Österreich

Die durch das Schulgesetz 1962 geschaffene Möglichkeit zur Durchführung von Schulversuchen wurde erfreulicherweise auch auf leibeserziehlich-sportlichem Gebiete in mehreren Ansätzen verwirklicht, so
1968/69 am BRG Eisenstadt (neunjährige Form) und am Mus.päd. BRG Wiener Neustadt (fünfjährige Form).

Im Schuljahr 1969/70 sind überdies 2 weitere Versuche dieser Art, und zwar am BG f.M. Wiener Neustadt (nur für Mädchen) und an der BEA Saalfelden angelaufen.

Neben diesen Schulversuchen mit einem allgemein leibeserziehlich-sportlichem Schwerpunkt ist seit 1967/68 am Aufbaurealgymnasium in Stams/Tirol ein Versuch mit einer sportspezifischen Zielsetzung im Gange, der unter dem Namen „Realgymnasium für Skisportler" bekannt wurde. Zum Unterschied von den oben erwähnten Versuchen, bei welchem das Ziel in einer intensiven sportlichen Ausbildung im Rahmen des allgemeinen Studienganges liegt, kommt es hier vor allem darauf an, Skitalenten, welchen durch konzentriertes Trainung und Teilnahme an zahlreichen Rennen der Besuch einer höheren Schule kaum möglich ist, Wege zu eröffnen, die Rennlauf mit dem Ziel der Matura verbinden lassen.

Auch hier bleibt - wie bei allen höheren Schulen - die Zielsetzung, eine umfassende vertiefte Allgemeinbildung zu vermitteln, die zur Hochschulreife führt; daneben aber für Jugendliche, die für den Leistungssport physisch und psychisch gut geeignet sind, eine Erreichung der persönlichen Höchstleistung im alpinen Skilauf zu ermöglichen.
Zur Verwirklichung dieser Aufgabe werden neben den traditionellen wissenschaftlichen Fächern auch sportspezifische Stoffe vermittelt (Bewegungslehre, Trainingslehre, Sportgeschichte u.a.) sowie Fremdenverkehrskunde.
Da für das Schneetraining etwa 30 Schultage in der Zeit von Oktober bis März verloren gehen, und auch samstags wegen der Wettkämpfe (jeder Schüler nimmt ungefähr an 30 Wettkämpfen im Jahr teil) kein Unterricht abgehalten wird, muß das Stundenausmaß in den restlichen Schulwochen stark vermehrt werden (42 Wochenstunden). Um dieser Belastung auszuweichen, wird das Unterrichtsjahr im Sommer 1970 um 3 Wochen verlängert werden.

Die Schülerzahl wird mit 25 pro Klasse begrenzt. Alle Schüler haben eine Eignungsprüfung abzulegen, die neben der geistigen Veranlagung auch das Skikönnen berücksichtigt.

Die Schüler sind in einem Internat untergebracht. Die Kosten der Unterbringung werden zum Großteil von den Landesverbänden und von den Eltern getragen.

Schwierigkeiten bei der Unterrichtsgestaltung ergeben sich dadurch, daß einige der Schüler auch im Nationalkader (3) bzw. Jugendkader (8) sind und dadurch zusätzliche Trainingskurse und Auslandstarts anfallen. Ein gewisses Problem bilden auch die Sportverletzungen, durch welche im vergangenen Jahr fast ein Drittel der Schüler sportliche Ausfälle in Kauf nehmen mußten.

Erfreulich ist bei diesem Schulversuch, daß nicht nur die sportlichen Leistungen sehr stark angestiegen sind, sondern daß die Gruppe auch in den Schulleistungen durchaus zufriedenstellende Erfolge aufweist. Die 2 Klassen des Skigymnasiums konnten in der Wintersaison 1968/69 17 Landesjugendmeistertitel, 2 österreichische Jugendmeister und 2 Landesmeister der Herren gewinnen, 8 Schüler sind im österreichischen Jugendkader und 3 im Nationalkader.

Unabhängig von diesem Schulversuch auf skisportlichem Gebiet für Schüler höherer Schulen, hat das Bestreben, die Talente schon in einer jüngeren Altersklasse zu erfassen, zu verschiedenen Versuchen auf dem Gebiete der Pflichtschule geführt, zu den Skizügen an Hauptschulen.

Der erste derartige Versuch ist bereits 1 Jahr vor der Gründung des Skigymnasiums in Stams in der Steiermark verwirklicht worden, und zwar im Schuljahr 1966/67 an der Hauptschule in Schladming.

Dieser Versuch lief in der Zeit vom 1. Dezember bis 1. März. 10 Knaben und 5 Mädchen des steirischen Schülerkaders wurden vom steirischen Skiverband nominiert und zu diesem Schulversuch zugelassen. Eine Überschreitung dieser Zahl war nicht möglich, da die 3. und 4. Klasse der Hauptschule sonst Schülerzahlen über 40 bekommen hätte. Die Hauptschule Schladming wird einzügig geführt. Die Unterbringung der Schüler erfolgte in einer Privatpension in Schulnähe. Für die Betreuung der Schüler außerhalb der Schule wurde eine eigene Kraft angestellt. Erforderliche Förderstunden für versäumten Unterricht wurden von den Lehrern der Schule abgehalten. Es gab keine Schwierigkeiten für diese Förderstunden Lehrer zu finden, weil alle am Versuch sehr interessiert waren. Durch sorgfältige Stundenplangestaltung mußten nur sehr wenig Unterrichtsstunden ausfallen. Die Tageseinteilung sah von Montag bis Donnerstag etwa so aus:

7.45 Uhr bis 11.30 Uhr	Unterricht
12.00 Uhr	Mittagessen
13.30 Uhr bis 16.00 Uhr	Training
17.30 Uhr bis 18.30 Uhr	Förderstunden
18.45 Uhr	Abendessen
19.00 Uhr bis 20.00 Uhr	Studierzeit
21.00 Uhr	Nachtruhe

Freitag und Samstag war normaler Unterricht (8 - 12 Uhr) und Freizeit bzw. Rennen. Das Training wurde von einem ehemaligen Rennläufer geleitet. Die Erfahrungen mit diesem Versuch waren auf sportlicher Seite sehr gut, jedoch mit einigen schulischen Schwierigkeiten verbunden. Durch die zeitliche Beschränkung des Schulversuches mußten sich die Schüler Anfang Dezember in die neuen Klassen eingewöhnen und am Ende des Schulversuches wieder in ihre Stammklassen in ihren Heimatorten zurückkehren. Der Lehrstoff war in den verschiedenen Schulen nicht gleichschnell durchgenommen. Auch sind die Lehrbücher und -methoden unterschiedlich.

Als Folgerung soll im kommenden Jahr ein ganzjähriger Schulversuch durchgeführt werden, wobei die Schüler in einer Klasse mit einem eigenen Lehrer zusammengefaßt werden. Durch die Errichtung der Dachsteinseilbahn könnte auch der Sommerskilauf gepflegt werden. Die Unterkünfte sind bereits in der Jugendherberge sichergestellt.

Skizug an der Hauptschule Windischgarsten, OÖ

Seit dem Schuljahr 1967/68 wird an der Hauptschule Windischgarsten der Schulversuch in der 2. und 3. Klasse Hauptschule in der Zeit vom 8. Jänner bis 30. März durchgeführt. Die Auswahl der Schüler erfolgt durch den Heimatverein und durch den Landesskiverband von Oberösterreich. Es sind wenig Kaderläufer dabei, es handelt sich in erster Linie um Nachwuchsbildung. Auch die Schulleistung ist für die Auswahl maßgeblich, da ein gutes geistiges Niveau notwendig ist, damit Schwierigkeiten bei der zusätzlichen Belastung durch Training und Stundenentfall nicht auftreten.

Die Lehrer unterrichteten in ihren Klassen alle Gegenstände außer Religion und Englisch. Die Hauptfächer werden 3 bis 4 Stunden pro Woche, andere Fächer nur 1 Stunde unter Konzentration des Lehrstoffes und unter Zurverfügungstellung von eigenen Lehrstoffblättern unterrichtet. Der Stundenplan ist auf Grund der ungünstigen Gelände- und Witterungsverhältnisse variabel gehalten. Wenn es die Witterung erlaubt, sieht der Tagesablauf folgendermaßen aus:
8.00 Uhr - 10.00 Uhr Unterricht, anschließend Skilauf
Mittagspause bis 13.00 Uhr
13.00 bis 15.30 Uhr Skilauf
16.00 bis 18.00 Uhr Unterricht.

Die skisportliche Ausbildung umfaßt wöchentlich 24 Stunden. Davon werden für Konditionstraining etwa 3 Stunden wöchentlich, für das Wachsen und Reparieren der Ski 1 Stunde und 20 Stunden für das Skitraining aufgewendet.
Das Übungsgelände ist mittelschwierig. Eine kostenlose Benützung der Liftanlagen ist gesichert.
Erfahrung: Schulisch erfordert der Lehrstoff gewisse Konzentrationen. Die Erreichung des Zieles ist aber durch Rationalisierung im Unterrichtsbetrieb (Merkblätter) möglich.

Auch bei diesem Schulversuch wurde am Beginn eine gewisse Angleichungsschwierigkeit im Unterricht festgestellt, die Rückschulung brachte jedoch hier keinen Leistungsabfall mit sich. Ein ganzjähriger Schulversuch wäre auch hier wünschenswert, sowohl schulisch als auch sportlich, weil man die Schüler konditionell besser aufbauen könnte. Interessanterweise waren die Unterrichtsstunden nach dem Skitraining (16.00 bis 18.00 Uhr) sehr gut zu nutzen, die Schüler waren nachmittags sogar aufgeweckter. Sehr viel zum Gelingen des Versuches trug die Heimleitung des Caritas-Heimes bei, in welchem die 26 Schüler untergebracht waren.
Es gibt sehr viele Talente, sodaß in diesem Jahr Leistungsgruppen aus 2 Klassen zusammengezogen, aber nicht klassenmäßig getrennt geführt werden. Schüler, die schon den Schulversuch im Juli 1967/68 mitgemacht haben, zeigten gewaltige Fortschritte. Sie konnten auch besser konditionell vorbereitet werden durch Waldläufe, Zirkeltraining, step-tests, usw. Während des Schulversuches gab es nur 2 Sportverletzungen.
Da der Skilauf sehr zu individuellem Handeln verleitet, wurde viel Betonung auf die Erziehung der Gemeinschaft gelegt. Startum wurde früh gebremst, was besonders notwendig war, da die besten Skiläufer auch im Soziogramm führend aufschienen und die Gruppe auch ungünstig beeinflussen hätten können.

Hauptschule St.Johann im Pongau
Der Schulversuch begann im Schuljahr 1967/68 mit 23 Hauptschülern. Es war dies ebenfalls ein kurzzeitiger Versuch, aus dessen Erfahrungen (kurzer Aufbau, mehr Verletzungen, Schwierigkeiten in der Anpassung in der Schule) die Konsequenz für das Schuljahr 1968/69 gezogen und ein ganzjähriger Versuch mit 24 Schülern eingerichtet wurde.
Die Schüler des Schulversuches sind teilweise im Internat untergebracht, es nehmen daran aber auch St.Johanner Schüler und Fahrschüler der Umgebung teil. Hier gehen die Kinder in jene Klassen, in die sie gerade hineingehören.

Die Lehrer sind angewiesen, den Schülern am Montag Schonung zu geben, wenn am Wochenende vorher Rennen stattgefunden haben. Auch in den Haupttrainingsmonaten und Wettkampfmonaten Jänner, Februar werden die Schüler schulisch ein wenig geschont. Die Konditionsarbeit und die Sportstunden sind erst am späten Nachmittag angesetzt. Im Winter besteht das Training aus 4 x 2 Stunden pro Woche, wobei die Technikschulung, Slalom- und Riesenslalomtraining sowie mit Zeitfahren die Hauptgebiete abgesteckt sind. Am Ende der Saison werden nur noch 2 x 2 Wochenstunden Training abgehalten, wobei 1 Stunde jeweils der Gymnastik und die 2. Stunde einer Wahlsportart im Sinne aktiver Erholung gewidmet ist.
Um einen schulischen Rückgang durch die Trainingsbelastung auszugleichen, wurden vom Landesschulrat 10 Förderstunden pro Woche genehmigt. Die starke wettkampfmäßige und trainingsmäßige Belastung führt am Ende der Saison zu einer sportlichen Übersättigung. Deshalb werden dann 14 Tage keine Leibesübungsstunden abgehalten.

Ein wesentlicher Faktor bei diesem Schulversuch ist die intensive Zusammenarbeit mit einem Arzt. Alle 14 Tage haben sich die Kinder einer gründlichen Untersuchung zu unterziehen. Auch nach dem Training werden verschiedentlich Kontrollen durchgeführt.
Im Schuljahr 1968/69 wurde der Mittwochnachmittag von Training und Skilauf freigehalten, wodurch die Schüler während der Saison weniger Ermüdungserscheinungen zeigten. Nach dem Training müssen die Kinder 1 ½ Stunden zu Bett gehen (kein Lesen, kein Arbeiten, kein Reden) und dann wird der Förderunterricht durchgeführt. Der schulische Erfolg der Schüler ist gut, der sportliche Erfolg sehr gut. Die Nationalklasseläuferinnen Pröll und Totschnigg gingen aus diesem Schulversuch hervor. Die größte Schwierigkeit bietet die Unterbringung im privaten Heim, da ein Heimplatz S 1.100,-- im Monat kostet. Durch Subventionen werden hievon nur S 500,-- gedeckt.

Hauptschule Dornbirn
Seit dem Schuljahr 1968/69 läuft auch an der Hauptschule Dornbirn ein Schulversuch mit skisportlichem Schwerpunkt. Der Versuch ist ganzjährig, er erfaßt 6 Knaben und 5 Mädchen, die in verschiedenen Klassen der Hauptschule eingestuft sind. Die Unterbringung erfolgt im Kolpingheim internatsmäßig. Die erziehliche Betreuung im Heim besorgte ein Volksschullehrer, der auch an der Volksschule unterrichtet. Das brachte im letzten Jahr eine zu hohe Belastung für den Lehrer, und wird im laufenden Jahr anders geregelt werden. Am Wochenende sind die Schüler vom Unterricht befreit, soweit sie an Rennen teilnehmen.
Die sportliche Arbeit sieht im Herbst Aufbaugymnastik, Waldläufe, Spiele und Zirkeltraining vor. In der frühen Wintersaison wird an 3 Wochenenden in hochalpinem Gebiet (am Stilfserjoch und in Bivio) ein Einführungstraining gegeben. Dann nehmen die Schüler noch am Aufbaulehrgang des ÖSV teil. Zwei Lehrgänge fallen in die Weihnachtsferien. Im Hochwinter werden vor den Rennen 2 bis 3 Trainingstage eingelegt. Im Laufe einer Wintersaison werden an ca. 45 Nachmittagen 2 bis 3 Stunden Training am Bödele durchgeführt. Die Schüler haben 5 Stunden zusätzliche Leibesübungen pro Woche im Herbst, 7 Stunden im Winter und 4 Stunden in der Nachsaison.
Der Betreuer der Gruppe ist ein Trainer vom Skiverband, der aber auch gleichzeitig Lehrer ist. Schwierigkeiten: die Schule führt leider nur einen Klassenzug. Zum Aufholen der versäumten Unterrichtsstunden wurden 80 Förderstunden eingesetzt. Die Kosten hiefür sind vom Vorarlberger Skiverband getragen worden. Die Internatskosten belaufen sich hier auf S 1.000,--, wovon die Eltern S 600,-- bis S 700,-- selbst beitragen. Die Eltern erkennen den Vorteil einer Internatshauptschule. Eine Schwierigkeit liegt darin, daß es sich beim Internat um eines für 15- bis 20-jährige Lehrlinge und Gesellen handelt, in welchem die elf- und zwölfjährigen Buben etwas isoliert sind.

Zusammenfassend kann gesagt werden, daß die einzelnen Schulversuche zwar organisatorische Unterschiede zeigen, sie sich aber im großen und ganzen sowohl sportlich wie auch schulisch bewährt haben.

Ergänzungen zum Bericht

Seit Abfassen des vorliegenden Berichtes im Oktober 1969 sind drei weitere Versuche auf dem Gebiet der Skizüge an Hauptschulen errichtet worden, und zwar:
an der Hauptschule in Lilienfeld/Niederösterreich
an der Hauptschule in Feistritz a.d.Drau/Kärnten und
an der Hauptschule Neustift im Stubaital/Tirol.

Damit haben alle Bundesländer, in deren Bereich die Durchführung eines derartigen Versuches geographisch möglich ist, von dieser Möglichkeit auch Gebrauch gemacht.

Die Frage nach der Sinnhaftigkeit der Versuche kann in beiden Fällen, Stams und Skizüge an Hauptschulen, sicher bejaht werden, wenn auch die unterschiedliche Zielsetzung und die unterschiedliche Organisationsform sowie der kurze Versuchsverlauf eine Erfolgsanalyse nur schwer zulassen.

Der schulische Erfolg des Versuches in Stams scheint gegeben, der sportliche läßt sich nach 2 Versuchsjahren wohl erkennen, kann jedoch schon wegen der Jugend der Schüler noch nicht durch Ränge im Nationalkader belegt werden. Das Alter der Schüler ist 15 und 16 Jahre. Derzeit gehören (lt. telefonischer Mitteilung von Prof. Schmutzer) von den 55 Schülern 14 dem ÖSV-Kader an, und zwar: 2 dem B-Kader (Leibetseder und Hauser), 2 dem C-Kader (Witt-Döring und Putzer) und 10 dem Jugendkader. Die Klassenschülerzahlen waren bisher relativ niedrig, weil für die Schule der organische Unterbau in einer Unterstufe fehlte. Für das Schuljahr 1969/70 haben sich erstmals 40 Kandidaten für die 5. Klasse gemeldet, wovon nach strenger Auslese 22 aufgenommen wurden. Für die 5. Klasse im Schuljahr 1970/71 liegen aber jetzt bereits 100 Anmeldungen vor.

Für die Sicherung der österreichischen Skierfolge im internationalen Rennsport kommt aber den Skizügen an den Hauptschulen eine viel größere Bedeutung zu. Die internationalen Erfahrungen im Wettkampfsport und auch entsprechende wissenschaftliche Untersuchungen bestätigen, daß zur Erreichung der sportlichen Höchstform in den meisten Disziplinen ein fünf bis siebenjähriges systematisch aufgebautes Training erforderlich ist. Werden nun Jugendliche, insbesondere Mädchen, erst im Alter von 14 bis 15 Jahren für den Wettkampfsport erfaßt, dann fällt die Zeit in der trainingsmäßig eine große Belastung besteht, aber erlebnismäßig der Erfolg diese Strapazen noch nicht aufwiegt, gerade in jene Periode, in welcher durch intensive andere Interesseneindrücke und Ablenkungen (Tanzkurs, Freund) die Jugendlichen leichter zur Aufgabe ihrer hochgesteckten Ziele neigen. Wenn die Schüler aber bereits im Alter von 10 bis 12 Jahren für ein systematisches Training erfaßt werden, fällt die Aufbauzeit noch in eine Phase, in welcher die andere Ablenkung gering, der Erfolgshunger jedoch noch sehr groß ist. Außerdem ist gerade das Alter vor der Pubertät für die Erlernung schwierigerer Bewegungsabläufe vor allem im sensomotorischen Bereich besonders geeignet. Schulversuche im Pflichtschulalter gewährleisten die Erfassung aller Talente, unabhängig von ihrer Eignung für den Besuch einer höheren Schule. Die Verankerung des Trainingsbetriebes im Bereich der Schule sichert aber auch die für die hohe Beanspruchung der Jugendlichen im frühen Entwicklungsalter notwendige pädagogische Betreuung.

Die derzeitige Form der Skizüge an den Hauptschulen läßt aber in organisatorischer Hinsicht verschiedene Wünsche offen. So sollte vor allem erreicht werden, daß

a) alle Skizüge ganzjährig geführt werden,
b) die erforderlichen zusätzlichen Mehrleistungen (Training bzw. Förderstunden) vom Bund getragen werden,
c) eine stärkere Koordination unter den einzelnen Schulen angestrebt wird,
d) Möglichkeiten zur Schaffung von Heim- bzw. Kostplätzen und auch Mittel für Zuschüsse an die Zöglinge gefunden werden, damit wirklich alle Talente erfaßt werden können.

Abteilung V/10 beabsichtigt im Mai 1970 eine Tagung mit allen befaßten Stellen zur Klärung dieser Fragen durchzuführen.
Die Erfolge dieser Aufbauarbeit werden sich allerdings auf breiter Basis erst in 2 bis 3 Jahren einstellen. Erfreuliche Vorboten sind aber z.B. die Nationalklasseläuferinnen Annemarie Pröll und Brigitte Totschnigg, die den Skizug der Hauptschule St.Johann besucht haben und dort frühzeitig in systematisches Training und wettkampfgemäßes Verhalten eingeführt wurden.
So bald der Zustrom zu den Skizügen der Hauptschulen größer wird (d.i. vor allem auch ein finanzielles Problem, da den Eltern nur in wenigen Fällen die Kosten für eine ganzjährige Internatsunterbringung zugemutet werden können), besteht auch die Möglichkeit, die Skizüge als eigene Klassen zu führen, wodurch verschiedene organisatorische Probleme wegfielen.

Eine gewisse Hoffnung kann auch in die Sportklassen der BEA Saalfelden gelegt werden, die im Schuljahr 1969/70 errichtet wurden (1., 2. und 4. Klasse). Die BEA Saalfelden hat auf Grund ihrer geographischen Lage ausgezeichnete Übungemöglichkeiten für den Wintersport und wird nach Fertigstellung des schuleigenen Liftes am Slalomhang (der Elternverein hat einen Teil der Finanzierung übernommen, ein weiterer Teil soll aus der Sportförderung dazufließen) ideale Trainingsmöglichkeiten besitzen.

Auf allgemein leibeserziehlich-sportlichem Gebiet ist ein weiterer Schulversuch am BG f.M. Wien 17, in Vorbereitung, der im Schuljahr 1970/71 anlaufen dürfte.

(15. Jänner 1970)

Wege der Zusammenarbeit zwischen Schule und Skiverband (aus der Sicht der Schule und am Beispiel Österreichs).

„Was sind alle Sporterfolge der Welt
gegen ein verpfuschtes und verplantet Kinderdasein!“

Dieser Ausspruch stammt nicht etwa von einem weltfremden Philosophen, sondern von einem Mann, der Zeit seines Lebens als Aktiver, als Lehrer, Funktionär mit dem Sport engsten Kontakt hatte: Carl Diem.
Ich fühle mich verpflichtet, diese Worte der Mahnung meinen Ausführungen vorauszustellen, weil beim Skilaufen - wie in keiner anderen Sportart - man bis in höchste Fachgremien hinaus vom „ski-total“, vom „ski-brutal“ spricht, und man gerne auch bereit ist, das unter diesen Formeln verstandene Erfolgsrezept bis in den Kinderskilauf hinein anzuwenden.
Wir unterstreichen auch von der Schule her

- die Notwendigkeit einer frühen Talentsuche,
- einer breiten Talentförderung
- aber auch eines sorgfältigen Talentschutzes durch angemessene Betreuung.

Aus diesen Gründen werden im Rahmen der Schule

- Wettkämpfe gefördert
- Schulversuche mit skisportlichem Schwerpunkt unterstützt
- und auch alle Anstrengungen unternommen, den sportlichen Skilauf im Unterricht, bei den Schulskikursen und in den Neigungsgruppen an eine breite Interessengruppe heranzuführen.

Aber die Schule hat noch andere Aufgaben, eine umfassendere Zielsetzung und nur von dieser Gesamtaufgabe her sind ihre Maßnahmen zu verstehen.
Die Schule hat mit den ihr eigenen Mitteln eine Erziehung für die vielfältigen Bereiche des Lebens zu gewährleisten, sie hat auf die Berufsausübung vorzubereiten, gleichzeitig aber Fähigkeiten zu vermitteln (Flexibilität), die helfen künftige Entwicklungen im geistigen, gesellschaftlichen und wirtschaftlichen Bereich bewältigen zu können.
In diesem Gesamtkonzept ist ein wesentlicher Faktor „die Bildung vom Leibe her“, die Leibeserziehung.
Ihr Ziel ist die Erhaltung der Gesundheit, die Entwicklung der Leistungsfähigkeit, die Vermittlung der Freude durch Harmonie und Naturverbundenheit.
In all diesen Ansätzen kann der Skilauf in seinen vielfältigen Ausprägungsformen wirksam werden:

- im physiologischen Sinne (Entwicklungsreize; vielfältige Bewegung in frischer Luft)

- im motorischen Sinne (Meistern der Aufgaben, Bewältigung von Situationen, Schnee, Gelände)
- im psychologischen Bereich (Erfolgsgefühle, Leistungsfreude, Ansporn).

Gleichzeitig sind die Leibesübungen ein Beitrag für spätere Freizeitgestaltung (Ausgleich, Begegnung, Naturerlebnis!)

Im Gegensatz zu den vielfältigen Aufgaben der Schule beschränkt sich die Rolle des Skiverbandes zunächst darauf, alle in den Vereinen erfaßten Skiläufer verbandsmäßig zu betreuen. Der Großteil dieser Skiläufer widmet sich dem Skilauf aus Erholungszwecken. Für diese Skiläufer ist der Erweb der Jahresmarke das Wichtigste. Der Skiverband ist aber heute in erster Linie ein Sportverband. Sein Hauptaugenmerk richtet sich daher auf die Förderung des Rennlaufes und des sportlichen Skilaufes in seinen verschiedenen Varianten.
Die Entwicklung im Skirennlauf ist in den letzten Jahren zu einem echten Prestigekampf unter den Alpenländern und, durch wirtschaftliche Einflüsse bestärkt, auch manchmal zu einer harten Auseinandersetzung innerhalb des eigenen Landes geworden. Der materielle Einsatz in dieser Sportart ist im Vergleich zum Schwimmen oder zur Leichtathletik geradezu gigantisch. Dementsprechend sind auch die Erfolgserwartung, das Anspruchsniveau höher, die Wettkampfstrategie härter, das Training systematischer und länger. Wer heute in der Weltelite bestehen will, muß Jahre zielgerichteten Trainings hinter sich haben. Der Beginn des wettkampfmäßigen Trainings wird daher in immer jüngere Altersstufen gelegt. Gleichzeitig steigt das Schulpflichtalter in fast allen Ländern, sodaß wir hier echte Reibungsflächen zwischen Schule und Verband bekommen.
Bei einer zielstrebigen Zusammenarbeit können aber verschiedene Konfliktstoffe abgebaut und die Arbeit der Vereine durch die Schule sinnvoll unterstützt werden.

Ich möchte hier einige Beispiele herausgreifen:

1. Einheitliche Technik.

Es ist aus Gründen der Ökonomie und auch aus lerntechnischen Überlegungen wichtig, daß der in der Schule gelehrte Skilauf nicht im Widerspruch zur Renntechnik steht, weil einerseits Umlernen schwerer ist als Neulernen und weil man andererseits in Stress-Situationen in frühe motorische Verhaltensmuster zurückfällt und Skirennen und Training stellen Stress-Situationen dar.

Wir haben mehr als 150.000 Schüler jährlich auf Schulskikursen, von welchen einige auch in den sportlichen Skilauf hinüberwechseln. Wir haben darüberhinaus vor allem in den Volksschulen viele tausende Schüler, die im Rahmen des Unterrichtes aus Leibesübungen an der Schule erstmals mit dem Skilaufen vertraut gemacht werden. Der Lehrplan muß hier auf einen situationsgerechten Skilauf abgestimmt werden, der nicht nur ein Verhalten sondern ein möglichst

breites Spektrum von Verhaltensweisen in der jeweils gegebenen Situation anbietet.
Neben der Vermittlung der Fertigkeit im Sikilauf hat die Schule die Möglichkeit und die Aufgabe eines langjährigen konditionellen Aufbaues; einerseits als wichtige Unterstützung des Lernprozesses (z.B. Beweglichkeit!) andererseits aber auch als Schutz gegen Verletzungen und Überbeanspruchung.
In dieser Hinsicht sind Mängel am größten. Einfache Tests zur Beurteilung des Konditionszustandes in der jeweiligen Alters- bzw. Leistungsstufe wären eine große Hilfe für Schule und Verein. (Etwa wie Magglinger Test, oder Innsbrukker Test.)

2. Pflege des sportlichen Skilaufs in der Schule

Auch hier bieten sich Möglichkeiten durch Schaffung von Leistungsgruppen bei Schulskikursen, vor allem aber bei den unverbindlichen Übungen (Neigungsgruppen) im Skilauf an.
Dabei geht es jeweils eher um eine Einführung in den Rennlauf, auch in den Langlauf, als um ein intensives Training und einen längerfristigen Aufbau.
Unbedingte Voraussetzung sind aber Lehrer, die von dieser Materie etwas verstehen. Bis vor zwei Jahren wurde dies in der Ausbildung der Leibeserzieher völlig vernachlässigt. Ganze Generationen von Turnstudenten haben ihre beiden 12-tägigen Arlbergkurse absolviert, ohne je durch ein Tor gefahren zu sein. Die neue Studienordnung sieht aber im 2. Studienabschnitt in einem der praktischen Fächer eine Vertiefung vor (Schwerpunkt) und im Rahmen dieses relativ obligaten Wahlfaches wird im kommendenWinter erstmals ein Kurs für sportlichen Skilauf angeboten (für solche, die die Skiausbildung mit mindestens „gut“ abgeschlossen haben).

Im Ausbildungsprogramm scheinen auf im praktischen Bereich: Kurssetzen, Pistenpräparieren, Skipräparieren, Verwendung von Videorecorder, Renntechnik im Slalom und Riesenslalom.
In der Theorie werden gelehrt: Neuester Stand der Ausrüstung, Fragen des Kinderskilaufes, Wettlaufordnung und Rennorganisation, motorische Tests für die Selektion der Rennläufer. Auch für den Langlauf soll in dieser Weise vorgesorgt werden.
In der Lehrerfortbildung haben wir schon seit 3 Jahren einen Zentralkurs zu diesem Thema. So werden wir den Kreis der für diese Aufgabe verfügbaren Lehrer erweitern können und nicht mehr von der Zufälligkeit abhängig sein.

3. Schulwettkämpfe im Skilauf

Ich möchte hier von jenen Rennen absehen, die seit vielen Jahren in den Bezirken durchgeführt werden - meist ohnedies in Zusammenarbeit mit dem Skiverband - und nur jene Einrichtungen nennen, die gesamtösterreichisch durchgeführt werden: die Bundesskiwettkämpfe und die Schülerskiliga.

Die Bundesskiwettkämpfe finden alle vier Jahre statt und erfassen Schüler aller Schultypen. Nach Vorkämpfen auf Orts-, Bezirks- und Landesebene stellt jedes Bundesland die beste Schulmannschaft im jeweiligen Bewerb. Zum Unterschied von den ÖSV-Wettkämpfen gibt es hier nur Mannschaftssieger, keine Einzelwertung. Der Mannschaftsgedanke hat sich bei all unseren Schulwettkämpfen durchgesetzt. Wir wollen dadurch erreichen, daß der Erfolg einer Schule nicht auf einem zufälligen Talent basiert, sondern aus der schulischen Arbeit herauswächst. (Bei den Siegern sicher utopisch, aber man muß die Bewegung bedenken, die dadurch angeregt wird).
An diesem Modell haben sich auch die 1. Internationalen Skiwettkämpfe der Schulen im Rahmen der ISF orientiert, die im Februar dieses Jahres in Schladming ausgetragen wurden. Der 2. Bewerb auf gesamtösterreichischer Ebene ist die Schülerskiliga, die sich auf die Altersstufe der 9- bis 12-jährigen beschränkt und die 1972 erstmals ausgetragen wurde.
Man muß die Zielsetzung dieser Wettkämpfe auf einer niedereren Könnensstufe kennen, um sie richtig einschätzen zu können.
Es geht darum, das Erlebnis des Wettkampfes zu vermitteln an solche, die selten dazu kommen, und eine breite Grundlage (Information für Lehrer) für Aufbau und Durchführung eines Wettkampfes zu schaffen.
Auch hier steht der Mannschaftsgedanke im Vordergrund. Zehnermannschaften treten in einem Slalombewerb Schule gegen Schule an. (1972: 1115 Mannschaften gemeldet).
Beide Veranstaltungen stehen nicht in Konkurrenz zu den Einzelmeisterschaften auf Vereins- und Verbandsebene, sie ergänzen sie vielmehr. Hier gibt es durch die Unterstützung und Mithilfe von Verbandsangehörigen wohl viele Berührungspunkte, jedoch weniger Konflikte. Die Ziele sind auf die Belange der Schule abgestimmt.
Sind also die Schwierigkeiten auf der breiteren Ebene der Schulwettkämpfe gering, so steigen die Konflikte bei den Kaderläufern in ihrem Verhältnis zur Schule rasch an, so:

1. Der Konflikt mit der Schulpflicht.
In der Schüler- (Kinder-) Klasse gehören 12- und 13-jährige bereits den Landes- und ÖSV-Kadern an. Sie machen daher Trainingskurse mit, die nicht in die Ferien fallen, sondern in den Hauptabschnitt der schulischen Arbeit. Sie kommen daher durch die Kurse, durch die Rennen (bis zu 40 pro Saison!) und manchesmal auch durch Verletzungen mit dem Schulbesuch in Konflikt, sie versäumen viele Stunden, können Schularbeiten nicht mitmachen und holen in der Zeit der starken Belastung und Ablenkung das Versäumte kaum auf.

2. Konflikte ergeben sich durch die physische und psychische Belastung.
Die Belastung durch Training und Wettkampf ist so hoch, daß sie einen Großteil der Energie der jungen Menschen aufbraucht.
Ein Zusammenfall der sportlichen Hauptbelastung mit dem Schwerpunkt der schulischen Beanspruchung kann zu sehr nachteiligen Folgen sowohl für den

Gesundheitszustand wie auch für die Schullaufbahn führen. Dies ist umso gravierender, als die ärztliche Kontrolle in den Vereinen zu unregelmäßig ist, um die Schüler entsprechend überwachen zu können.

3. Gefährdung erwächst aus der Popularität,
die auch einem jugendlichen Rennläufer in unserem Lande zuteil wird. Die Begleiterscheinungen lassen manchen Jungen das Maß verlieren und in Übermut weit über das Ziel schießen.

Um diesen Schwierigkeiten zu begegnen, wurden bei uns vor rund 6 Jahren die ersten Schulversuche mit skisportlichem Schwerpunkt eingerichtet. In den Schulversuchen sollte bei guter sportlicher und schulischer Betreuung die Schulzeit so eingeteilt sein, daß sportliches Training und Wettkampfteilnahme möglichst mit dem Unterricht nicht kollidieren, und versäumte Lektionen in Förderstunden aufgeholt werden können.
So entstanden schließlich 7 Skizüge an Hauptschulen, 2 Oberstufenformen (AHS, HAK/HASCH) und 1 VS-Versuch.

Trotz dieser idealen Zielsetzung blieben auch die Versuche von Problemen nicht verschont. Im wesentlichen werden diese mit den Fragen des Standortes (günstiges Skigelände, Schule, Internat, Lehrer), mit den Aufnahmekriterien, mit finanziellen Erfordernissen und der ärztlichen Betreuung verbunden.
Die Vorteile überwiegen aber insgesamt. So die Sicherstellung einer regelmäßigen sportlichen Betreuung, die Ermöglichung der Kaderbildung, von vielseitigen Konkurrenzen unter gleich guten Gleichaltrigen, die Sicherung von Schulbesuch und pädagogischer Betreuung und die Einfachheit der Erfolgskontrolle.
Zur Abklärung aller Fragen hat das Bundesministerium für Unterricht und Kunst 1969 und 1970 Beratungen mit den Leitern der Versuche sowie mit Vertretern des ÖSV durchgeführt. Diese Beratungen wurden durch eigene Koordinationskurse im sportlichen Bereich (Leibeserzieher und Trainer) ergänzt.
Heute ist ein eigenes Koordinationsorgan beim Austria Ski-Pool für die Fragen des Kinder- und Jugendrennlaufes eingerichtet, dem Vertreter der Schule, des ÖSV sowie der Berufsskilehrerschaft angehören. In regelmäßigen Sitzungen werden die Probleme beraten und gemeinsame Lösungen angestrebt.
Die Ziele der Vereine und Verbände sind kurzfristig auf den Erfolg der nächsten oder übernächsten Saison, der auf das nächste Sportgroßereignis (Olympische Winterspiele oder Weltmeisterschaft) gerichtet. Im Sport gilt meist der unmittelbare Erfolg alles. Und über FIS-Punkte und Ranglisten kann der Mensch, der dahinter steht, leicht übersehen werden.

Die Ziele der Schule hingegen sind auf das ganze Leben, den gesamten Kulturkreis, abgestimmt. Daher kommt es oft zu einer Unterforderung in einzelnen Bereichen, zu einer Vernachlässigung der Talente.
Aber beurteilen wir die Bemühungen der Schule nicht nach jenen Lehrern, die aus Unkenntnis der neueren Erfahrungen hinsichtlich Belastbarkeit, Trainier-

barkeit und der optimalen Entwicklungsansätze die Schüler überhaupt nicht fordern und ihnen damit vieles in einer Entwicklung schuldig bleiben.
Wir wollen auch die Vereine und die Verbände nicht nach jenen Funktionären beurteilen, die ihre eigene Frustration mit dem Erfolg anderer kaschieren müssen (viele Eltern ebenso!), denen ein Sieg, unter größten Risken errungen, viel mehr zählt als die gesunde Entwicklung der ihnen anvertrauten Jugendlichen.
Wir wollen gemeinsam trachten - Schule und Verbände - als oberste Ziele der Tätigkeit mit Kindern und Jugendlichen
1. das sportlich Vertretbare
2. das pädagogisch Richtige und
3. das gesundheitlich nicht Schädigende
zu verwirklichen.

Wir brauchen Jugendschutzbestimmungen. Auch im Skilauf. Es gibt Kinder, die in einer Saison an 35 - 40 Rennen teilnehmen. Ein Hineinschmeißen eines 12-jährigen in 6 - 8 harte Trainingsslaloms an einem Nachmittag, und dies mehrmals innerhalb einer Woche, ist sportlich ebensowenig vertretbar.

Auch disziplinäre Übergriffe, wie sie bei einzelnen Anlässen vorgekommen sind (Hoteleinrichtung zerstört nach Europacup-Rennen), können pädagogisch trotz großem Verständnis für eine moderne Menschenführung nicht akzeptiert werden.
Und ein Training, das gesundheitliche Schäden mit sich bringt, kann selbst unter Hinweis auf eine erhöhte Leistungssteigerung nicht geduldet werden.
Ein häufigeres Auftreten von Schlottergelenken bzw. von Vorschäden des Stütz- und Bewegungsapparates bei 13- und 14-jährigen Skirennläufern ist ein Alarmzeichen, das nicht übersehen werden sollte.

Wir sehen aus der Fülle der Probleme, wie groß die Verantwortung und wie schwer die Entscheidung des Funktionärs, des Trainers, des Lehrers ist, auch wenn er sich auf dem neuestens Stand der Erkenntnisse bewegt.
Eine enge Kooperation von schulischen und außerschulischen Institutionen ist daher unbedingt zu fordern.
In einer guten Zusammenarbeit von Schule und Verband könnte es uns gelingen, die Jugend so an den Rennlauf heranzuführen, daß sie darüber weder die übrigen Bereiche des Lebens vergißt, noch ihre Gesundheit und ihren Einsatzwillen zu früh auf dem Altar eines falschen Ehrgeizes opfert.

(1973)

Der Österreichische Arbeitskreis „Skilauf an Schulen“

Es ist gerade 15 Jahre her, daß der Österreichische Arbeitskreis „Skilauf in der Schule“ im Rahmen der Vorbereitungen für den 7. INTERSKI (1965 in Badgastein) gegründet wurde, als erste Einrichtung dieser Art im internationalen Raum. Der Österreichische Arbeitskreis setzte sich zum Ziel, Fragen des Skilaufes in technischer, methodischer und organisatorischer Hinsicht zu behandeln und zu koordinieren, und zwar für alle Bereiche der Schulen von der Grundschule bis zur Universität. In den 15 Jahren seines Bestehens hat der Österreichische Arbeitskreis eine Reihe von Entwicklungen angeregt, so die Gründung des Interationalen Arbeitskreises „Schulskilauf“ im Jahre 1965, und er hat eine Reihe von internationalen Arbeitstagungen übernommen (1966 Planneralpe, 1967 Malnitz, 1973 Kitzsteinhorn) und mit Univ.Prof. Dr. Hans Groll auch zehn Jahre lang den Vorsitzenden des Internationalen Arbeitskreises gestellt.

Der Schulskilauf hat unter Beratung dieses Gremiums eine wesentlich breitere Basis gefunden. Die Bedeutung des Skilaufes in der Schule läßt sich auch daraus ablesen, daß im Schulunterrichtsgesetz 1974 die Schulskikurse eine gesetzliche Verankerung gefunden haben. Innerhalb von zehn Jahren konnte die Teilnehmerzahl der Schulskikurse verdreifacht werden (1967/68 82.000 Teilnehmer, 1977/78 247.600 Teilnehmer). Ein ständiges Anliegen ist der Aspekt der Sicherheit und damit auch eine intensive Lehreraus- und -fortbildung. Seit nunmehr 12 Jahren werden die zentralen Fortbildungskurse mit gewissen Schwerpunkten in der Methodik, im sportlichen Skilauf, im Langlauf und im Tourenskilauf angeboten. Mit der zunehmenden Verbreitung des Skilaufes in den Schulen wurde auch der Ruf nach Bundes-Skiwettkämpfen laut, die nunmehr alle vier Jahre im Wechsel zum Bundesturn- und Spielfest durchgeführt werden (1969 in Saalfelden, 1973 in Schladming, 1977 in Altenmarkt). Seit 1973 finden auch internationale Schulwettkämpfe im Rahmen der ISF statt, und Österreich hat die ersten derartigen Wettkämpfe 1973 in Schladming ausgerichtet. Neben den Bundes-Skiwettkämpfen hat die Schüler-Skiliga zwischen 1971 und 1975 viele Jugendliche mit dem sportlichen Skilauf vertraut gemacht. Dieses Erfolgsmodell wurde zum Vorläufer der heute so bewährten und beliebten Schülerligen im Fußball und im Volleyball.

Eine Reihe von Bemühungen gab es auch zur Verbesserung im technischen und methodischen Bereich, was insbesondere in der Herausgabe von einigen Fachbüchern einen Niederschlag fand (Bewegungslehre des Skilaufs, Nordischer Skilauf, Vom Schulskilauf zum Rennskilauf, Ski-Terminologie, Ski I, Ski II, Ski III) sowie die Broschüren Sportlicher Skilauf, Band 1 bis 5.

In diesem Bericht über das abgelaufene Arbeitsjahr möchte ich drei Punkte besonders erwähnen:

1. eine Rückschau auf den INTERSKI 1979 in Zao aus der Sicht des Österreichischen Arbeitskreises Skilauf in der Schule, der mit 18 Teilnehmern die größte Gruppe im Internationalen Arbeitskreis bildete;
2. die Bemühungen um einen gemeinsamen Lehrweg und
3. eine Vorstellung des Langlaufcups der Schulen im Skilanglauf.

11. INTERSKI 1979, Zao/Japan

Zum Unterschied vom letzten INTERSKI 1975 in der CSSR kann diesmal der österreichische Gesamteindruck als sehr positiv beurteilt werden. Dies ist sicher auf eine sehr sorgfältige langfristige Vorbereitung zurückzuführen, auf die hervorragenden Filme, die Begleitaktionen, die Auflage entsprechender Broschüren. Die österreichischen Beiträge sind aber auch auf ein gut bereitetes Feld gefallen, waren die Ernte einer Arbeit, die 1911 mit Lerch begann, die in Schneider, Kruckenhauser, Hoppichler und Toni Sailer sowie verschiedenen anderen österreichischen Experten ihre Fortsetzung fand. Die Demonstrationen waren gut gewählt, und die geschickte Verbindung bei der nordischen Demonstration von japanischen und österreichischen Schülern hat das besondere Interesse der Japaner auch für diesen Bereich angesprochen.
Aber doch wurden auch noch nicht alle Chancen genützt. Wenn eine große Skination wie Österreich ihr Einführungsreferat ausschließlich auf technische Fragen beschränkt, ohne Hinweis auf die Arbeiten, die seit dem letzten Kongreß in den einzelnen Arbeitskreisen geleistet wurden (die Internationale Arbeitstagung der Lehrwarte in Bad Aussee, die Herausgabe des Skilehrplanes der Schulen, die Ergebnisse von Ski-Interterm), ist dies ein Versäumnis. Andere Staaten hätten sich diese Möglichkeiten der breiteren Präsentation sicher nicht entgehen lassen.

Wichtig ist immer aber auch schon ein langfristiger Vorausblick für die nächste Veranstaltung. Aus dem Geschehen des INTERSKI 1979 sollten wir ableiten, nicht nur zu zeigen, wie wir fahren, sondern vor allem auch, wie wir unterrichten. Prof. Preiml hat mit seinem Beitrag über den Skisprung hier einen guten Ansatz gezeigt. Auch das Referat von Horst Abraham/USA sollte man sich noch einige Male vornehmen, denn es hat Ansätze in dieser Richtung aufgezeigt. Leider ist die Demonstration der Amerikaner nicht ganz mit dem Referat konform gelaufen.

Wir sollten uns fragen, ob nicht hierin ein ganz spezifischer österreichischer Weg und ein österreichischer Beitrag angeboten werden könnte. Wir dürfen dabei auf eine gute Tradition hinweisen:
Mathias Zdarsky hat sich als ausgezeichneter Methodiker vorgestellt.
Die österreichischen Turnpädagogen Gaulhofer und Streicher haben mit ihrer „Bewegungsaufgabe" schon früh einen Denkanstoß für die Unterrichtsgestal-

tung gegeben, der heute durch den sogenannten prozeßorientierten Unterricht neu aktualisiert ist. Es geht um die Art der Aneignung von Bewegungsmustern, von Bewegungserfahrungen, um das Verfahren, das vielleicht auch auf andere Bewegungsbereiche übertragbar ist. Österreich hat immer schon über eine Reihe großartiger Lehrer verfügt, mit Fachkenntnissen und Einfühlungsvermögen und Ausstrahlung; Pädagogen mit einer breiten Erfahrung und einem Kulturbewußtsein. Sie können den Skilauf hineinstellen in größere Zusammenhänge

- des Bewegungserlebens
- des Naturerlebens
- der Erfahrungserweiterung
- mit Möglichkeiten einer neuen Begegnung (z.B. im Skilehrer eine ganze Region begreifen lernen).

Der soziale Aspekt des Skilaufens, nämlich die Möglichkeit der Kontaktnahme mit anderen Menschen, der Skilauf als ein Mittel gegen die Isolation, sollte nicht übersehen werden. Es wäre ein Beitrag zur Befreiung des Menschen aus einer Welt des Konsums, der Automatisation, der Technisierung und Bürokratisierung.

Zum zweiten Punkt: Der gemeinsame Lehrweg

Der letzte gemeinsame Lehrplan der drei Arbeitskreise erschien 1971 unter der Autorenschaft von Kruckenhauser und Baumrock. 1974 wurde vom Verband der Berufsskilehrer dieser Lehrplan durch „Die Österreichische Skischule" abgelöst. Da dieser Lehrplan nicht einer gemeinsamen Arbeit entsprang, entschloß sich 1975 auch die Schule neue Wege zu gehen, und in den folgenden drei Jahren erschien je ein Band des Skilehrplanes der Schulen (Ski I, Ski II und Ski III).

Ein eigenes, klar durchdachtes Lehrgebäude für den Skilauf wurde bei der letzten Tagung Skilehrwesen 1978 auch von den Lehrwarten vorgestellt und in Heft 10/1978 der Fachzeitschrift „Leibesübungen-Leibeserziehung" veröffentlicht. Ich sehe darin keinen Angriff auf eine österreichische Institution, sondern eine Fortentwicklung durch neue Denkanstöße. Die Entwicklung geht oft den Weg von These zur Antithese und schließlich zur Synthese. Unser derzeitiges Bemühen um Differenzierung sehe ich als die Phase der Antithese. Eine echte Synthese, nämlich eine Zusammenführung verschiedener Richtungen, setzt einen Prozeß voraus, der eine Verarbeitung von Unterschieden bedingt. Jedem der drei Wege liegen gewisse Anschauungsprinzipien zugrunde und auch eine gewisse Anpassung an die Wünsche der Konsumenten. Ein Kompromiß muß ohne Vergewaltigung irgendeiner der drei Richtungen zustandekommen - es ist zweifellos eine langsame Entwicklung.

Ich möchte mir erlauben, seitens des Österreichischen Arbeitskreises Skilauf an Schulen folgende Vorgangsweise vorzuschlagen:

Als erster Schritt sollte vom Verein INTERSKI Austria ein begrenztes Seminar einberufen werden, in dessen Rahmen festgestellt werden soll, wo die Unterschiede liegen, was von den anderen Arbeitskreisen vom jeweiligen Konzept nicht akzeptiert oder als nicht praktikabel bezeichnet wird. Nach diesem Seminar wäre ein Katalog vorhanden einerseits von den streitbaren Begriffen, andererseits von den technischen und methodischen Unterschieden.

Als zweiter Schritt stellen wir uns vor, daß die österreichischen Experten der Ski-Interterm mit einigen zusätzlichen Fachleuten jene Begriffe diskutieren, über die kein Einverständnis besteht, um eine gemeinsame Begriffsbasis zu erarbeiten.

Als dritter Schritt sollte ein gemeinsames Expertenteam der drei Arbeitskreise einen Leitfaden erarbeiten, nach dem einen Winter lang probeweise gearbeitet wird. Nach dieser Erprobungsphase sollte nochmals diskutiert, ergänzt und redigiert werden, um die Drucklegung des gemeinsamen Werkes vorzubereiten.
Folgender Zeitplan sollte dabei eingehalten werden:
Im Winter 1979/80 das Seminar
im Sommer 1980 die Begriffsklärung
im Winter 1980/81 Überlegungen in den einzelnen Arbeitskreisen mit Lösungsvorschlägen
im Sommer 1981 Erstellung des Leitfadens
im Winter 1982 Drucklegung
im Jänner 1983 internationale Präsentation im Rahmen des 12. INTERSKI in Sexten.

Dritter Punkt: Langlaufcup der Schulen

Diese Aktion stellt einen neuen Anlauf dar, den Skilanglauf in den Schulen auf eine breite Basis zu stellen. In Anlehnung an die Schülerligamodelle organisiert eine Arbeitsgemeinschaft abwechselnd die Bundesmeisterschaft im Skilanglauf und einen Breitenbewerb. Die große Hoffnung liegt zweifellos in den Breitenbewerben, für welche durch verschiedene Begleitmaßnahmen (Ausrüstungsaktionen, Lehrerfortbildung, Broschüre, Auszeichnung der Teilnehmer mit Langlaufnadeln) die notwendigen Voraussetzungen geschaffen werden. Hier begibt sich die Schule - wie seinerzeit bei der Einführung des Alpinen Skilaufs - in ein Neuland mit noch ungeahnten Auswirkungen.

(Bericht im Rahmen der Tagung „Skilehrwesen" im Mai 1979 in Lienz)

Der Skilauf an den Schulen, am Beispiel Österreichs.

Gegenwärtige Situation und Ausblick

Als eine der 8 Todsünden der zivilisierten Menschheit bezeichnet der Nobelpreisträger und österreichische Verhaltensforscher Konrad Lorenz die Entfremdung des Menschen von der Natur. Unsere Welt wird von der Technik bestimmt, die, vom Intellekt geschaffen, oft unsere ursprünglichen Instinkte und Verhaltensweisen verleugnet. Wir leben zweckhaft und intellektuell und wir werden durch die Annehmlichkeiten des Lebens verweichlicht. Eine instinktive Angleichung an Wetter und Temperatur ist ebensowenig erforderlich wie die Orientierung in der Natur oder ein harter körperlicher Einsatz bei der Arbeit. Es fehlt an der ständigen Überwindung naturgegebener Hindernisse. Diese Entwicklung führt nicht nur zu einem Verlust der ursprünglichen Vitalität, sondern vor allem auch zu einer Verarmung der sozialen Beziehungen.

Wenn man diese Symptome kennt, muß man sich als Erzieher fragen, in welchen Bereichen etwa diesen selbstzerstörerischen Tendenzen in unserer Zivilisation entgegengewirkt werden kann. Denn ein gesundes Leben kann nur ein Leben mit der Natur sein und nicht im Widerspruch zu ihr. Heute, in einer Zeit, in der die Technik, der Grad der Industrialisierung, die Ökonomie die Werte bestimmt, für ein gesundes Leben mit der Natur, für ein richtiges Verhalten zur Natur einzutreten, scheint mir eine lohnende Aufgabe zu sein. Die sich uns aufdrängende Frage lautet, inwieweit der Skilauf die Bemühungen in dieser Richtung unterstützt und was die Schule dazu beitragen kann.

Der Skilauf als Angebot und Herausforderung

Der Skilauf stellt einen umfassenden Bereich der Leibesübungen dar, der kaum durch andere ersetzt werden kann. Er wird vielen Bildungsinhalten gerecht:

a) In gesundheitlicher Hinsicht: Er vermitelt Bewegung in freier Natur, in frischer Luft mit starken Klimareizen.

b) In motorischer Hinsicht: Durch das Verbessern von motorischen Eigenschaften wie Geschicklichkeit, Schnelligkeit, Gleichgewicht und Ausdauer, durch die Aneignung neuer Bewegungsfertigkeiten unter vielfach sich ändernden Gegebenheiten.

c) Unter dem Aspekt der Persönlichkeitsentfaltung: In der Eröffnung neuer Erlebnisbereiche, in der Erprobung des Mutes, der Bewältigung von ständig sich wechselnden Situationen im Gelände, durch den Kontakt mit der Natur und mit den Mitmenschen in einer aus dem Alltag herausgehobenen Atmosphäre.

d) Im Hinblick auf eine lebenslange Sportausübung: Ein wichtiges Prinzip im Unterricht aus Leibesübungen ist heute auch die rechtzeitige Aneignung von Fertigkeiten und Fähigkeiten für eine Sportausübung bis ins hohe Alter (Lifetime Sports).
Skifahren, Skilaufen und Skiwandern sind bei frühzeitiger Aneignung der Technik für diesen Zweck geeignet. Die heutigen Methoden ermöglichen aber auch noch einen späten Einstieg beim Erlernen dieser Sportart.
e) Ein weiterer Aspekt, der insbesondere den jugendlichen Skiläufer betrifft, ist jener der wettkampfmäßigen Ausübung, der Skirennlauf: Jede Sportart führt im Laufe ihrer Ausübung für bestimmte Menschen zum Wunsch nach Vergleich.
Auch diesem Bedürfnis soll dadurch Rechnung getragen werden, daß die Voraussetzungen früh entwickelt werden. Durch eine Einführung in den sportlichen Skilauf, durch ein Vertrautmachen mit den Regeln und mit den notwendigen Trainingsprinzipien.

Organisationsformen

In der Atmosphäre der Schule, die durch ihre Normsituation mit festen Schulzeiten, einer Vielzahl von Pflichtfächern und mit genau umgrenzten Wirkbereichen den Charakter einer Arbeitsstätte annimmt, ist der lustbetonten Aktivität des Skilaufs also eine ganz besondere Bedeutung zuzumessen.

Die österreichischen Schulbehörden haben daher seit Jahrzehnten dieser Sportart eine besondere Unterstützung angedeihen lassen. Der Skilauf im Rahmen der Schule zeigt im wesentlichen die folgenden vier Organisationsformen:

1. Skiunterricht im Rahmen des Pflichtgegenstandes Leibesübungen und der Unverbindlichen Übungen (Neigungsgruppen)

In den Bundesländern mit geographisch und klimatisch günstigen Bedingungen ist die Pflege des Skilaufs in unmittelbarer Umgebung der Schule möglich. Vor vielen Jahren hat diese Aktivität insbesondere auch wegen des vorhandenen Übungsstättenmangels sehr viele Schüler erfaßt. Durch die bessere Versorgung mit Übungsstätten ist aber diese unsprüngliche Form des Skilaufs im Rahmen des Turnunterrichtes eher im Abnehmen.

Die Unverbindlichen Übungen sind ein zusätzliches Angebot neben dem Pflichtunterricht in Leibesübungen, sind Ausdruck einer neuen Entwicklung, die modernen Tendenzen in der Erziehung entspricht. In einer Konsumwelt muß auch das richtige Auswählen und die richtige Einstellung zu Freiwilligkeit und Selbsttätigkeit schon in der Schule gefordert und gepflegt werden. Da in diesen Unverbindlichen Übungen kleinere und homogenere Gruppen möglich sind, ist eine Intensivierung und Spezialisierung (z.B. zum sportlichen Skilauf oder Langlauf) aber auch eine Erweiterung und Ergänzung in Richtung Skiwandern und Tourengehen möglich.

2. Das Schwergewicht des Skiunterrichtes vollzieht sich heute in der Form der Schulskikurse.

Der Skilauf in der Schule hat sich von einem Saisonsport zu einem Ein-Wochen-Sport komprimiert. Mit dieser Verschiebung hat sich auch eine inhaltliche Schwerpunktverlagerung vollzogen; es geht nicht nur um das Vermitteln der Fertigkeit des Skilaufens, sondern vor allem auch um ein Einführen in richtiges Verhalten in der winterlichen Bergwelt und um Schaffung von Sozialbezügen in der geänderten neuen Umwelt.

3. Eine wichtige Rolle spielen auch die Sonderformen mit skisportlichem Schwerpunkt (Skihauptschule, Skigymnasium, Skihandelsschule).

Bei diesen Einrichtungen geht es nicht um die Heranbildung von Weltmeistern oder Olympiasiegern, sondern im wesentlichen um die Ermöglichung des Schulbesuches für am Rennlauf interessierte Schüler. In einem engen Kontakt zwischen Schule und Skiverband wird versucht, eine gute sportliche Betreuung mit intensivem Training, guter ärztlicher Überwachung und mit entsprechendem Wettkampfeinsatz mit den Erfordernissen für einen ordnungsgemäßen Schulbesuch zu verbinden. Es gibt in Österreich 8 Skihauptschulen, 1 Skigymnasium und 3 Skihandelsschulen.

Die bekannteste Einrichtung dieser Art ist das Skigymnasium Stams, das eine ganze Reihe von Spitzenskiläufern und Skispringern absolviert haben, Namen wie Schnabl, Innauer, Kogler, Neuper, Felder und Vettori bei den Skispringern, der Kombinierer Sulzenbacher, oder die alpinen Rennläufer Andy Wenzel, Paul Frommelt, Strolz, Gstrein, Wachter, Wolf sind im internationalen Skisport bekannt. Auch einige japanische Schüler dürfen hier genannt werden, so Mikio Katagiri und Takahashi.

4. Skiwettkämpfe in den Schulen

Schulische Wettkämpfe im Skilauf sind sehr beliebt. Kein Schulskikuirs, bei dem nicht die Mehrzahl der Schülerinnen und Schüler einen Torlauf oder Riesentorlauf am letzten Kurstag bestreiten; zahllose Bewerbe auf Orts-, Bezirks- und Landesebene finden jährlich statt. Jugendliche aus ganz Österreich nehmen an den Bundesskiwettkämpfen und am Langlauf-Cup der Schulen teil. Allerdings unterscheiden sich unsere Skiwettkämpfe in den Schulen von denen der Vereine insoferne, als wir nur Mannschaftswettkämpfe anbieten. Wir wollen dadurch erreichen, daß der Erfolg einer Schule nicht auf einem zufälligen Talent basiert, sondern aus der schulischen Arbeit herauswächst.

Auf diese Weise ist für Schüler und Lehrer mehr Ansporn zu intensiver Arbeit gegeben. An unserem Modell orientieren sich auch die Internationalen Skiwettkämpfe der Schulen im Rahmen der Internationalen Schulsport Föderation.

Auf diese vier Bereiche abgestimmt sind auch die Maßnahmen der Lehreraus- und Lehrerfortbildung, auf die noch näher eingegangen wird.

Eine der vier genannten Einrichtungen möchte ich noch näher erläutern: die Skikurse, die größte Skischule der Welt.

Geschichtliche Entwicklung

Der 1890 ergangene Erlaß zur Förderung der Freiluftübungen, zu denen auch der Skilauf zu zählen ist, kann als erster Anstoß für die Einführung des Skilaufes an den Schulen angesehen werden. Es fehlte allerdings noch eine Ausbildung hiefür. Im Ersten Weltkrieg haben viele junge Männer im Rahmen ihres Militärdienstes bei den Gebirgsjägern (Major Lerch) das Skilaufen kennengelernt und diese Kenntnise zum Teil auch an Schüler weitergegeben.

Im Rahmen der Schulreform wurde Mitte der 20er-Jahre durch Dr. Gaulhofer der Skilauf in den Lehrplan aufgenommen, 1928 wurde die Durchführung von Skikursen während der Schulzeit gestattet, aber die schwierigen wirtschaftlichen Gegebenheiten des kleinen Landes haben eine echte Ausbreitung der Schulskikurse noch nicht ermöglicht.

Die heutige Organisation der Schulskikurse geht auf Min.Rat Ferdinand Zdarsky zurück, der sich nach 1945 besonders dieser Aufgabe widmete. Die Durchführungsbestimmungen waren zunächst erlaßmäßig geregelt, seit 1974 sind sie Teil des Schulunterrichtsgesetzes.

Das Besondere an den Schulskikursen Österreichs war, daß sie seit jeher nicht in den Winterferien, sondern im Rahmen der Schulzeit durchgeführt wurden. Schulskikurse sind für gewisse Schulstufen verpflichtend. So müssen bis zum 8. Schuljahr zwei Schulskikurse entweder in der 6. und 7. oder in der 7. und 8. Schulstufe angeboten werden, in den Oberstufenformen ist noch ein weiterer Skikurs verpflichtend. Darüber hinaus können aber auch weitere Kurse angeboten werden, wenn sich genügend Schüler einer Klasse melden. Die Größe einer Skikursgruppe ist im Hinblick auf Sicherheit und Lernerfolg der Schüler mit 10 bis höchstens 15 Schülern festgesetzt. Im Erlaß sich auch besondere Sicherheitsvorkehrungen festgehalten. Neben dem Erlernen des Skifahrens und der Verbesserung der Technik sind die Schüler in Gelände-, Schnee- und Lawinenkunde, Pistenregeln und vieles mehr zu unterweisen.

Ein Blick auf die zahlenmäßige Entwicklung der Schulskikurse zeigt, warum man die Organisation der österreichischen Schulskikurse auch als die „größte Skischule der Welt“ bezeichnet. So waren

1947	8.000 Teilnehmer
1957	40.000 Teilnehmer
1967	82.000 Teilnehmer
1977	247.000 Teilnehmer
1987	220.000 Teilnehmer

an einwöchigen Schulskikursen zu verzeichnen. Die rasche Entwicklung der Skikurse, eine Verdopplung zwischen 1957 und 1967 und eine Verdreifachung zwischen 1967 und 1977 waren eine große Herausforderung sowohl an die organisatorischen Voraussetzungen wie auch an die Lehrerfortbildung.

Staatliche Einrichtungen zur Förderung von Schulskikursen

Große Bedeutung für die Entfaltung des Skilaufs an den Schulen hatten und haben die vom Staat (Bund und Länder) errichteten und erhaltenen Heime. Im Jahre 1923 wurde mit St.Christoph ein erstes Skiausbildungs- und -fortbildungsheim geschaffen, das sich in der Zwischenzeit zu einem Mekka des Skilehrwesens entwickelt hat. Andere Heime, die diesem Zweck und den Schulskikursen dienen, sind in Saalbach und Radstadt, in Altenmarkt und Zauchensee, in Obergurgl und Hintermoos, auf der Planneralm, in Mariazell und auf dem Hochkar. Diese Heime reichen bei weitem für die Unterbringung der Kurse nicht aus, aber sie haben für viele private Unternehmen eine Vorbildfunktion erfüllt. Heute wird ein Großteil der Schulskikursteilnehmer in privaten Jugendheimen und Gasthöfen untergebracht. So manches stille Bergdorf (wie Saalbach) wurde erst durch die Schulskikurse als Skigebiet erschlossen und hat sich dadurch zu einem Wintersportzentrum entwickelt. Die Schulskikurse stellen überhaupt innerhalb des österreichischen Winterfremdenverkehrs eine bedeutende wirtschaftliche Komponente dar.
Eine weitere Förderung ist durch die hohen finanziellen Beihilfen des Bundesministeriums für Unterricht, Kunst und Sport an bedürftige Schüler gegeben (Schülerskikursunterstützungen). Ebenso investiert der Staat Geldmittel für die zentralen Leihstellen für Skiausrüstungen.

Lehreraus- und Lehrerfortbildung

Alle Formen der Lehrerausbildung in Österreich beinhalten auch eine Skiausbildung. Diese wird in Kursform durchgeführt. Die Kursdauer beträgt 7 Tage für die Grundschullehrer und für jene Hauptschullehrer, die nicht Leibesübungen als Fach haben. Sie beträgt 14 Tage für die Fachlehrer für Leibesübungen an Hauptschulen und 3 Wochen für die Lehrer für Leibesübungen an mittleren und höheren Schulen (Universitätsausbildung).
Da alle Formen der Lehrerausbildung die Reifeprüfung als Voraussetzung haben, verfügen die Kandidaten bereits von ihrer Schulzeit her über eine mindestens dreiwöchige Ausbildung im Rahmen der Schulskikurse.
Im praktischen Teil der Lehrerausbildung wird das Eigenkönnen vermittelt, und zwar im Schulefahren, Geländefahren und im Langlauf, aber immer auch im Hinblick auf die Fähigkeit diese Inhalte zu vermitteln. In der Theorie werden folgende Gebiete vorgetragen und geprüft: Geschichte des Skilaufs, Bewegungs- und Unterrichtslehre, Geräte- und Wachskunde, Pistenregeln, Lawinenkunde, Skikursorganisation.
Die Skilaufausbildung der österreichischen Lehrer hat ein sehr hohes Niveau. Die Bestqualifizierten in der Ausbildung können die Staatliche Skilehrerprüfung bzw. die Staatliche Lehrwarteprüfung ablegen.

Bei der Lehrerfortbildung ergibt sich die Wichtigkeit einerseits aus der rasanten technischen und methodischen Entwicklung des Skilaufs und andererseits aus der Tatsache, daß der Lehrer beim Skiunterricht mehr als bei jeglichem anderen Unterricht im Blickpunkt der Öffentlichkeit steht.
Jährlich sind 3.000 Lehrer aller Schulgattungen an der Fortbildung beteiligt. Viele Kurse werden auf Orts-, auf Bezirks- und Landesebene durchgeführt.
Das Bundesministerium für Unterricht, Kunst und Sport organisiert seit 20 Jahren spezielle Schwerpunktkurse: Methodik des Skilaufs, Einführung in den Jugendrennlauf, Einführung in den nordischen Skilauf, Ausbildung für Skiwandern und Tourenführen, sowie einen Koordinationskurs für Lehrer und Trainer an Schulen mit skisportlichem Schwerpunkt.

Zur Unterstützung der Lehreraus- und -fortbildung werden seit vielen Jahren Broschüren über Skikursorganisation und über Lerninhalte herausgebracht.

Der Österreichische Arbeitskreis „Skilauf in der Schule"

Die Aufgabe des im Jahre 1964 gegründeten Gremiums ist es, „Fragen des Skilaufs in technischer, methodischer und organisatorischer Hinsicht zu behandeln und zu koordinieren und zwar von der Grundschule bis zur Universität". Fachleute aus der Schulpraxis, der Lehreraus- und -fortbildung, der Schulverwaltung und aus der Forschung haben sich das Ziel gesetzt, den Schulskilauf, der in Österreich auf eine schon bald 70jährige Tradition zurückblicken kann, zu fördern und zu unterstützen.
Der Arbeitskreis ist Mitglied des Gesamtverbandes für das Skilehrwesen in Österreich „Interski Austria" und des Internationalen Arbeitskreises „Skilauf an Schulen". Er hält einmal jährlich Beratungen über aktuelle Fragen des Schulskilaufs ab. Der Vorstand nimmt an der jährlich durchgeführten gesamtösterreichischen Tagung „Skilehrwesen" teil.
An dieser Veranstaltung sind alle Institutionen beteiligt, die in Österreich Skiunterricht vermitteln.

Ergebnisse der Arbeit des Arbeitskreises

- Schulskikurse für alle österreichischen Schüler als verpflichtende Schulveranstaltung. Je nach Schultyp nimmt jeder Jugendliche zwei- bis viermal während der Schulzeit an einem Skikurs teil.
- Durchführung von Skiwettkämpfen der Schulen: Bundesskiwettkämpfe der Schulen, Schüler-Skiliga, Langlauf-Cup der Schulen, Beteiligung an Internationalen Skiwettkämpfen der Schulen.
- Anregung für die Vereinheitlichung der Skiterminologie; seit 1969 auf nationaler Ebene, seit 1973 international (Ski-Interterm), seit 1975 Teilorganisation des Interski.
- Herausgabe verschiedener Lehrbehelfe, wie Sportlicher Skilauf Band 1 bis Band 5, eines eigenen Skilehrplanes der Schulen (Ski I, Ski II, Ski III, Ski Nord), Mitarbeit am gemeinsamen Skilehrplan.

- Durchführung verschiedener Fachtagungen und spezieller Kurse (vier Ichper Europa-Skiseminar - 1976, 1980, 1984 und 1988 - und des 1. Internationalen Skilagers für Schüler „Begegnung im Schnee" 1986 in Saalbach).
- Zusammenarbeit mit Institutionen, die sich um die Sicherheit und Unfallverhütung beim Skilauf bemühen, wie z.B. Kuratorium für Sicherheit im Bergland, Verband der Sportartikelerzeuger und Sportausrüster Österreichs.

Internationaler Arbeitskreis „Skilauf an Schulen"

Auch die Gründung des Internationalen Arbeitskreises geht auf eine Initiative Österreichs beim Interski 1965 in Badgastein zurück. Prof. Hans Groll wurde zum Präsidenten dieser internationalen Vereinigung gewählt und führte sie 10 Jahre. Ihm folgte im Präsidentenamt Kurt Blattmann aus der Schweiz bis 1985. Der derzeitige Vorsitzende ist Dr. Andrecs.

Der Internationale Arbeitskreis hat bisher 8 eigene Kongresse durchgeführt: 1966 auf der Planneralm/Österreich, 1967 in Mallnitz/Österreich, 1969 in St.Moritz/Schweiz, 1970 in Chamonix/Frankreich, 1973 im Bundessportheim Kitzsteinhorn/Österreich, 1977 in Oslo/Norwegen, 1982 in Altenmarkt/ Österreich, 1985 in Braunwald/Schweiz.

Es ist sehr erfreulich, daß an diesen Kongressen seit 1977 Japan jeweils mit einer größeren Gruppe von Fachleuten vertreten ist und sehr aktiv im Internationalen Arbeitskreis mitarbeitet.

Wenn es Aufgabe der Schule ist, die jungen Menschen darauf vorzubereiten, daß sie den Erfordernissen des Lebens entsprechen, dann müssen in einer Zeit der Bewegungsarmut, der Naturentfremdung und der Vermassung gerade jene Sportarten gefördert werden, die dem Menschen bei der Meisterung seines Lebens, bei der Erhaltung und Rückgewinnung seiner natürlichen Kräfte helfen können. Der Skilauf als eine Leibesübung, die an die Natur gebunden ist, die freudvoll und gesund ist, und die darüber hinaus bis ins hohe Alter gepflegt werden kann, verdient unsere besondere Aufmerksamkeit und die volle Förderung durch die Schule. So betrachtet, sind die Bemühungen unseres Staates als Investitionen anzusehen, die sich bestimmt amortisieren.

(Tagung Skilehrwesen, 1987)

Zum 30jährigen Bestand des Österreichischen Arbeitskreises Skilauf an Schulen & Hochschulen

Eine Einrichtung feiert ihren 30jährigen Bestand. Ein Arbeitskreis zur Beratung der Unterrichtsbehörde in allen Angelegenheiten des Skilaufs an Schulen, von der Volksschule bis zu den Universitäten, die ja zur Zeit der Gründung noch in einem Ministerium verankert waren. Dreißig Jahre - ein bescheidener Zeitraum im Gefüge langlebiger Strukturen und Institutionen, wie die der Unterrichtsverwaltung; und doch kann ein kurzer Rückblick über die drei Jahrzehnte viele Aktivitäten auflisten, ohne dabei vollständig zu sein. Und die rund 40 Experten des Skilaufs in diesen drei Dekaden haben doch einiges bewegt. Ich möchte in einigen wichtigen Sachbereichen diese Entwicklung exemplarisch aufzeigen:

Im **organisatorischen Bereich** hat der Skikurserlaß von 1949 eine wichtige Voraussetzung geschaffen. Doch als kurz nach der Gründung unseres Arbeitskreises im Dezember 1964 bei einem Unglück in Obertauern 14 schwedische Schüler ums Leben kamen, war in der Bevölkerung große Verunsicherung gegeben.
Nach zahlreichen Besprechungen wurde der Erlaß 1965 neu formuliert, wesentliche Verschärfungen bei den Sicherheitsbestimmungen miteinbezogen und hier als Mindestmaß für die achtklassige AHS drei Schulskikurse vorgesehen. Eine von Frau Hofrat Dr. Tollich durchgeführte nationale Erhebung, die später auch international ausgeweitet wurde, war eine wertvolle Hilfe für die Entscheidungen.
Im Jahrzehnt nach Gründung des Arbeitskreises verzeichneten die österreichischen Schulskikurse ihre größte Entwicklung. Waren 1947 8.000 Teilnehmer, 1957 40.000 Teilnehmer und 1967 bereits 82.000 Skikursteilnehmer zu verzeichnen, so verdreifachte sich diese Zahl in den nächsten zehn Jahren auf 247.000. Man kann ermessen, was diese Entwicklung für die Lehreraus- und Lehrerfortbildung wohl bedeutete. Mit dem Schulunterrichtsgesetz 1974 erfuhren die Schulskikurse eine gesetzliche Verankerung und eine detaillierte Regelung.

Im Bereich des Lehrplanwesens konnte die Schule auf den ausgezeichneten Lehrplan 1956 von Kruckenhauser unter Mitarbeit von Ritschel, Koller, Lager zurückgreifen, der auch mit entsprechenden Lehrfilmen für eine einheitliche Technik in ganz Österreich verantwortlich zeichnete. Dieser Lehrplan wurde 1971 grundlegend überarbeitet. Als Träger dieses Lehrplanes, der die Wellentechnik als roten Faden betonte, zeichneten Kruckenhauser und Baumrock.

Dieser neue Lehrplan löste eine große Diskussion aus, an der sich der Arbeitskreis Skilauf an Schulen sehr intensiv beteiligte. Hier muß vor allem die Arbeit

des Wiener Kreises, unter der Mentorschaft von Hofrat Nentwich mit den Experten wie Baumrock, Koller, Zehetmayer, Mayerhofer, Tscherne erwähnt werden, die sich sehr intensiv mit Fragen der Technik und Methodik auseinandersetzten. Im Rahmen einer mehrtägigen gesamtösterreichischen Beratung des Arbeitskreises 1972 in Hintermoos, konnte die Schule diesem Konzept voll zustimmen. Teile der österreichischen Berufsskilehrerschaft verweigerten aber diesem Lehrplan die Gefolgschaft und es begann nun ein mehrjähriger Methodenstreit, bei dem weniger der Konsens als viel mehr die Abgrenzung im Vordergrund stand. Der Arbeitskreis Skilauf in der Schule beschloß daraufhin eigene Lehrpläne zu gestalten und beauftragte zwei Experten mit nicht einheitlicher Auffassung, nämlich Baumrock und Winter, mit der Verfassung des entsprechenden Lehrplanes. So entstand Ski Eins und Ski Zwei 1977 und 1978, und im Jahr darauf auch Ski Drei, das sich unter Beiziehung vom Kollegen Ortner den besonderen Aspekten des sportlichen Skilaufs widmete.
Ein Jahr später kam noch vom Kollegen Punkenhofer der vierte Teil mit Ski Nord dazu, wodurch für den Skilauf in der Schule ein komplettes und respektables Lehrplanwerk geschaffen war.

Die Entwicklung mit unterschiedlichen Lehrwegen im österreichischen Skilauf war aber insbesondere für das Image im Ausland kein besonders günstiges. Daher setzten ab 1982 Bemühungen ein, erneut einen gemeinsamen Lehrplan zu schaffen. Ein kleiner Schritt auf diesem Wege war der vom Arbeitskreis herausgegebene Kurzlehrplan 1983, den eine Arbeitsgruppe, unter Leitung von Manninger und Kinzler, in mehrtägigen Beratungen in Radstadt erarbeitet hat, und der sich als sehr brauchbare Kurzanleitung für die Skikursbegleitlehrer herausgestellt hat. Im Jahre 1986 kam es dann unter intensiver Mitwirkung des Arbeitskreises Skilauf an Schulen zur einheitlichen Formulierung eines neuen österreichischen Lehrplanes.

In der **Methodik** zeichnete sich der Arbeitskreis vor allem mit der Weiterentwicklung einer kindgerechten Lehrweise des Skilaufes aus, der auf Vielfalt unter Einbeziehung der verschiedensten methodischen Hilfsmittel und unter Betonung der Elemente des nordischen Skilaufs ausgerichtet war und so die Entwicklung weitertrieb.

In der **Lehreraus- und -fortbildung** wurde vor allem über die Fachinspektoren und über die Abteilung II der Bundesanstalt für Leibeserziehung (Lehrerfortbildung) in den einzelnen Bundesländern eine quantitativ und qualitativ enorme Arbeit geleistet. Neben den vielen Aus- und Fortbildungskursen sowie Begleitlehrerkursen für Nichtleibeserzieher waren ab 1967 gesamtösterreichische Fortbildungskurse im Skilauf eingerichtet worden, die neue Entwicklungen unterstützen sollten, so die Kurse für den sportlichen Skilauf, für den nordischen Skilauf und für den Tourenskilauf. Den langjährigen Leitern dieser Kurse sei hier nochmals besonders gedankt: Kinzler, Aigelsreiter, Ortner, Punkenhofer und Ruckenbauer. Die Methodikkurse am Arlberg unter Leitung

von Kruckenhauser und später von Hoppichler waren von jeher eine vielbegehrte Einrichtung.
Besonderen Einfluß hatte der Arbeitskreis auch auf das **skisportliche Wettkampfgeschehen.** So wurden in den Fünfziger- und frühen Sechzigerjahren nach Wettkämpfen in der Steiermark, die auch für Kärnten und Oberösterreich angeboten wurden (Hirsch, Kinzler), und mit den großartigen Erfahrungen des Tiroler Jugendskitages (Schwenninger) 1969 in Saalfelden erstmals Bundesskiwettkämpfe durchgeführt, die von da an in regelmäßigen Intervallen zur festen Einrichtung wurden. Als Anreiz für sportliches Skifahren für weite Teile der Schuljugend wurde 1971 die Schülerskiliga ausgeschrieben, die bereits im ersten Jahr 1.100 Mannschaften in das kleine Wettkampfgeschehen miteinbezog. 1979 wurde zur besonderen Förderung des Ausdauersportes im Rahmen des Skilanglaufes und des Cross-Country-Laufes die Arbeitsgemeinschaft Langlauf gegründet, die mit verschiedenen Breitenbewerben neue Anreize gesetzt hat, Bewerbe wie "Rund um die Erde", "Von der Erde zum Mond", "Der Sonnenlauf" oder "Lauf ohne Grenzen", sind hier zu erwähnen. Zur Unterstützung der Maßnahmen wurden zahlreiche Broschüren erstellt und kostenlos an interessierte Lehrer abgegeben (Aigelsreiter, Ortner, Albl, Punkenhofer).

Der Arbeitskreis Skilauf in der Schule hat seit seiner Gründung versucht, **Kontakte zum außerschulischen Skisportgeschehen** herzustellen, die Bemühungen des Österreichischen Skiverbandes zu unterstützen. Zu erwähnen sind hier der Beirat für Kinder- und Jugendrennlauf des ÖSV, vor allem aber im Bereich der Schulen mit skisportlichem Schwerpunkt wurde eine enge Zusammenarbeit hergestellt. Längst ist dieses Dutzend Schulen zu einem Aushängeschild des österreichischen Sports geworden, ohne das die Erfolge im alpinen und nordischen Skilauf der letzten Jahrzehnte nicht möglich wären.

Im Bereich der **Sicherheitserziehung** darf erwähnt werden die Einführung des Tourenprotokolls 1969 nach Lawinenunglücken mit drei Toten, das zwar das Tourengehen wesentlich einschränkte, aber eine Wiederholung dieser Unglücke verhinderte. Seit zwei Jahrzehnten besteht auch die Sicherheitsbindungseinstellungsaktion und es werden die Pistenregeln in vielfältigen Informationen und Anleitungen praktisch umzusetzen versucht. Eine wesentlicher Behelf war auch die in Zusammenarbeit mit der AUVA herausgebrachte Broschüre "Was ist wichtig - was ich richtig im Skilauf ?", die sicherheitsbewußtes Verhalten beim Skilauf provozierte. In den letzten Jahren kamen noch verschiedene Projekte zum Themenbereich "Skilauf und Umwelt" und "Sicherheit im alpinen Skilauf" (Tirol) dazu.

Auf welche Aktivitäten kann der Österreichische Arbeitskreis im Zusammenhang mit dem **internationalen Skigeschehen** hinweisen ?
Da dürfen einmal die kräftigen Impulse für die Gründung des Internationalen Arbeitskreises beim INTERSKI 1965 in Badgastein erwähnt werden, dessen erster Präsident Univ.-Professor Dr. Groll 10 Jahre die Geschicke dieses Gremi-

ums leitete. Österreich hat von den insgesamt 10 Kongressen dieser Institution vier im eigenen Land durchgeführt. 1966 auf der Planneralm den 1., 1967 in Mallnitz den 2., 1973 auf dem Kitzsteinhorn den 5. und 1982 in Altenmarkt den 7. Kongreß. Außerdem war der Arbeitskreis mitbeteiligt an der Durchführung von 5 ICHPER-EUROPA-Skiseminaren 1976, 1980, 1984, 1988 und 1992. Auch in der Internationalen Schulsport Föderation hat Österreich über Mitglieder Organisationsgrundlagen geliefert und die Vorsitzenden der Technischen Kommission Ski gestellt (Andrecs, Anewanter), zweimal wurden die Internationalen Skiwettkämpfe der Schulen bei uns durchgeführt (1973 in Schladming, 1981 in Saalfelden). Die von Frankreich nicht durchgeführten ISF-Wettkämpfe 1987 wurden durch eine Öffnung der österreichischen Bewerbe im nordischen Bereich auch international. In den Jahren 1986 und 1992 fanden über Initiative der ISF internationale Schülerskilager in Saalbach-Hinterglemm statt.

Nicht unerwähnt darf die Arbeit der **Terminologiekommission** bleiben, die 1972 in unserem Arbeitskreis zunächst zur Klärung unscharfer Begriffe eingesetzt wurde, die sich dann international ausgeweitet hat und 1975 zu einer Unterkommission des Internationalen Verbandes für das Skilehrwesen avancierte (besonderer Dank geht hier an Tscherne, Baumrock, Winter, Porenta). In diesem Gremium hat Baumrock auch erstmals von "Druckaufbau" gesprochen, ein Begriff, der im heutigen Rennlauf ganz besondere Bedeutung hat.

Der Österreichische Arbeitskreis Skilauf an Schulen & Hochschulen war seit 1965 bei allen INTERSKI-Kongressen mit zahlmäßig starken Delegationen vertreten und hat mehrfach an Programmen mitgewirkt.

Einen gewaltigen Aufschwung nahm der Österreichische Arbeitskreis Skilauf an Schulen & Hochschulen nach 1991 unter seinem neuen Präsidenten Dr. Redl. Der bislang engere Beratungskreis gab sich eine neue Struktur und versucht nun, ähnlich wie die anderen Verbände der Berufsskilehrer und der Skilehrwarte, eine Erweiterung seines Mitgliederstandes und eine Mitbeteiligung am Skigeschehen von der Basis her bis in die einzelne Schule herzustellen. Weit über 1.500 Mitglieder weist der Arbeitskreis heute auf.
In unserem Informationszeitalter ist corporate identity, das Image, das sich eine Einrichtung gibt, von großer Bedeutung. Und hier hat der Arbeitskreis in kurzer Zeit viele neue Initiativen gesetzt, sich ein neues Logo gegeben, Mitgliedskarten im Austria-Card-System aufgelegt, vor allem aber hat er durch die Auflage einer Zeitschrift mit viermaligem Erscheinen im Jahr einen günstigen Informationsfluß sichergestellt.
Wann immer man der Versuchung erliegt, in einem Bericht Leistungen aufzuzeigen und Namen zu nennen, begibt man sich in die Gefahr, wichtige Leistungen zu übersehen bzw. engagierte Mitstreiter nicht erwähnt zu haben. Bei ihnen allen möchte ich mich dafür entschuldigen. Was der ÖAK in den Jahren seines Bestandes weiterbringen konnte, ist eine Leistung von vielen, auch vieler Unerwähnter und Unbedankter.

Ich wünsche dem Arbeitskreis unter seinem Präsidenten Dr. Redl, der 1993 auch zum Vorsitzenden des Internationalen Arbeitskreises gewählt wurde, viel Schwung und Durchschlagskraft, um die Anliegen des Skilaufs in der Schule weiterhin effektiv betreuen zu können.

Ich habe nun die große Auszeichnung und Freude, einige Persönlichkeiten der ersten Stunde im Österreichischen Arbeitskreis Skilauf an Schulen zu erwähnen, die die neugeschaffene Pro Merito-Medaille erhalten.

Der erste Sekretär unter dem Gründungspräsidenten MinRat Zdarsky war Prof. Franz Hoppichler, der 1966 nach seiner Berufung zum Rennsportleiter des ÖSV aus dieser Funktion ausschied und nach seiner Rückkehr 1972 viel stärker in das Geschehen des Gesamtverbandes des INTERSKI eingebunden war, dessen Präsident er seit 1987 ist.

Frau Hofrat Dr. Tollich hat sich besonders der Lehreraus- und fortbildung und um organisationsverbessernde Maßnahmen der Schulskikurse angenommen. In den östlichen Bundesländern stieß die Verbreitung der Schulskikurse auf viele Probleme. Die gesamtösterreichische Erhebung über die Situation der Schulskikurse hat für die weiteren Aktivitäten des Arbeitskreises viele Anregungen gebracht. Mit ihren Hochkarkursen mit einem sehr beständigen Kurslehrerteam (unter Einbeziehung des Landesschulratsdirektors - eine große diplomatische Leistung) hat sie viel bewirkt.

Drei Konstanten, im Arbeitskreis vom Anfang an initiativ mitarbeitend und im Vorstand über Jahrzehnte vertreten, darf ich nun erwähnen.

Frau Hofrat Dr. Moser hat beim zweiten internationalen Kongreß des IAK mit einem viel beachteten Beitrag auf das rhythmische Element beim Erlernen des Skilaufs hingewiesen; sie war führend bei der Rahmengestaltung bei den 1. Bundesskiwettkämpfe 1969 tätig und hat mit der Idee der Schulsportwoche die Schulveranstaltungen bereichert.

Frau Hofrat Dr. Kinzler, selbst aus dem Rennlauf kommend, hat im Arbeitskreis den Bereich Rennlauf/Sportlicher Skilauf vertreten, hat selbst zahlreiche gesamtösterreichische Fortbildungskurse geleitet und hier einen Kader hervorragender Kurslehrer aufgebaut mit Ortner, Lauth, Meusburger, Andretsch, Streicher - um nur einige zu nennen.
Hofrat Dr. Othmar Manninger war über 20 Jahre stellvertretender Vorsitzender des ÖAK, hat eine Vielzahl von Anregungen im organisatorischen und im methodischen Bereich eingebracht und den Arbeitskreis bei verschiedenen nationalen und internationalen Veranstaltungen vertreten.

Bei der Gründungssitzung 1964 waren die damaligen Leiter der Arbeitsgemeinschaften der Leibeserzieher als Bundesländervertreter eingeladen. Zwei dieser

Vertreter, die uns auf vielen Kongressen und Seminaren begleiteten, sind Oberstudienrat Prof. Eduard Figl und Oberstudienrat Prof. Willi Fritsche.

Es wäre ungerecht, an verdiente Mitarbeiter des Arbeitskreises Auszeichnungen zu verleihen, wie dies im folgenden vorgesehen ist, ohne den Präsidenten der Einrichtung, Dr. Redl, mit diesem Symbol der Anerkennung einen Dank abzustatten für seine langjährige initiative und sehr kompetente Arbeit für den Skilauf an Schulen.

Schließlich wurde mir gestattet, in diesem festlichen Rahmen auch einem Vertreter des IAK die Pro Merito-Medaille des ÖAK zu überreichen. Seit drei Funktionsperioden ist Urs Illi Vizepräsident des Internationalen Arbeitskreises, hat viele Jahre hervorragende Fachbeiträge bei unseren Kongressen und ICH-PER-Europa-Seminaren geliefert und war maßgeblich bei der Organisation des unvergeßlichen Kongresses in Braunwald 1985 beteiligt. Ein Lehrerbildner höchster Kompetenz und mit Leidenschaft. Lieber Urs, ich möchte mich auch persönlich für deine Unterstützung bedanken.

(Festversammlung 1994)

Die olympische Idee und ihre Verwirklichung in der Schule

Vorbemerkung

Was ich hier sagen möchte, ist Persönliches. Ein Substrat aus 30jähriger Beschäftigung mit dem Sport in drei Bereichen:

10 Jahre als aktiver Leichtathlet, durchschnittlich begabt, überdurchschnittlich in seinen Ambitionen, unterdurchschnittlich versorgt mit Voraussetzungen, wie man sie heute für notwendig erachtet (Sportanlagen, Trainer, ärztliche Betreuung, etc.).
10 Jahre als Trainer der Leichtathletik, 2 Jahre im alpinen Skilauf, ein Abschnitt, in welchem ich versucht habe, aus den eigenen Fehlern für und mit anderen zu lernen (die schönste Zeit vom Kontakt her gesehen).
10 Jahre Reflexion; in Organisation und Administration als Verantwortlicher für die Leibeserziehung in Österreich, aber auch als Mitglied des Exekutivkomitees der Internationalen Schulsport Föderation (ISF).
Das ist der Standort.

„Was wir im Leben vor allem brauchen,
ist eine Idee, für die wir bereit sind,
das äußerste zu leisten.“
R.W. Emerson

Wenn man die Geschichte der Menschheit, aber auch einzelne Lebensschicksale verfolgt, kann man erstaunlich oft feststellen, daß in den entscheidenden Phasen der Entwicklung immer wieder eine Idee oder ein Ideal eine ganz große Rolle spielen. In der Kindheit und frühen Jugend mag dieses Ideal ganz mit einer Person verbunden sein und mit ihr verschmelzen. Man spricht von der Bezugsperson und weiß heute ganz genau, welch großen Schaden Kinder in ihrer Entwicklung erleiden können, wenn diese Bezugsperson fehlt. Die beste Betreuung in einem Heim kann diesen Bezug, diese Voraussetzung für eine Selbstfindung nicht ersetzen.

Für die Geschicke der Völker haben Ideale und Ideen nicht weniger große Auswirkungen gehabt, denken wir nur an das Wirken Christi, an die Ideen Lenins, an die Bewegung, die Henry Dunant ins Leben gerufen hat. Daß es dabei auch Bewegungen gegeben hat, die ihre Anhänger oft auch in den Abgrund mitgerissen haben, zeigen Beispiele aus der von uns selbst erlebten Geschichte.

Eines der Ideale, das die Jugend vor mehr als 2000 Jahren ebenso faszinierte wie die Menschen unserer Zeit ist der olympische Gedanke. Wenn man von epochalen Ereignissen, wie etwa der Landung des ersten Menschen auf dem Mond, absieht, gibt es wohl kaum ein Geschehen, das so viele Menschen auf der ganzen Welt in seinen Bann zieht, wie die Olympischen Spiele. Millionen Menschen verfolgen die Wettkämpfe direkt, über Radio oder auch im Fernsehen. Bei einer so starken Ausstrahlung und Faszination wäre es unbegreiflich und unverantwortlich, diese Welle des Interesses für die Erziehung nicht nutzbar zu machen. Denn es ist ja bekannt, daß alle Kunst und alles Wissen mit Begeisterung, Bewunderung anfängt (Goethe). Oder moderner ausgedrückt: Für einen Lernvorgang ist ein Minimum an Irradiation, an Bewegtheit, unerläßliche Voraussetzung. In einem aufrüttelnden Buch zeigt George G. Leonard die Möglichkeit einer Erziehung durch Faszination, die gleichzeitig als Anklage gegen viele unserer gegenwärtigen Schulen anzusehen ist: „Es ist ebenso grausam, ein Kind zu langweilen, wie es zu quälen!“

Vor vier Jahren, im Rahmen der ersten Session der Internationalen Olympischen Akademie für Erzieher hatte ich die Auszeichnung, hier ebenfalls über Beziehungen zwischen Schule und olympischer Idee zu sprechen. Ich habe dabei drei markante Merkmale der Olympischen Spiele exemplarisch herausgestellt und versucht, sie mit dem Geschehen in der Schule in Bezug zu setzen. Es war:

a) die Idee des Elitären, der Wunsch besser zu sein als andere, der zum Wettstreit führt,
b) die Idee des Verbindenden; also die Partnerschaft bzw. Gemeinschaft und
c) das Kultisch-Festliche; das Herausgehobensein aus dem Alltag.

Heute möchte ich es mit den olympischen Prinzipien ähnlich machen. Mir erscheint es allerdings wichtig, daß wir uns nicht nur an der historischen Interpretation der olympischen Idee orientieren, sondern selbst Ziele und Inhalte in diesen Gedankenbereich einbringen. Gerade darin liegt ja das große Verdienst Coubertins . . . „daß er die zeitlose Idee des Olympismus mit zeitgemäßen Zielen zu verbinden wußte.“ Und er hat seine Mitmenschen auch immer wieder aufgefordert, diesen Schritt der Erneuerung mit ihm mitzumachen. Der folgende Ausspruch, vor mehr als 70 Jahren geprägt, hat nichts von seiner Aktualität verloren. „Es ist höchste Zeit, daß wir mit unserem Denken und der Erziehung der Menschen wieder von vorn anfangen - nach Grundsätzen, welche dieser Zeit entsprechen, die vieles umstößt, was geschehen ist, aber viel Gutes für die Zukunft bringen kann.“

Die olympischen Grundsätze

Man muß sich heute fragen, ob es der direkte Einfluß der Schriften und Gedanken Coubertins war, daß heute in den meisten Lehrplänen für den Sportunterricht die von Coubertin genannten Grundsätze fest verankert sind oder ob es ganz einfach eine geniale Vorausahnung späterer Entwicklungen war. In seiner

Zeit mögen die Ziele überrascht haben, heute sind die Forderungen in fast allen Lehrplänen für den Sportunterricht fest verankert:

- Sport als wesentlicher Beitrag zur Persönlichkeitsentfaltung
- Sport als Weg zur Partnerschaft und zu gegenseitigem Verstehen
- Sport als Ausdruck der Lebensfreude und Lebenserweiterung

Der mögliche Beitrag des Sports zur Persönlichkeitsentfaltung

In diesem Gremium von Experten ist eine detaillierte Behandlung der einzelnen Ziele nicht erforderlich. Ich möchte sie daher nur andeutungsweise anführen. Zu den Aufgaben, die dem Fach Leibeserziehung im Rahmen der Schule gestellt sind, zählen einerseits solche, die nur vom Fach Leibeserziehung erfüllt werden können (fachimmanente) und solche, die in gleicher oder ähnlicher Weise auch von anderern Gegenständen wahrgenommen und realisiert werden können (fächerübergreifend). Für uns Leibeserzieher werden die fachimmanenten im Vordergrund stehen.

Die Leibesübungen, oder Spiel und Sport, sind eine Möglichkeit zur Befriedigung fundamentaler Bedürfnisse. Sie sind ein Mittel zur persönlichen Entwicklung, wobei vor allem der motorische Bereich erfaßt wird. Dies setzt natürlich nicht erst in der Schulzeit ein. Vieles muß vielmehr von der Geburt an zielstrebig gefördert werden. Dem Kleinstkind und Kleinkind eröffnet sich die Welt vor allem durch den motorischen Bereich: es begreift, erfaßt. In diesem ursprünglichen Umweltskontakt siedeln sich die ersten Erlebnisse an; und welche Horizonterweiterung ist allein mit der Aufrichtung des Körpers verbunden. Lange bevor das Kind richtig sprechen lernt, kann es oft schwierige Bewegungsaufgaben vollziehen und Steuerungsvorgänge behalten wie beim Laufen, beim Schwimmen, beim Gleiten, beim Klettern usw.

Versäumnisse in dieser Entwicklung können später kaum mehr aufgeholt werden. Das Kind in der Entwicklung muß daher eine große Vielfalt an Entwicklungsreizen erhalten, um eine harmonische Persönlichkeit zu werden. In diesen Bereich gehören aber neben der Entfaltung der motorischen Eigenschaften und motorischen Fertigkeiten zur Erlangung der persönlichen Höchstleistung und der individuellen Ausdrucksfähigkeit in der Bewegung auch psychische Dimensionen.

Der weite Bereich der Stimmungen und Gefühle, des Angstabbaues, das Vermitteln von Sicherheit und Geborgenheit, der Aufbau eines Könnensbewußtseins und Selbstwertgefühles. Aber auch die Erziehung zur Selbsttätigkeit, zur Kreativität und Interessenserweiterung und die Vermittlung von Einsichten und Mitverantwortung, der Fähigkeit, das sportliche Geschehen reflektieren und sinnvoll in Bezug zu den eigenen Möglichkeiten zu setzen, müssen hier angeführt werden.

Sehr häufig wird als ein gutes Mittel für die Motivierung zum Einsatz aller Kräfte der Wetteifer, Wettkampf, herangezogen. Wir kommen damit in den Bereich des Elitären, des citius, altius, fortius.
Die Parole: Immer schneller, immer höher, immer stärker, ist zum Kennzeichen des Weges der Menschheit vom Urwald zur industriellen Gesellschaft geworden. Der ewige Fortschritt, die Hoffnung so vieler, aber auch Trugbild und Schein zugleich.

Im Bereich der Erziehung spielen die Umwelteinflüsse, die Denkweise der Gesellschaft, und vor allem in unserem Zeitalter auch die Vorbildwirkung durch die Massenmedien eine enorm große Rolle. Die Schule steht nicht außerhalb der Gesellschaft, sie wird vielmehr durch sie geprägt und muß auch auf ein zukünftiges Leben in ihr vorbereiten.

In diesem Sinne wird eine Leistungsgesellschaft nicht darauf verzichten können, auch im Bereich der Erziehung den Leistungsgedanken zu bejahen, aber sie wird sich der ambivalenten Wirkung des Leistungsprinzips auch bewußt werden müssen. Denn einerseits wird der Wetteifer d.h. das Bestreben, andere in irgendeiner Sache zu überflügeln, als Quelle jeden Fortschrittes angesehen, als Ansporn zu höherer Leistung, andererseits nährt aber auch Wetteifer Neid nach oben, Überheblichkeit nach unten (nach K. Wolf). „Denn der Wetteifer will den Unterschied, Wettstreit und Kampf sind dazu da, um den Rang zu entscheiden. Das Vergleichen zieht sich durch das ganze Leben, und es bezweckt nicht den Ausgleich, sondern den Unterschied. Und wir müssen zugeben, daß in unserem Leben wir viel von unserer Leistungshöhe einbüßen würden, wenn es diesen Vergleich und den Wettstreit nicht gäbe.
Die Frage in der pädagogischen Diskussion ist also nicht mehr „Wetteifer oder nicht", sondern vielmehr: wie verhütet man ein falsches Überwuchern des Wetteifers und wie können wir das soziale Element in die Wettkämpfe integrieren" (K. Wolf). Denn mit dem Einbau des Wetteifers in unser Erziehungssystem verhält es sich wie mit den Kanonen einer friedlichen Aurüstung; sie haben die Tendenz loszugehen.

Wir müssen also bemüht sein, bei einer Bejahung des Leistungsgedankens die kritische Distanz zu wahren und zu versuchen, die Begeisterung pädagogisch zu nützen, ohne dadurch einseitig oder ausschließlich zu werden.

Welche pädagogische Orientierung sollen wir bei den Schulwettkämpfen im Auge behalten?

1 . Keine Ausschließlichkeit.

Wir sehen im Wettkampf - überhaupt im sportlichen Wettstreit - ein Element der Leibeserziehung, das neben vielen anderen steht und so wie die anderen nicht aus dem Bereich der Leibeserziehung zu verbannen ist. Denn neben dem Wettkampf gibt es den Tanz, das freie Spiel, den Bereich des Gestaltens, des

Wanderns und des Naturerlebnisses. Stoppuhr und Maßband sind in unserem Fach zu wenig.

2. Nicht Sieg um jeden Preis.
Jede Leistung drängt zum Vergleich, zur Konkurrenz. Konkurrenz allein führt zu einem brutalen Individualismus. Gezügelte Konkurrenz, ein Bemühen, das sittlichen Normen unterworfen ist, jedoch ist eine unentbehrliche Grundlage für das Gedeihen einer demokratischen Gesellschaft.

3. Sorgfältige Auswahl der Bewerbe.
Unsere Bemühungen sind darauf gerichtet, sinnvolle Angebote, Herausforderungen zu setzen, die für die Schüler eine sportliche und charakterliche Bewährung darstellen. Dabei sind wir darauf bedacht, eine breite Fächerung von Übungsbereichen, die das Interesse möglichst vieler Schüler trifft und Möglichkeiten zur Selbstbestätigung, zur Meisterung von Situationen anzubieten.

4. Betonung des Mannschaftsgedankens.
Bei unseren Schulwettkämpfen unterscheiden wir uns bewußt von den Wettkämpfen der Sportverbände , indem wir in erster Linie Mannschaftsbewerbe durchführen. In ihnen kommt die Leistung aller und auch das Prinzip der Kooperation zur Geltung. In den Mannschaftswettkämpfen innerhalb gleichstrukturierter Gruppen wird die Anstrengung jedes einzelnen belohnt. Die Punkteleistung des 9. ist genauso wichtig wie die des 1., für einen Sieg der Mannschaft.

5. Die Bewerbe sollen sich im Unterricht erarbeiten lassen.
Der Erfolg soll aus der schulischen Arbeit herauswachsen und nicht einem zufälligen Vorhandensein eines Talentes entspringen. Wir ziehen daher die Schulmannschaften den regionalen Auswahlmannschaften vor und bieten in erster Linie Bewerbe an, die im Rahmen des Unterrichtes aus Leibesübungen an vielen Schulen betrieben werden, die aber nicht im Widerspruch zu den bevorzugten Sportinteressen der Schüler stehen sollen.

6. Freiwilligkeit.
Es ist wichtig auch hier noch einmal darauf hinzuweisen, daß die Teilnahme an den Wettkämpfen im Rahmen der Schule auf Freiwilligkeit beruht. Diejenigen, die gern an Wettkämpfen teilnehmen, sollen auch im Rahmen der Schule die Möglichkeit haben, und dabei pädagogisch geführt und betreut werden. Ich sehe die pädagogische Bedeutung des Wettkampfes gerade darin, daß er erhöhte Anforderungen an die charakterlichen Eigenschaften des Wettkämpfers stellt. Die Chance einer richtigen Führung in dieser stark affektiv geladenen Situation sollte sich die Schule nicht entgehen lassen.
In einer sehr interessanten Studie über Wetteifer und Rivalität gibt uns S. Hermon einen Überblick über Motive und Verhaltensformen im Wettstreit. Als Orientierungshilfe für den Erzieher möchte ich diesen Überblick hier anfügen:

	Wetteifer	Rivalität (emotionsgeladen)
Motive	Bestätigung, Spiel Geselligkeit Leistung, Erwerb von Fertigkeiten, Meisterschaft	Agression Macht Startum
Verhaltensformen:	Zielgerichtet (problemlösend) aufgabengerecht, auf sachliche Ziele gerichtet sich zu verbessern Sieg durch Leistung Fairness, Ehrlichkeit Sachbezogene Anerkennung Selbstvertrauen Zusammenarbeit	gefühlsbetont gegen Personen oder Gruppen gerichtet Erster zu sein Sieg um jeden Preis Lüge, Schwindel, Betrug äußere Anerkennung Furcht (vor Versagen) Gewaltsames Durchsetzen

Die Haltung ist so wichtig wie die Regeln.

Die Regeln können eventuell umgangen werden, nicht aber der Geist, der hinter der Regel steht.
Für die Erziehung wichtig: richtige Motive und Verhaltensformen einsichtig machen und anwenden lernen.

Sport als Weg zu Partnerschaft und gegenseitigem Verstehen.

Wir haben in den bisherigen Ausführungen schon vielfach diesen Bereich berührt, haben einige Aspekte bereits aufgezeigt.

Die Leibesübungen mit ihrer Disposition zum Handeln bieten viele Möglichkeiten der Begegnung, des Einanderhelfens, Einanderverstehens. Sie bieten in der Gruppenarbeit, im Mannschftsspiel viele Situationen des Zusammenwirkens, des Miteinandergestaltens und der gemeinsamen Verantwortung.

Die Frage, ob gewisse im Sport erworbene Haltungen und Gewohnheiten auch in den anderen Lebensbereichen zum Tragen kommen (Transfer), erscheint heute noch ungeklärt. Ich glaube aber, daß gewisse Haltungen im Sport vorbildlich auch für andere Bereiche im Leben sein können. Kein Auge des Gesetzes wacht über die Einhaltung dieser feinen, ungeschriebenen Normen, und doch empfindet der Sportler den leisesten Verstoß dagegen und verurteilt ihn mit geheimer Verachtung.

Es drückt sich darin eine Art sportlicher Bildung aus, ein Taktgefühl, das den echten Sportsmann vom Scheinsportler unterscheidet.

Weil es sich hier nicht um Gesetze, sondern um ungeschriebene sittliche Normen handelt, können wir sie Tugenden nennen. Teamspirit, Kameradschaft und Fairness sind einige davon. Auf eine, die für die Gemeinschaft sehr wichtig erscheint, möchte ich näher eingehen:

Die Fairness

Mit ihr wird vor allem das Verhalten dem Gegner gegenüber bezeichnet. Sie kommt aus der Welt des aktiven Aufeinandertreffens im Spiel und im Kampf, was der ursprüngliche Ausdruck „fair play" noch besagt; und man versteht darunter „das Einhalten der Kampfbestimmungen und Regeln, ehrenvolle Behandlung des Unterlegenen, Achtung des Überlegenen, feinste Rücksichtnahme nicht nur im sportlichen Kampf, sondern ebenso im Kampf uns Dasein, selbst in seiner härtesten Form, im Kampf mit der Waffe" (Wischmann). Fair sein meint, so handeln, daß selbst im härtesten Kampf die Beziehung unter den Beteiligten noch schön (fair) bleibt. Fairness verbietet die Frage nach der absoluten Gerechtigkeit, aber die gebietet gleichzeitig unbedingte Ehrlichkeit. Was dies im Zeitalter der totalen Kriege, der Mißachtung von lange gültigen Konventionen auf höchster politischer Ebene bedeutet, kann kaum ermessen werden.

Man könnte mit der schlichten Gentlemendefinition von John Henry Newman sagen: „ein fairer Sprotler ist einer, der nie Schmerz zufügt". Und dies nicht allein auf körperlichen Schmerz bezogen, sondern ebenso auf die viel feineren und ansprechenderen Bereiche des Geistig-Seelischen.

Es sei mir gestattet, ein Beispiel hiefür anzuführen.
Bei den Leichtathletik-Europameisterschaften 1954 in Bern wurden nach spannendem Kampf in der 4 x 400 m-Staffel die siegreichen Engländer wegen Behinderung eines finnischen Läufers disqualifiziert. Obwohl der finnische Läufer jede Behinderung bestritt, blieb es bei dieser Entscheidung des Kampfgerichtes. Dadurch wurden die Franzosen zum Sieger erklärt. Bei der Siegerehrung erhielten die siegreichen Mannschaften nicht nur ihre Medaillen sondern auch herrliche Blumensträuße. Kaum war die Hymne verklungen, da liefen die vier Franzosen quer über das Feld und überreichten den disqualifizierten Engländern die Blumensträuße. Eine unmißverständliche sportliche Geste.

Das Verbindende im Sport wird heute von drei Gefahren bedroht: Unehrlichkeit, Gigantismus und Chauvinismus.

Die erste Gefahr ist Unehrlichkeit.
Ich habe in den letzten Jahren bei internationalen Schulsportveranstaltungen manchen Verstoß gegen die Ehrlichkeit erlebt (falsches Alter, fehlende Schulzugehörigkeit, auch Doping) und ich habe mich dabei immer gefragt: Wie können Erzieher und Verantwortliche solche Verstöße zulassen? Ist ihnen

wirklich ein augenblicklicher Sieg mehr wert als eine lebenslange Erziehungsbasis? Verlierenkönnen ist schwer, sicher auch für ehrgeizige Lehrer. Aber wieviel Hilfe böte den Heranwachsenden das Beispiel, wie man Niederlagen verkraftet.

In meinem Heimatort gibt es in einer alten Internatsschule eine Gedenktafel mit der Inschrift:
„In diesen Räumen lebte in den Jahren 1891-93 der berühmte Komponist Hugo Wolf als Schüler und Chorknabe.“

Was mich an dieser Tafel stört, ist die Tatsache, daß sie verschweigt, daß Hugo Wolf von dieser Schule eliminiert wurde. Ich wünschte mir eine Inschrift wie diese:
„In dieser Schule verbrachte Hugo Wolf die Jahre 1891-93. Direktion und Lehrkörper errichteten diese Gedenktafel als Zeugnis dafür, daß sie, in Unkenntnis der einmaligen Begabung dieses jungen Menschen, ihn frühzeitig wegen mangelnder Lateinkenntnisse von dieser Schule verstießen.“

Wieviel Hoffnung für alle, die Schierigkeiten in ihrer Jugend haben, strömte von einer solchen Tafel aus, wieviel Menschlichkeit und Versöhnung. Unsere Schulen und auch die Welt des Sports ist voll mit solchen Tafeln. Laßt sie uns ändern!

Und dann die zweite Gefahr: Gigantismus.
Das Motto „immer höher, immer weiter!“ bringt auch das „immer größer“ mit sich. Immer mehr bestimmen Größe und Ökonomie unser Leben. Aus solchen Tendenzen werden aus Betrieben Fabriken, aus Schulen Schulkasernen mit tausenden Schülern. Wie soll darin „Begegnung“ stattfinden? Ich schätze ein Land wie Norwegen, das ein Gesetz beschlossen hat, wonach Schulen nur für maximal je 450 Schüler errichtet werden dürfen.
Wir sollten in jenen Bereichen, wo wir selbst mitentscheiden können, die Kraft zur Beschränkung aufbringen, damit wir Identität bewahren und Möglichkeiten zum Kontakt eröffnen.
Auch die ISF (Internationale Schulsport Föderation) wird dieses Problem für sich lösen müssen.

Und eine dritte Gefahr sehe ich im Chauvinismus.
Es ist jene Einstellung, die nur den eigenen Standpunkt und Vorteil sieht. Mit eingeschränktem Blick ohne Sicht für das Ganze. Die weite Kluft, die der Wettkampf zwischen Menschen setzt, kann nur überbrückt werden durch das stete Bewußthalten, daß es nur selbstgewähltes Spiel ist.

Man hat mir erzählt, daß in Wimbledon, bevor die Spieler den Centrecourt betreten, sie an einer Tür vorbeigehen müssen, über der ein paar Zeilen eines Gedichtes von Rudyard Kipling stehen; sie lauten:

„Wenn du Triumph und Niederlage tragen kannst -
und beides gleich als trügerischen Schein erkennst . . .“

Es ist die Aufforderung zur Gelassenheit, wie sie sich auch in einem Gedicht von Rilke findet (Sonette an Orpheus, Nr. 18). In diesem Feld der Entmotionalisierung (auch für den Zuschauer!) der Erziehung werden wir noch viele Anstrengungen auf uns nehmen müssen. Wir stehen damit aber schon im dritten Lernzielbereich:

Sport als Lebensfreude und -weg zur Lebenserweiterung.

Ich möchte hier nicht mehr auf die Bedeutung eingehen, die Leistung für die Ichstärke, für das Selbstwertgefühl und für die Sozialisation und das Wohlbefinden hat.
Hier geht es um die Freude, die aus der Überhöhung des Lebens im Spiel entsteht: ein Heraustreten aus dem Alltag. Ortega y Gasset hat dem Sport diesen festlich-feierlichen Charakter zugesprochen.
Wir sollten in unseren Schulen, nicht nur bei ganz außergewöhnlichen Anlässen, lernen, Erfolge zu genießen, Siege und Feste zu feiern. Es führt zu einem Bewußtwerden der zurückgelegten Mühen, zu ihrer Einordnung in den gesamten Prozeß einer lebenslangen Erziehung. Und es schafft Abwechslung und Motivation für neue Anstrengung. Der Weg zum Erfolg ist so weit, daß Zwischenmarkierungen von großer Hilfe sind.

Und wenn wir die Schüler für ihre Anstrengungen und Leistungen auszeichnen, vergessen wir die Lehrer nicht. Bei all unseren Schulwettkämpfen überreichen wir auch dem Lehrer die Siegesplaketten, denn Mannschaft und Lehrer haben den Erfolg gemeinsam erarbeitet.

Zusammenfassung

Ich habe versucht, einige Bereiche aufzuzeigen, in welchen olympisches Gedankengut in der Schule wirksam werden könnte. Die Faszination der olympischen Ideale sollte als Motivation für den Sportunterricht stärker genützt werden. Wir sind vielleicht die einzigen in der Schule, die die olympischen Ideale noch verwirklichen können:

- den Vorrang der Teilnahme vor dem Sieg
- die Einhaltung von Ehrlichkeit und Fairness
- die Hingabe um der Begeisterung willen
- die Betonung des Gemeinsamen und
- die Einordnung des Sports in das Kulturganze.
-

Aber die Probleme kommen auf uns zu:

- der Druck von außen auf die Schule
- das Wettkampfalter wird immer weiter heruntergesetzt

- längerer Trainingsaufbau (bis in die Kindheit)
- mehr Zeitaufwand für Training und Wettkampf, was zu Konflikten mit der Arbeit führt, daher der Versuch, diesen Abschnitt in die Schulzeit zu verlegen
- größere Erwartungen an die Schule von Seiten der Verbände und Eltern, aber auch seitens des Staates.

Der Lehrer muß daher die Zielsetzungen genau kennen, um die Position verteidigen zu können. Die Schule hat heute auch eine gewisse Schutzfunktion gegenüber unwissenden, ehrgeizigen Eltern und Vereinsfunktionären.

Der Lehrer ist enorm wichtig. Und darum wird heute soviel für eine verbesserte Ausbildung getan: neue Institute gebaut, eine verlängerte Ausbildungszeit garantiert, die Studien wissenschftlich fundiert.

Denn es erfordert heute viel Zivilcourage, aufzustehen und die Herausforderung der Zeit anzunehmen, nämlich zu erziehen, zu wirken:
- Mut zu machen, wo Hoffnungslosigkeit herrscht;
- Neue Ziele zu stecken für jene, die sich selbst billig genügen;
- Freude zu vermitteln, für jene, die in engen Zielen verkrampft sind;
- Jenen zu helfen, die Hilfe am meisten brauchen: die Schwachen, die Schwerfälligen, die Behinderten.

Die Hoffnung unserer Schule liegt nicht in einer krampfhaft gesuchten Progressivität, in einer Flucht in Wissenschaftlichkeit, sie liegt vielmehr in einer neuen Hinwendung zum Menschen. In einer Hinwendung, die nicht kapituliert, die den Problemen nicht ausweicht; nicht resigniert, sondern eine, die bereit ist (auch unter dem Risiko des Scheiterns), die Auseinandersetzung zu tragen zum beiderseitigen Gewinn.

(1977)

Die olympische Idee ist tot - es lebe die olympische Idee !

"Ohne Traum bist Du tot"
(Japanisches Sprichwort)

Wenn man von einem epochalen Ereignis, wie der Landung des ersten Menschen auf dem Mond absieht, gibt es kein anderes Geschehen, das so viele Menschen in seinen Bann zieht, wie die Olympischen Spiele. Wo immer es Einrichtungen des Fernsehens auf der Welt gibt, werden die Eröffnung und die interessantesten Wettkämpfe entweder direkt oder mit Zeitverschiebung übertragen. Man rechnet, daß mehr als eine Milliarde Menschen über die Medien an dieser großen Sportveranstaltung teilhaben.

Da dieses Interesse und diese Einschaltziffern bei weitem höher liegen als etwa bei Fußballweltmeisterschaften (einer ebenfalls über den ganzen Erdball verbreiteten Sportart) muß von den Olympischen Spielen eine besondere Faszination ausgehen, die sie über alle vergleichbaren sportlichen Anlässe hinaushebt. Meines Erachtens liegt dies darin begründet, daß der Schöpfer der modernen Olympischen Spiele, Pierre de Coubertin, ihnen ein besonderes Zeremoniell und eine geistige Grundlage verlieh, die im antiken Vorbild, im vierjährigen Intervall, in der Eröffnungszeremonie, aber auch im olympischen Eid und der Art der Siegerehrung zum Ausdruck kommen.

Dabei muß man zugeben, daß es einige Olympiaden gebraucht hat, bis sich die olympischen Spiele diesen Platz in der Öffentlichkeit erworben hatten. Zweifellos spielten dabei die Medien eine große Rolle, zumal ja durch das Fernsehen es möglich wurde, jedes Ereignis irgendwo in der Welt in die entferntesten Winkel zu übertragen bzw. darüber zu berichten.

Frühe Bestrebungen vor Coubertin

Coubertin war nicht der erste, der die Olympischen Spiele der Antike wieder erwecken wollte. Schon vor ihm waren Soutsos, Zappas, Brookes und Vikelas darangegangen, Spiele in olympischer Tradition auszurichten, kamen dabei aber über regionale Bedeutung nicht hinaus.(Young)

Auch in Ungarn waren einige Persönlichkeiten an einer Wiedereinführung Olympischer Spiele interessiert, wie der Zeitgenosse und Mitstreiter von Coubertin, Ferenc Kemeny. Sie alle sind Zeichen dafür, daß die im Zuge der Ausgrabungen an den historischen Städten gemachten Entdeckungen und Zeugnisse aus der antiken Geschichte das Interesse für eine Renaissance weckten.

Aus heutiger Sicht mag man sich fragen, warum nicht schon die genannten Vertreter den internationalen Durchbruch mit ihrer Idee von der Wiedererwekkung der Olympischen Spiele schafften; oder anders gefragt: Was war es, was den kleinen Franzosen, erst 25jährig, mit seiner Idee erfolgreich werden ließ, als er in der Sorbonne im Rahmen eines Vortrages die Wiedereinführung der Olympischen Spiele vorschlug. Das große Verdienst Coubertins war nicht die Erwähnung einer Wiederbelebung der antiken Olympischen Spiele oder die Organisation von örtlichen oder regionalen Veranstaltungen im eigenen Land, wie sie Zappas, Brookes initiierten, sondern sein weltweiter Erfolg beruht auf einer neuen Vision. Er hat den modernen Olympischen Spielen einen großen Rahmen gegeben, sie mit einer Idee versehen, der man sich verschreiben konnte und dem ganzen einen Schwung verliehen, Faktoren, die eine unvergleichliche Bewegung unserer Zeit geschaffen haben. Aber es kommt nicht nur auf die Idee an, es ist die Ausdauer und die Bemühung über viele Jahre hinweg, die zu einer weltumfassenden Einrichtung historischer Dimension führt.

Olympische Spiele - kein isoliertes Schauspiel

Mehrere Fakten dürften also zusammengewirkt haben, wie die Anknüpfung an Wertvorstellungen der Antike, die Idee der internationalen Verständigung und die Einbettung der Spiele in pädagogische Dimensionen. Einige der Ziele dürfen hier näher angesprochen werden:

Das Quasi-Religiöse im Zeremoniell

Da die Olympischen Spiele der Antike religiösen Ursprung hatten, sie waren ja Zeus gewidmet, hat auch Coubertin versucht, quasi-religiöse Momente bei den Spielen der Neuzeit zu integrieren. Das Weihevolle bei der Eröffnung mit der Symbolsprache der Flaggen, der Hymne, das Gelöbnis der Wettkämpfer im Olympischen Eid, das Zeremoniell der Siegerehrung, die Olympische Flamme mit der später eingeführten Entzündung des Feuers am Ursprungsort der antiken Spiele in Olympia. Auch der Vier-Jahres.Rhythmus der "Olympiaden", der Zählweise der Spiele von einst, muß hier erwähnt werden.

Sehr viel lag Coubertin auch daran, die Spiele in den größeren Rahmen der Kultur einzubetten; Wettbewerbe im literarisch-künstlerischen Bereich zählten bei vielen Spielen zur wichtigen Ergänzung des sportlichen Wettstreits. Coubertin selbst beteiligte sich mit einer Ode an den Sport (unter einem Pseudonym eingereicht) bei den Olympischen Spielen 1912 in Stockholm am Kunstwettbewerb.

Der Amateurgedanke

Eng mit dem religiösen Ursprung verknüpft, ist auch die Forderung als Amateur zu starten. Nicht um einer materiellen Belohnung willen, sondern aus reiner

Hingabe an die Idee. Der Amateur, der aus Liebe seinen Sport betreibt, der sich einsetzt und bemüht, sein Bestes zu geben, kommt mit diesem Bemühen der Gottheit nahe. Sein Verzicht auf einen Profit aus seiner Anstrengung, auf viele Annehmlichkeiten des Lebens ist sozusagen ein Geschenk an die Gottheit. Es ist ein Opfer, das die Gottheit positiv stimmen sollte. Opfer in diesem Sinn führt nicht zur Preisgabe, es ist viel mehr ein Beitrag zur Erhöhung des Lebens, eine Bereicherung im außermateriellen Bereich. Der französische Schriftsteller Saint-Exupery meint, "Nur der allein wird verstehen, was ein Bauerngut ist, der ihm einen Teil seines Selbst geopfert hat, der für seine Rettung gekämpft und sich abgemüht hat, es zu verschönern. Dann kommt ihm die Liebe zum Anwesen. Ein Gut ist nicht die Summe der Einkünfte, darin liegt der Fehler. Es ist die Summe der gebrachten Opfer." (Seite 141)

Das Streben nach Höchstleistung

Für Coubertin, den Pädagogen aus Überzeugung, war die verweichlichte französische Jugend eine Herausforderung, nach Mitteln zu suchen, sie aus ihrer Gleichgültigkeit gegenüber ihren körperlichen Möglichkeiten herauszuholen.

Seine Reisetätigkeit, sein Interesse an anderen Erziehungsformen, insbesondere jene in England, mit einer großen Betonung auch der Spiele und des Sports, haben auf ihn großen Eindruck gemacht. Insbesondere die Ideen von Arnold, denen er die Aktivitäten in den englischen Public Schools zuschrieb, haben ihn sehr beeinflußt. So kam die Überzeugung, daß internationaler Wettbewerb unter der Jugend der geeignete Anreiz für die Entwicklung der eigenen Fähigkeiten bis zur Höchstform bilden könnte. Die Wiederbelebung Olympischer Spiele schien hiefür die geeignete Maßnahme.

So ist es nicht verwunderlich, daß der Leitspruch des Jesuitenpaters und Freundes Didon das "Citius, Altius, Fortius" von Coubertin auch als Leitmotiv für die Bewährung bei den olympischen Wettbewerben angesehen wurde. Diese Eliteidee im sportlichen Bereich ist zur bestimmenden Größe aller Olympischen Spiele geworden. Immer galt es, noch schneller zu sein, noch höher oder weiter zu springen, immer neue Rekordhöhen anzupeilen. Wie so oft, hat diese Idee eine Eigendynamik entwickelt, der man sich im heutigen Sportgeschehen kaum entziehen kann.
Dabei sah Coubertin in der Entwicklung der bestmöglichen Form eines Athleten einen ganz anderen Sinn, als der vordergründige, heute ausschließliche. Für Coubertin ist der Sportler nicht nur jemand, der Sport treibt, sondern einer, durch dessen Tun sich sportliche Eigenschaften manifestieren: Instinkt, Charakter und Bewegung. Immer ist für ihn echte Körperübung eng verbunden mit geistiger Übung und Charakter. Die Idee des Olympismus bedeutet für Coubertin, daß der Sportler nicht bleibt, was er ist, sondern daß er wird, was er werden muß und werden kann. Er kann nicht dort belassen werden, wo er ist, sondern muß sich ständig selbst übertreffen. (Nissiotis)

Ähnlich hat es auch Karlfried Graf Dürckheim in seiner Betrachtung "Sportliche Leistung, menschliche Reife" ausgedrückt: "Was ist eigentlich das tiefste Motiv aller Übung? In welchem Ausmaß ist es noch das Streben nach einer Höchstform des Menschseins oder allein der Ehrgeiz, durch eine Höchstleistung zu glänzen?" Und die Antwort: "In diesem endlichen Dasein, in nie endender Verwandlung und Reifung, ein leibhaftiger Zeuge eines höheren Seins zu werden."
Ein weiteres Ziel seiner olympischen Bewegung war:

"Die gegenseitige Achtung"

Wie schon erwähnt, hat sich Coubertin sehr stark mit pädagogischen Überlegungen getragen. Nach dem 1906 erschienen Beitrag "Die Erziehung des Jugendlichen im 20. Jahrhundert" und der 1912 veröffentlichten Schrift über "eine den Lebensnotwendigkeiten zugewandte Leibesübung", erschien 1915 die Schrift "Die gegenseitige Achtung". Coubertin sieht in dieser gegenseitigen Achtung die Grundlage einer funktionierenden Demokratie. Es geht ihm um eine Kultivierung des Bewußtseins, des Gefühls der Verantwortung als Grundlage einer Sportideologie. Es geht ihm um die Achtung vor den Überzeugungen, die Achtung vor den Lebensbedingungen, die Achtung vor der Persönlichkeit und als Folge davon um die Pflege des Gewissens.
Vieles vom Gedankengut Coubertins ist auch in der neuen olympischen Charta enthalten, die in ihren Grundsätzen unter Punkt 2 folgendes anführt: "Der Olympismus ist eine Philosophie des Lebens, die in einem ausgewogenen Ganzen die Fähigkeiten des Körpers, des Willens und des Geistes in sich vereinigt und überhöht. Indem Sport, in Kultur und Erziehung eingebettet wird, sucht der Olympismus eine Lebensweise zu schaffen, die auf der Freude der Anstrengung, den erzieherischen Werten des guten Beispiels und der Respektierung grundlegender, sittlicher Werte beruht".
Coubertin widmete sich mit großer Hingabe dieser Idee, er versuchte sein ganzes Leben lang, unter Einsatz auch der persönlichen Mittel dieser olympischen Bewegung als einer geistigen, erzieherischen und humanitären Aufgabe zum Durchbruch zu verhelfen.
Und wenn man nach seinem Tode sein Herz aus dem Leichnam nahm, um es in einer Stele am Fuß des Berges Chronion in Olympia beizusetzen, so hat diese Geste eine große symbolische Bedeutung. Dieses Herz ist tatsächlich der olympischen Idee so verbunden gewesen, hat immer für ihren Erfolg geschlagen, hat ihr alles geopfert, daß diesem Herzen wirklich ein besonderer Platz an dieser heiligen Städte gebührt.

Was blieb von der Idee ?

Obwohl man beim Olympismus nicht von einer Religion oder einem kultmäßigen Phänomen sprechen kann, hat die in diesem Jahrhundert stattgefundene Säkularisierung der Religionen, der Abbau von Autoritäten und die Gering-

schätzung von lange tradierten Werten auch zu einer Veränderung der geistigen Grundlagen des Olympismus beigetragen. Bei den Olympischen Spielen ist die Leistung, der Rekord als das von den Medien verklärte Ziel bestimmend geworden. Aus dem Fest der Völker, aus dem Treffen der Jugend der Welt, ist der Vergleich der Nationen in den Vordergrund gerückt. Wie in allen Bereichen einer industriellen konsumorientierten Welt, regiert auch im olympischen Sport schließlich das Geschäft.
Der Spitzensport wird immer teurer, der Sport entwickelt sich zum Zirkus, die Stars kosten Geld und das Umfeld (die Trainer, die ärztliche Betreuung, die wissenschaftlichen Begleitmaßnahmen, die Strukturen der Verbände) ebenso.

Die Abschaffung des Amateurgedankens

Das erste Hindernis bei einem stärker auf Höchstleistung ausgerichteten Sport war der § 26 der olympischen Charta, die Amateurregel. Die Auslotung der Leistungsgrenzen verlangte nicht nur eine immer professionellere Betreuung, sie beanspruchte vor allem den Athleten in einem Ausmaß, das keine andere Beschäftigung nebenher ermöglichte. Folgen dieses Sachzwanges waren zunächst eine Ausdehnung des Trainingsaufbaues über 6-8 Jahre, die, um nicht mit der Arbeitswelt in Konflikt zu geraten, zu immer früherer Spezialisierung führten. Verschiedene Modelle der Betreuung wurden entwickelt, wie die Jugendsportschulen, die Skigymnasien, die Trainingszentren, die Einbindung von Spitzenathleten in militärische Organisationen, ohne daß sie wirklich Militärdienst leisten mußten, Scheinverträge mit Firmen, die eine völlige Freistellung für Training und Wettkampf ermöglichten.

Die gehandhabte und im Interesse des Erfolges der einzelnen Nationen auch gedeckte bzw. tolerierte Praxis, führte zu olympischen Meineiden und damit auch zur Aushöhlung dieses Symbols "Olympischer Reinheit". Wohl wurde versucht, durch Neudefinition des § 26 den geänderten Bedingungen Rechnung zu tragen, aber die Regeln hinkten den effektiven Entwicklungen immer nach.

Wenn heute an den Olympischen Spielen mit Duldung des IOC Tennismillionäre teilnehmen können und einen attraktiven Teil des olympischen Programms ausmachen, ist es kaum mehr verständlich, daß vor nur 20 Jahren Karl Schranz von den Olympischen Winterspielen in Sapporo ausgeschlossen wurde, weil er bei einem Juxfußballspiel eine Werbung für eine Kaffeefirma trug.
In unserer Zeit, in der auch in den sogenannten "Amateursportarten", wie etwa der Leichtathletik für das Antreten von Spitzenathleten bei internationalen Meetings Startgelder in beachtlichem Ausmaß hingelegt werden müssen, in der auch die Aufnahme von Golf in das olympische Programm diskutiert wird, ist es kein Wunder, daß das Verständnis für den Amateurgedanken völlig verloren gegangen ist. Auch das IOC selbst weiß den Marktwert der Olympischen Spiele zu nützen und hat bei der Vergabe der Fernsehrechte für die Übertragung der

Spiele in den letzten zehn Jahren enorme Summen erwirtschaftet, die sowohl den Veranstaltern, den internationalen Fachverbänden wie auch der olympischen Solidarität zugute kommen.

Aber mit der Preisgabe des Amateurgedankens, des Sporttreibens um der Liebe zum Sport willen, ist auch das Quasi-Religiöse der Spiele dahin. Geblieben ist das Schauspiel, der Elitegedanke in seinem jetzt eingeengten Sinn der Verwirklichung des Rekordes, der Höchstleistung. Es ist ein Sieg des Marktes über die Idee. Bestimmend ist die Zahl, die respektable Weite, Höhe oder Zeit, nicht aber die Einstellung, die Haltung, die einen Menschen ausmachen. Und im Zeitalter der Marktwirtschaft, des Konsums ist die Vermarktung eines Sieges, einer Leistung, die Grundlage für den Erfolg. Überall, wo der Markt, die Ware, der Konsum und das Wachstum an erster Stelle stehen, spielen die Werbung und die Medien die wichtigste Begleitmusik. Daher richten sich in manchen Austragungsorten von Olympischen Spielen die Wettkampfzeiten nicht mehr nach den sportlichen Erfordernissen, sondern nach den Einschaltziffern, also der günstigsten Sendezeit.

Die ursprüngliche Idee der olympischen Bewegung, die ideelle Grundlage der Spiele, wie sie Coubertin in idealistischer Weise sich ausgedacht hat, ist tot.

Wie könnte es weitergehen, hat mich vor drei Jahren der amerikanische Professor John Lucas gefragt, im Hinblick auf die Olympischen Spiele, auf das IOC und auf die olympische Bewegung.

Ich habe ihm damals folgendes geantwortet:

1. Die Olympischen Spiele werden noch professioneller organisiert und von den Leistungen diktiert werden und sich dabei mehr und mehr von den idealen Coubertins entfernen. Aber als eine Zusammenkunft des Weltsports werden sie nicht an Attraktivität und Bedeutung verlieren.

In einer von den Medien dominierten Welt wird das Interesse für herausragende Ereignisse sich noch verstärken und die Spiele werden davon finanziell profitieren. Da letztlich das Ergebnis das einzige ist, was zählt und was den Markt bestimmt, könnten wir auch bald eine Entwicklung vorfinden, die Doping nicht mehr verurteilt (ähnlich wie es mit dem Amateurparagraphen geschehen ist, weil es immer problematisch sein wird, den Dopinggebrauch zu kontrollieren).

2. Das IOC wird dem Trend der letzten Jahre folgen, d.h. so viel finanziellen Gewinn aus den Olympischen Spielen wie möglich ziehen, um damit

a) den hohen Leistungsstandard in den Sportarten aufrechtzuerhalten,
b) die geeigneten Austragungsorte für die Spiele mit großer Werbewirkung zu sichern
c) und damit auch zu einem gewissen Grad die internationale Sportentwicklung in den Ländern der Dritten Welt zu unterstützen.

Die Politik wird eine weniger wichtige Rolle in der Organisation der Spiele haben, jedoch der Einfluß des Geldes wird noch weiter anwachsen. Es wird auch kaum mehr einen Boykott der Spiele geben, weil man daraus keinen politischen Gewinn schlagen kann.

Die olympische Bewegung

Es wird anerkannt, daß sie eine wichtige Rolle in der Erziehung, in der Sportkultur und im Zusammenleben der Menschen spielt. Es wird auch anerkannt werden, daß sie von großer Wichtigkeit für den Erziehungsprozeß, für die Leibeserziehung und für die Sozialisation ist. Die Frage wird nicht mehr sein: "Markt oder Tempel", sondern "Markt und Tempel".

Aber die Kluft zwischen den Olympischen Spielen und der olympischen Philosophie wird noch größer werden. Es ergibt sich eine ähnliche Situation wie in einigen Kirchen. Der Unterschied zwischen Kirche als einer Institution und Kirche als einem Phänomen des Glaubens wird größer, jedoch kann weder das eine ohne das andere auskommen. Je länger die Kluft allerdings besteht, desto schwieriger wird es sein, die olympische Idee zu verbreiten.

Wir brauchen eine Rückbesinnung

Die durch die moderne Medienlandschaft auf das Außergewöhnliche, auf die Sensation konditionierte Gesellschaft, wird den großartigen Leistungen weiterhin aufgeschlossen gegenüber stehen, wird die Leistungen bewundern, auch wenn sie manchmal um den harten Preis der Gesundheit, der Anständigkeit und der Ehrlichkeit erreicht wurden. Wir werden vor allem auch jenen Sportlern besonderen Respekt zollen, die in ihrer (oder trotz ihrer) sportlichen Professionalität mit ihrem Auftreten, ihrem Engagement, ihrer natürlichen Haltung ein Vorbild in jeder Hinsicht bleiben, die neben dem Sportlichen auch ganz andere Dimensionen in der Persönlichkeit durchschimmern lassen.

Aber der Sport ist kein Spielfeld nur für die Spitze, für die Olympiateilnehmer und Weltklasseathleten. Der Sport ist vor allem ein Betätigungsfeld für viele und ein Bewährungsfeld für jeden einzelnen. Und die olympische Idee, als eine Kategorie menschlichen Bemühens, wendet sich nicht nur (oder heute am wenigsten) an die Weltspitze. Sie ist eine zutiefst humanistische Bewegung. Und während es von ihrer Veranlagung her nur wenigen Menschen vorbehalten ist, in die internationale Spitze vorzustoßen, ist die Verwirklichung der olympischen Idee für alle offen. Und von diesem Gesichtspunkt her, sind auch die Ziele für uns lebendig wie eh und je. Natürlich nur unter der Voraussetzung, daß wir Erziehung, lebenslanges Lernen, als eine Grundlage der gesellschaftlichen Entwicklung und für ein erträgliches Zusammenleben unter den Menschen betrachten. In den letzten Jahrzehnten waren zwar Tendenzen zu wertneutralem Handeln, zur Versachlichung des Unterrichtens, zum Abbau vieler Hierarchien

aktuell und entsprachen dem Zeitgeist. Aber Entwicklungen der jüngsten Zeit beweisen gleichzeitig, daß es in der Erziehung nicht ohne Wertevermittlung, ohne einen moralischen Beziehungsrahmen gehen kann. Dem Egoismus der Erfolgsgeneration ("Du mußt um jeden Preis gewinnen !") müssen andere Kategorien, wie Toleranz, Fairneß, Solidarität gegenübergestellt werden.
Hat es also einen Sinn, sich an die ursprünglichen Wertvorstellungen zu halten ? Ich glaube, wir brauchen dringend eine Orientierung. Die olympische Idee könnte für uns so etwas wie "das Gewissen des Sports" sein, eine Magna Charta sportlich fairen Verhaltens für alle.

Und hier erfährt der Elitegedanke einen erweiterten Sinn, wie ihn Coubertin verstand.

Citius: Nicht nur schneller im Lauf, sondern auch im Sinne der Auffassungsschnelligkeit, der Lebendigkeit des Geistes.
Altius: Höher, nicht nur in einem erstrebten Ziel, sondern auch zur moralischen Erhöhung des Individuums.
Fortius: Nicht nur tapferer in den Kämpfen auf dem Sportfeld, sondern auch im Existenzkampf.

Die gegenseitige Achtung ist heute durch den Fairneßbegriff ersetzt worden. Wenngleich die von Coubertin beschriebenen Aspekte nicht deckungsgleich mit den heutigen Auffassungen der Erziehung zur Fairneß sind, bedeutet sie doch eine wesentliche Grundlage für das Zusammenleben von Menschen. Wendet sich der Elitegedanke in erster Linie an die Einzelpersönlichkeit, tritt in der Fairneß eher der soziale Aspekt hervor. Unter Fairneß versteht Röthig (131) vor allem die Anerkennung und Einhaltung der Spielregeln, den partnerschaftlichen Umgang mit dem Gegner.
Die Fähigkeit sich in kritischen Situationen des Kampfes und des Wettstreites von der eigenen Rolle zu distanzieren, auf gleiche Chancen und Bedingungen zu achten, das Gewinnmotiv zu "begrenzen", "rechte Haltung in Sieg und Niederlage", "echten Einsatz der eigenen Kräfte".

In vielen Ländern gibt es Bemühungen, der Fairneß im Sport zu mehr Anerkennung zu verhelfen. Besonders die nationalen olympischen Akademien haben hier viele Initiativen entwickelt. Vorbildliche Aktionen wurden auch schon früh in der Bundesrepublik Deutschland gesetzt.

Die Zielsetzung dieser Fair-Play-Initiative faßte Willy Daume in folgenden 6 Thesen zusammen:

1. Fair-Play ist eine der wichtigsten Zukunftsfragen des modernen Sports und wird dessen geistige Richtung bestimmen.
   Es bedeutet mehr als die Beachtung der Regeln, die doch nur einen minimalen Konsens darstellen.

2. Der Gewalt im Sport kann auf die Dauer nur mit Hilfe einer breiten Bewußtseinsbildung begegnet werden. Eine große gemeinsame Aktion ist deshalb von Nöten, um auch zahllose kleine Initiativen auszulösen.
3. Fairneß gehört nicht automatisch zum Sport, sie muß anerzogen werden. Der Zusammenarbeit von Schule und Sportverein kommt dabei eine besondere Bedeutung zu.
4. Ein neues Bewußtsein für fairen Sport kann nur langsam wachsen und daher erst mittelfristig wirksam werden; vorausgesetzt ist die gemeinsame Anstrengung vieler.
5. Die Mitarbeit der Medien ist für die Bewußtseinsbildung im Sinne der Fairneß unerläßlich; sie sind ebenfalls herausgefordert.
6. Faires Verhalten im Sport erfordert auch faires Verhalten in anderen Lebensbereichen; so sind die anderen großen gesellschaftlichen Gruppen ebenfalls Adressaten unserer Fair-Play-Initiative und Mitträger der Fair-Play-Erziehung (vergleiche Singer).

Der Amateurismus, heute im Spitzensport und Hochleistungssport nicht mehr oder kaum vorhanden, ist dennoch das eigentliche Merkmal des Sports. Hunderttausende Aktive, um der Freude an der Bewegung willen für sich selbst oder in unzähligen Vereinen tätig, sind die eigentlichen Träger des Sports. Was täten die Sportvereine ohne die tausenden ehrenamtlichen Funktionäre, die jahraus, jahrein ihre Begeisterung, ihre Zeit und ihre Energien für die Mitglieder ihres Vereines zur Verfügung stellen.

Es ist heute nicht mehr so, daß 100 Sport treiben müssen, damit sich 20 spezialisieren und davon 5 zu überragenden Leistungen befähigt werden; diese Pyramide ist keine Voraussetzung für die Erringung von Olympiasiegen.
Es gibt hochspezialisierte kleine Sportgruppen, mit einer sorgfältigen Vorselektion und entsprechender wissenschaftlicher und sportlicher Betreuung, die erfolgreicher sind als Nationen, mit einer riesigen Zahl von Aktiven, deren Selektionsmechanismen alleine noch keine internationalen Erfolge garantieren. Aber wenn man vom internationalen Erfolg absieht, kann es nur begrüßenswert (und künftig auch notwendig) sein, möglichst viele Menschen für ein bewegungsfreudiges Leben zu motivieren.

So sollte die olympische Bewegung das mahnende Gewissen der Sporttreibenden sein. Ich könnte mir vorstellen, daß das Unbehagen des Internationalen Olympischen Comitès über die Kluft zwischen der Schöpfung Coubertins und den Olympischen Spielen von heute die Bereitwilligkeit anheben wird, mehr für die Erhaltung der olympischen Idee zu tun. Es wird mehr Kunstwettbewerbe, Kongresse, internatinonale Stiftungen, mehr Anerkennung für die Internationale Olympische Akademie und die Nationalen Olympischen Akademien geben, um das verbreiten zu helfen, von dem man annimmt, daß es das Richtige ist, auch wenn man das Verkehrte tut, wenn diese Entwicklung nicht stattfindet, wenigstens halbherzig, werden die Olympischen Spiele ihren Glanz und ihren quasi-religiösen Status verlieren und nur eines von vielen Sportereignissen sein, ohne das Flair der Einmaligkeit.

Literaturhinweise:

Coubertin, P.de: Die gegenseitige Achtung (Hrg. Carl-Diem-Institut) St. Augustin 1988

Dürckheim, K.: Sportliche Leistung - Menschliche Reife. Aachen [4]1986

Nissiotis, N.: Pierre de Coubertin as a Philospher. The problem of the Religio Athletae. In: Olympic Message (IOC) 15/1986

Röthig, P. (Hrg.): Sportwissenschaftliches Lexikon. Schorndorf [5]1983

Saint-Exupery, A.: Flug nach Arras. Hamburg 1956

Singer, R.: Im Brennpunkt. In: Sportunterricht 4/1987

Young, D.C.: A New History of the Modern Olympic Revival. Soutos, Zappas, Brookes, Vikelas and Coubertin. Referat im Rahmen der Internationalen Olympischen Akademie, Mai 1992, Manus.

(1993)

Der kleine Fuchs

Als der kleine Fuchs zum zwanzigstenmal versuchte, eine kleine Mauer zu überklettern und dabei immer wieder hinunterkugelte, spottete die Krähe, die ihn beobachtet hatte: „Aus dir wird nie etwas Gescheites!"
Das ärgerte den kleinen Fuchs sosehr, daß er beschloß, Olympiasieger zu werden. Von da an ließ er keinen Augenblick aus, an diesem Ziel zu arbeiten. Er wuchs rasch, kaufte sich ein Gewehr und begann jeden Tag zu üben. Anfänglich machte ihm die Gewehrhaltung noch große Schwierigkeiten; liegend ging es ja noch, aber der Stehend-Bewerb war kaum zu bewältigen. Viele Wochen und Monate übte er, auf den Hinterbeinen die Balance zu halten. Immer wieder kippte er dabei nach hinten um, wenn er das Gewehr zu schnell nach oben riß.
Aber nichts ist unmöglich, sagte er sich. Und so kam dann auch wirklich die Zeit, da er immer öfter ins Schwarze traf. Man wurde auf ihn aufmerksam, förderte ihn noch zusätzlich mit Spezialnahrung, die nicht auf der Dopingliste stand und war so begeistert von der Konstanz seiner Leistungen, daß man ihn wirklich zu den Olympischen Spielen entsandte. Gewisse Probleme machte noch die Einkleidung. Aber bei ihm wenigstens war man gewiß, die maßgeschneiderten Stücke würden nicht mit anderen vertauscht werden.

Und bei den Wettkämpfen schoß er unbeirrt und ohne Beeinträchtigung durch die Vorhersagen der Zeitungen (er konnte ja nicht lesen, und das Fernsehen interessierte ihn auch nicht).
So wurde er schließlich Bester und bekam die Goldmedaille. Als die Fahne für ihn hochgezogen wurde, war er so gerührt, daß er die Hymne seines Landes gar nicht mitsingen konnte.

Nach all den Feierlichkeiten für seinen Sieg kehrte er in seinen Wald zurück. Auf diesen Augenblick hatte er sich all die Jahre schon gefreut. Stolz ließ er seine Goldmedaille in der Sonne blitzen. Die Krähe äugte neugierig nach diesem hellen Schein, verschwand aber schleunigst hinter dem Baumstamm, denn der Meisterschütze hätte sich ja ihres Spottes noch erinnern können. Vorsichtshalber rief sie von weitem: „Gratuliere, gratuliere, hätt' ich dir gar nicht zugetraut."
Der Fuchs warf sich in Position, gab aber gleich nach und sagte: „Ich mir auch nicht. Aber manchmal hilft einem ein rechter Ärger über viele Schwächen und manche Faulheit hinweg."

„Das haben wir also gut gemacht", krächzte die Krähe und flog beruhigt weiter.

Geplanter Irrealismus

In keiner anderen Abteilung des Ministeriums für den geplanten Irrealismus gab es so viel Beschäftigung wie im Amt für die Ausführung unmöglicher Vorschläge. Diese Einrichtung war sozusagen die Stabstelle, in der zunächst alle Einlaufstücke gesichtet und die einzelnen Anliegen geprüft wurden. Sobald die Sinnlosigkeit bzw. die Undurchführbarkeit einer Idee festgestellt wurde, legte man einen Akt an und der Behördenbetrieb konnte anlaufen.

Zunächst gab der Sachbearbeiter seine Meinung ab und stellte das Geschäftsstück dann anderen Abteilungen mit der Bitte um Stellungnahme zu. Manche einleuchtende und leicht zu lösende Fälle blieben dann in den Abteilungen liegen, weil ihre Bearbeitung reizlos erschien. Besonders verzwickte und absurde Vorschläge forderten die ganze Unkenntnis des Beamten heraus, die er dann in langen Tiraden und verworrenen Sätzen unter Hinweis auf allerlei Paragraphen und fehlenden Orientierungen niederschrieb. Dies gab dem nächsten Begutachter die Gelegenheit, auf das Unverständliche ebenso exakt zu erwidern.

Wenn nach Wochen des Aktenlaufes das Geschäftsstück zum Sachbearbeiter zurückkehrt, zieht dieser das Resümee aller Meinungen und schreibt in den Akt unter geringfügiger Änderung des Vordruckes bisheriger Erledigungen an den Einreicher folgendes zurück:

„Ihre überaus interessante Arbeit über die Anwendung der entgleitenden Arbeitszeit wurde hieramts durch die zuständigen Abteilungen geprüft und eine Umsetzung in die Praxis in Erwägung gezogen.

Aufgrund der eindeutigen und klaren Vorschläge wurde beschlossen, zunächst eine Unterkommission einzurichten, die zu gegebener Zeit Richtlinien erlassen wird, die eine Realisierung Ihres Projektes in nächster Zeit völlig unwahrscheinlich erscheinen läßt.

Wir danken jedenfalls für Ihr Interesse und hoffen auf weitere wertvolle Beiträge von Ihnen in der angedeuteten Richtung."

Vier Schritte reichen bis zur Ewigkeit

(aus dem Tagebuch eines Lehrers)

Du liegst die ganze Nacht wach und zerbrichst dir den Kopf, um zu erfahren, wofür du da bist. Und was nach solch durchgrübelter Nacht übrigbleibt, das Schlußprodukt, ist ein einziger Satz, der dir vom Augenblick seiner endgültigen Formulierung nie wieder Ruhe läßt. Er verschwindet zwar vorübergehend, doch nur um sich in hundert Varianten gänzlich zu erhärten:

Erziehen heißt manchmal, den anderen zu helfen, das Leben ebenso falsch zu gestalten, wie man es selbst gemacht hat.

Das ist eine betrübliche Erkenntnis und doch hat sie eine ganz einfache Argumentation. Du hast immer geglaubt, die Art, wie due das Leben hinbringst, genau in der Mitte zwischen Zerstören und Zerstörtwerden, sei die richtige; und du hast dich indirekt bemüht, diese Philosophie weiterzugeben. Nein, du hast es nie offen gesagt, aber da in der Erziehung nur die Dinge zählen, die du mit Überzeugung bringst und mit deinen eigenen Taten unterstreichst, werden sie es wohl so aufgefaßt haben.
Und nun bist du da kaum vier Schritte von jenem Menschen entfernt, den du liebst und der dir dieses Gefühl erwidert, du bist da und spürst wie sehr es ihn verlangt, daß du zu ihm kommst, wenn auch nur so kurz um zu sagen: „Verzeih, ich habe es nicht so gemeint!“ Und dies wäre zwar nicht die volle Beseitigung deiner Schwierigkeit, aber immerhin der erste Schritt zu einer Lösung. Du erkennst dies klar, wenn du stundenlang darüber nachdenkst und wenn du überdies spürst, wie elend dem anderen zumute ist, der sich ebenso quält, glaubst du wohl, es müsse nicht schwer sein, diesen ersten Schritt zu tun. Aber du vermagst es nicht. Du bleibst in deiner schmerzlichen Einsamkeit und während zu weißt, was du zu tun hättest, denkst du bereits an morgen und ahnst, daß eben diese Einsamkeit dich zur anderen treiben wird, nur weil es dort vielleicht ohne Probleme abgeht.

Und dann denkst du wieder an die Schule und versuchst herauszufinden, wofür man die jungen Menschen eigentlich erzieht und was wohl alle Bemühungen und all die Jahre wert seien, wenn sie nicht helfen, diese eine und alle ähnlichen Entscheidungen zu treffen. Und du denkst, du hast den Beruf verfehlt und du hättest etwas ganz anderes werden müssen. Politiker vielleicht; und du siehst dich auf den vielen Konferenzen, bei denen du dich zu Wort melden würdest. Aber auch hier wäre es immer wieder nötig, jenen ersten Schritt zu tun, der das Leben, das Zusammenleben, erst ausmacht.
Du würdest also auch darin versagen!

Dies zu erkennen ist schmerzlich, wenn man den Vorsatz hat, aus dem Leben das beste zu machen und man sich überdies schon die Gewohnheiten eines halben Lebens zueigen gemacht hat. Es sind die Gewohnheiten, die dich binden und in eine unausweichliche Richtung drängen. Siehst du, da hast du es nun. Du bemühst dich, den jungen Menschen Konsequenz beizubringen, ja Konsequenz nennst du es immer, Beharrlichkeit in den Gewohnheiten. Du erziehst sie nach einem strengen System, das zuerst sehr mühselig ist, für später aber die Gewißheit verleiht, immer den Weg des geringsten Widerstandes beschreiten zu können. Denn das garantieren die Gewohnheiten, sie haben sich so eingeschliffen in dein Wesen, daß das Ausführen der Routinegeschäfte dich keiner großen Anstrengung bedarf. Es ist sozusagen das Ziel jeder Erziehung!

Und dann kommt solch ein Abend oder Morgen des Erwachens - obwohl du gar nicht geschlafen hast, - wo du merkst, du hast es nicht fertiggebracht, die kleine Entscheidung zu fällen, weil sie eben außerhalb deiner Gewohnheiten lag, weil sie das Unbekannte miteinschloß, das Risiko des Neuen, des Schmerzes, der späteren Enttäuschung, eine neue Mühe mit einem Wort.

Du hast die winzige Feuerprobe nicht bestanden, die als Grundlage jeden Glaubens, jeder Form der Gemeinschaft überhaupt gelten muß. Und nach solch einer Nacht gehst du dann hinein in deine Klasse und weißt trotz gewissenhafter Vorbereitung nicht, was du den Schülern sagen sollst.
Du stehst vor ihnen, und während sonst die Worte ohne Hemmnis aus dir fließen, stehst du nun da und schweigst. Du stehst unbewegt und tauchst ein in das ewig große Schweigen der Menschheit. Und die dich ansehen aus vierzig Augenpaaren sind diesmal ruhig, ohne dazu ermahnt worden zu sein. Sie spüren die menschliche Tragödie, die sich da vor ihnen vollzieht. Sie begreifen einen Augenblick lang die tragische Ursituation ihres Daseins. Sie sind vielleicht erschüttert, sie sind zum ersten Mal ergriffen von deinem Unterricht, denn sie spüren: In diesem Schweigen zumindest bist du wahr.

Und dann werden wieder die vielen hundert und tausend Stunden kommen, die du aus Gewohnheit hältest, aber es werden nie mehr ganz die Stunden sein, die du vor dieser Nacht der Erkenntnis hieltst. Es werden Stunden der Gewohnheit sein aber mit dem Wissen der Folgen dieser Gewohnheit. Du wirst nicht mehr ganz so unerbittlich sein im Fordern deiner Prinzipien, nicht mehr so unumstößlich im Vorbild und nicht mehr so gerecht-hart in deinem Urteil.

Und bei den Schülern wird diese Stunde deines Schweigens in Vergessenheit geraten über ihre eigenen Gewohnheiten und Probleme. Sie werden deine Ratschläge aufnehmen, nur strenger und konsequenter als du sie jetzt fordertest, sie werden sie mehr als du willst zu unumstößlichen Prinzipien machen und sie dem Leben voranstellen. Sie werden dies tun, bis sie sich eines Nachts oder eines frühen Morgens erinnern an die Stunden deines Schweigens und selbst zu wissenden Schweigern werden.

Sie werden ebenso wie du nicht den Mut haben, der Welt zu verkünden, daß sie bislang alles falsch gemacht haben, weil sie diese eine Entscheidung nicht einkalkuliert haben, jene Entscheidung, die dich täglich von einem Gewohnheitstier zu einem mit Glück, Schmerz, Mut, Ungewißheit und Zuversicht, mit Verzweiflung und Liebe erfüllten Menschen macht.

Die Sache mit dem Damm

Das war wirklich ein Ereignis in jenem Winter im Krieg, und schuld daran waren eigentlich nur zwei Lausbuben, Brüder genauer gesagt, und der eine davon war ich.

Unsere Familie war erst vor wenigen Monaten in diesen Ort übersiedelt, weil mein Vater der hiesigen Schule als Turnlehrer zugeteilt worden war. Es war ein schrecklich ödes Nest und überdies ein trostloser Winter: Ringsum die herrlichsten Berge und Hänge, doch kein Flecken Schnee. So standen unsere Bretter nutzlos am Boden und die Schlittschuhe ... wozu Schlittschuhe, wo es doch kein Eis gab. Wochenlang klirrende Kälte, Rauhreif, Eisblumen am Fenster, aber nirgends ein Eisplatz, nirgends ein Teich. Einfach zum verzweifeln, wo wir noch sonst keinen Tag Winter versäumten.

Lange suchten wir eine Lösung. Und dann kam mir plötzlich jene ausgefallene Idee, ein Hirngespinst, geboren aus Langeweile und Übermut. „Der Mühlgang, der Damm am Mühlgang", kam es aus mir heraus und schon eilten wir über die Wiesen hinunter zum Mühlgrund.

„Hier", sagte mein Bruder und zeigte auf eine Stelle im Damm, „hier ist er am niedrigsten, da sind wir bald auf Wasserspiegelhöhe". Der Boden gab nur langsam nach. Wir hackten schon stundenlang und schwitzten, wohl mehr aus Angst, beobachtet zu werden, denn ganz geheuer war die Sache ja nicht. Allmählich hatten wir das Wasserniveau erreicht, doch welche Enttäuschung: das Wasser floß viel zu langsam. Es hätte Wochen gedauert, ehe unser Plan verwirklicht worden wäre. Da kam mir die zweite Idee: „Wir brauchen einen Balken, um das Wasser ein wenig zu stauen!" rief ich, denn das Rauschen der Wellen war ziemlich laut geworden. Johannes nickte nur und wir gingen. Bei uns gab es nie ein Woher, jeder Junge weiß, wo es Dinge gibt und wo es sie nicht gibt, wann man sie holen kann, ohne erwischt zu werden und wo man besonders aufpassen muß.

Es war schon dunkel, als wir am Damm knieten, um den flußabwärts treibenden Pfosten ans Ufer zu lotsen. Das Übrige war bald getan. Ganz klappte die Sache allerdings noch nicht, deshalb wollten wir am folgenden Morgen wiederkommen. Am Heimweg überdachten wir unsere Ausreden und dann gingen wir in die Waschküche, wo wir uns rasch sauber machen konnten, ehe uns jemand sehen konnte.

In den nächsten Tagen gab es eine große Aufregung in unserer Gemeinde. Der Balken am Wasser hatte das Treibeis gestaut, durch die Kälte bildete sich an dieser Stelle außerdem noch Grundeis und schon war das Unglück passiert. Die ganze Nacht hindurch überflutete das Wasser des blockierten Mühlganges die angrenzenden Felder und Raine. Das Elektrizitätswerk und die Mühle standen still, bis das Grundeis gesprengt war. Die Zeitung brachte einen spaltenlangen Bericht von dem Vorfall und man munkelte schon von Sabotage und „südlichen Agenten". Und die örtliche Wehrabteilung hatte einen Sonderappell zur besseren Durchführung des Flurschutzes erlassen.

Das Eis aber glich einem Märchen. Täglich zogen wir unsere weiten Bogen, huschten unter Erlen und Weiden dahin und freuten uns so ganz des Winters. Jedes Fleckchen der spiegelnden Fläche eroberten wir uns, nur die Stelle am Damm, die Stelle mit dem Balken, mieden wir. Mein Vater ging sogar mit der ganzen Schule hinunter zum Mühlgrund, um allen Schülern das Eislaufen zu lehren. Er erklärte uns auch, wie es zu einer Grundeisstauung kommen kann und führte uns zu diesem Zwecke zu der blockierten Stelle am Flußbett. „Herr Lehrer", sagte da plötzlich einer, „hier liegt ein Werkzeug unterm Eis!" Uns ging es durch und durch. Mein Vater schaute prüfend durch die glasklare Schicht und dann traf sein Blick meinen Bruder und mich. Wir Idioten hatten in unserem Arbeitseifer auf den Krampen vergessen. Es war für meinen Vater nicht schwer, das eigene Werkzeug zu erkennen, hatte er es doch schon hundertemale in seinen Händen gehabt.

Ich erinnere mich heute nicht mehr, was der Schüler zur Antwort bekam, damals wußten wir nur eines: es setzt Prügel. Schuldbewußt schlichen wir uns nach Hause. Im Zimmer angelangt, setzten wir uns gleich zu unseren Aufgaben. Ein guter letzter Eindruck hatte die Strafen oft gemildert. Dann trat der Vater ein, ging zum Ofen und trocknete die Schlittschuhe. Gespannt hielten wir den Atem an, aber nichts geschah. Tagelang nichts. Und wieder tollten wir am Mühlgrund und es ereignete sich immer noch nichts. Manchmal waren auch drei auf dem Eise: ein Mann und seine beiden Söhne. Lange schauten wir über die weite Fläche, in der sich die Wintersonne spiegelte und dann blickten wir einander an und lächelten schelmisch.

Sabotage sei sehr gefährlich, hatte einmal jemand gesagt; aber mein Vater kann dichthalten. Ich glaube, er ist ein feiner Kerl.

Bahnen

Von den Gestirnen wissen wir,
daß sie in ein festes System
von Bahnen eingefügt sind,
oder genauer
in verschiedene Systeme,
die sich alle wunderbar
im Gleichgewicht halten.

Diese Bahnen sind
berechenbar,
ja unsere irdische Zeit
leitet sich vom Gang
der Sonne ab und vom Mond
als blassen Widerpart
unserer Monde oder Monate.

Nur ganz selten passiert es,
daß ein Teilchen aus diesem Gefüge
herausfällt, entgleist sozusagen
und damit zur Sternschnuppe wird.
Ob es so heißt, weil es ihm „schnuppe" geworden ist,
in vorgegeben Bahnen sein Dasein zu fristen,
weiß ich nicht.

Aber stellen wir uns vor,
ein ganzer Planet
würde einmal seine Bahn verlassen
und sich auf unbestimmte, nicht mehr berechenbare,
Wanderschaft begeben,
welch gewaltigen Einfluß
hätte dies auf das restliche Gefüge.

Eben diese Angst
vor ungeahnten Auswirkungen
lassen auch Eltern, Lehrer
und Politiker
erzittern,
wenn jemand seine Schritte
in ganz unerwartete Richtungen setzt.

Nachtrag zum Schöpfungsbericht

Da ich mit diesem Beitrag zur Festschrift für Prof. Heinz Lutter sicher aus dem Rahmen falle, möchte ich zwei Erklärungen, oder genauer Entschuldigungen, anführen.

Die erste: in einer Sammlung von „wissenschaftlichen Abhandlungen“ fühlte ich mich mit einem Beitrag, der nicht diesen Kriterien entsprach, fehl am Platz. Ich bin kein Forscher und auch kein Wissenschafter im engeren Sinn.
Die zweite Erklärung hängt mit dem zu Ehrenden zusammen: Heinz Lutter ist für mich seit unserer ersten Begegnung beim Internationalen Kongreß des IAZL 1978 in Holland zum Thema „Sport an Berufsschulen“ durch sein Eintreten für eine Leibes**erziehung** zu einem Begriff geworden.
Seine klare Orientierung am Menschen in einer Zeit der „wertneutralen“ Pädagogik und seine Bemühung um eine ganzheitliche Sicht unserer Probleme hat mich beeindruckt.
Und weil ich weiß, daß die Familie Lutter auch eine sehr musische ist, hoffe ich, mit meinen Anmerkungen (unter dem Motto: „H.A. kramt in seinen Notitzzetteln“) eine kleine Freude zu bereiten. Ein gewisser Bezug zu unserem Fachbereich ist im den folgenden Versuch dennoch gegeben.

Am achten Tage aber, als
Licht und Dunkel und
Erde und Wasser getrennt,
und all die Blumen,
die Tiere und auch die
Menschen erschaffen waren,
nahm der Herrgott
zwei Ahornblätter vom
schönsten Baum im Paradies,
er fügte sie kunstvoll
zusammen und machte ein
Art Papierflieger daraus.
Er warf dieses Gebilde
hoch in die Lüfte, folgte
den unberechenbaren Bewegungen,
freute sich über die
unbestimmbaren Bahnen,
dachte an eine Verbesserung
der Konstruktion -

und erfand so das Spiel.

Kiesel

Sie standen am Ufer, jeder hatte eine Handvoll flacher Kieselsteine, die sie mit der richtigen Wurfbewegung auf dem Wasserspiegel tanzen ließen. Bei geschickten, kräftigen Würfen sprang der Stein bis zu fünfzehn Meter auf der Wasserfläche auf, bei jeder Berührung einen Ring mit Wellen hinterlassend, ehe er zum Ausklingen des Wurfimpulses immer langsamer wurde und schließlich in die Tiefe sank.

Für die Augenblicke des Hüpfens war die Spannung enorm große, die Aufmerksamkeit auf das Zählen der Berührungen mit der Wasserfläche gebunden; und bei einem besonders geglückten Wurf war die Freude grenzenlos.

Ein Spiel, das an Spannung die meisten Videospiele von heute bei weitem übertrifft.

Murmelspiel

Das Murmelspiel, bei uns unter den Kindern auch „Kugerlscheiben“ genannt, ist heute kaum noch anzutreffen. Und doch, welche Faszination ging von ihm aus. Sobald im Frühjahr der Boden einigermaßen trocken war, sah man die Gruppen von Kindern um ein Grübchen geschart, das Säckchen mit den Murmeln in der linken Hand, um mit der rechten, der geschickteren, mit gebeugtem Zeigefinger die eigene Kugel ins Loch zu befördern. Mit dem geglückten letzten Roller konnte man den ganzen Inhalt des Grübchens in seinen Sack streifen.

Jeder hatte seine bevorzugten Kugeln und Farben, viele hatten auch eine gläserne größere Kugel, der besondere Zauberkäfte zugetraut wurde.

Überhaupt war das Spiel ob seiner einfachen Regeln, ob seiner Offenheit und wegen des geringen Preises der Murmeln, sie kosteten fast nichts, und damit seiner Erschwinglichkeit für alle, eine faszinierende Welt. Im Schulhof, an manchen Plätzen des Schulweges, boten sich die Stellen - festgetretenen und relativ glatten Lehmboden - an, in die man mit zwei bis drei Absatzdrehungen ein Loch machen konnte, und so einen Sportplatz schuf, der allen Kriterien standhielt: eine offene Arena des möglichen Glücks, des Traumes vom Gewinn der gläsernen Kugel des schärfsten Rivalen; ein Probierfeld, auch für erträgliches Zusammenstreiten bei Meinungsverschiedenheiten und für selbstgestaltetes und adaptiertes Regelwerk; eine geordnete Welt im kleinen, mit einem Wort.

Wo sind heute die Plätze, die manchen Spielsalon und den Nervenkitzel teurer mechanischer Spiele ersetzen könnten?

Die Schulhöfe sind asphaltiert, der Schulweg wird mit dem Bus zurückgelegt und Murmeln - die Zauberwelt von Millionen Kindern - gibt es kaum noch zu kaufen. Ein Brauch, der sich seit dem Mittelalter gehalten (siehe Breughels „Kinderspiele“), ist innerhalb einer einzigen Generation verschwunden.

Das Gleichgewichthalten

Das Gleichgewichthalten ist eine kombinierte motorische Fähigkeit, die eine Vielzahl von Muskeln aktiviert und die feinsten nervlichen Steuerungsvorgänge erfordert. Das ganze Leben lang brauchen wir diese Fähigkeit zur Bewältigung des Alltags und für die Beherrschung verschiedener Sportarten. Da die Kombinationsmotorik im Alter leidet, ist ein Training des Gleichgewichts in angemessener Form in diesem Lebensabschnitt von großer Bedeutung.

Aber auch das innere Gleichgewicht, die Seelenruhe, bedarf ständiger Übung. Erst sie führt zur Ausgewogenheit in den Anschauungen und Beschäftigungen, im Spiel zwischen Beharrlichkeit und Konzilianz, zwischen Engagenment und Abstandhalten.

Es ist ein schwieriger Balanceakt, der im Alter nicht leichter wird, sofern nicht Gleichgültigkeit vorherrscht. Doch Gleichgültigkeit ist der Feind des Lebens, während Gelassenheit ein Teilhabenkönnen und Teilhabenwollen voraussetzt.

Das Schattenspringen

Eine der schwierigsten Sportarten - nicht olympisch - ist Schattenspringen. Zum Unterschied von anderen Disziplinen spielt hier das Alter nicht eine so große Rolle wie etwa beim Hochsprung oder Dreisprung.
Beim Schattenspringen kommt es darauf an, daß man eine lange eingeübte und somit automatisierte Technik von einem zu anderen Mal aufgibt und etwas ganz Neues ausprobiert - mit all den Gefahren der Ungeschicktheit, der mangelnden Orientierung und fehlenden Sicherheit.
Menschen, die so über ihren eigenen Schatten zu springen vermögen, verdienen unsere Achtung. Es gibt sie in der Philosophie manchmal, im Alltag auch nicht sehr häufig, selten in der Politik. Doch in diesem Metier muß man achtgeben, daß man sie nicht mit den „Wendehälsen“ verwechselt.

Die Schule als Utopie

Im Bibliotheksraum, in welchem die Eltern der ersten Jahrgänge für die allgemeine Information des Sprechtages versammelt waren, war die Luft heiß und stickig. Das Schulgebäude war zwar modern und schön, aber der Raum, in dem die Eltern den Ausführungen des Fachvorstandes folgten, war nicht für 120 Menschen bestimmt.

Es wäre eine Schule mit ausgezeichneten Berufschancen, die in kurzer Zeit eine volle Berufsausbildung in einer Reihe technischer Berufe gewährleiste. Es seien auch alle Umschulungsmaßnahmen vorgesehen. Der Lehrer, von dem die Eltern wußten, daß er ein Drittel sogenannter „Versager" in seinem Fachgebiet hatte, erläuterte den Eltern, daß in seinem Fach die Schüler eben ein gewisses Maß an Vorstellungsvermögen mitbringen müßten und daß darüberhinaus ein intensives Üben notwendig wäre. Nicht nur ein Anschauen der Beispiele, sondern ein echtes Zeichnen, Üben, sagte er weiter. Der Vater dachte an seinen Sohn, der täglich um 6.00 Uhr das Haus verließ, um den Zug um 6.09 Uhr zu erreichen; er dachte daran, daß die Zahl der Wochenstunden im Stundenplan 43 ausmachte und er zählte die 2 Stunden für die Hin- und Rückfahrt dazu, 6 mal in der Woche. 55 Stunden, sagte er halblaut, und er war selbst überrascht darüber. Und er hörte gleichzeitig, wie der Fachvorstand erklärte, es gebe im Rahmen des Tagesschulheimes die Möglichkeit zu einer kostenlosen Nachhilfe, und zwar täglich von 19.00 - 20.30 Uhr.

Die Professoren, die alle mit bestem Wollen und großer Überzeugung von der Aufgabe ihres Faches ihre Erläuterungen gaben, sprachen vor allem von der Selbständigkeit des jungen Menschen, die dabei unbedingt erreicht werden müsse, die Eigeninitaitive, die für das spätere Wirken im Betrieb ganz unerläßlich sei.

Der Vater dachte an den Sohn, der um ¾ 7 Uhr abends meist etwas blaß und zum Reden zu müde sich zum Tisch setzte, um das Abendessen einzunehmen, um sich dann bald ins Bett zu legen, denn er war noch im Wachstum und mußte täglich um 5.00 Uhr aus dem Bett.

Als er sich dann bei eben jenem Professor anstellte, der vom mangelnden Vorstellungsvermögen der Schüler gesprochen hatte, zählte er, daß vor ihm bereits 71 Leute warteten.

Während er so wartete und auch den anderen Elternteilen zuhörte, die ähnliche Sorgen wie er selbst hatte, nahm er sich vor, dem Professor folgenden Brief zu schreiben.

Sehr geehrter Herr Professor!

Sie haben in der Einführung für alle Eltern zum Gegenstand „Darstellende Geometrie" mitgeteilt, daß es den meisten Schülern, die Schwierigkeiten zeigten, an Vorstellungsvermögen fehle, an räumlichem Vorstellungsvermögen. Ich stehe nur hier vor der Tür zum Raum M 1b angestellt, meine Platzziffer ist im Augenblick 72. Ich habe zwar kein räumliches Vorstellungsvermögen, aber ich rechne mir aus, daß ich bei nur 2minütiger durchschnittlicher Besuchszeit jedes Elternteiles vor mit (was natürlich sehr kurz ist, gemessen an der Anfahrtszeit und den Sorgen, den manchen Eltern Ihr Fach bereitet) hier noch 144 Minuten stehen werden, also 2 Stunden und 24 Minuten.

Nun bin ich gesund und abgesehen von den Spreizfüßen, die mitunter bei langem Stehen Beschwerden machen, macht mir das Warten nicht besonders viel aus, aber ich sehe in der Reihe vor mir Schwangere, abgearbeitete Menschen, Menschen mit Zeitnot, die von Minute zu Minute auf die Uhr schauen, weil sie noch zu drei anderen Professoren gehen müssen und immmer wieder die Wartenden vor ihnen zählen.

Haben Sie einmal gedacht, daß sich die ganze Kolonne auflösen würde, wenn Ihr Unterricht so klar wäre, daß ihn jedes Kind begreift, so mitreißend, daß da keine Langeweile entstünde und selbst schwer Motivierbare noch versuchten, Ihren Ausführungen zu folgen?

Sie haben ganz recht, dies vermag kein Lehrer zu schaffen, all dies zusammen. Aber geht es nicht auch den Schülern so? Sie sagten, sie müssen sich die Aufgaben nicht nur genau anschauen, sondern sie auch öfter zeichnen. Nun weiß ich von unserem Kind, daß es 43 Wochenstunden hat. 2 Stunden vergehen täglich zusätzlich durch die Bahnfahrt. Das ergibt eine 55-Stunden-Woche, und das ist immerhin um 15 Stunden mehr, als man einem erwachsenen Arbeitnehmer zumutet.

Wo könnte da noch die von Ihnen geforderte Eigeninitiative untergebracht werden, wo der so notwendige Ausgleich durch Bewegung? Oder ist Ihnen in Ihrer guten Vorstellungskraft noch nicht der zunehmende Rundrücken bei meinem Sohn aufgefallen?

Sehr geehrter Herr Professor, verzeihen Sie mir, wenn ich etwas ausfallender geworden bin, aber bei dem langen Warten vor Ihrer Türe mußte ich ganz einfach meine Wut im Bauche loswerden. Ich glaube, Ihnen ginge es genauso.

Mit freundlichen Grüßen

Der Sieger

Wenn ich ganz ehrlich bin, so gab es in jenem Sommer für mich nichts Wichtigeres als das Radrennen, und Hanna natürlich. Aber für sie fuhr ich ja. Ich konnte mir nämlich ein Rennen, ohne für jemanden zu starten, nicht vorstellen; so etwas gab es einfach nicht. Ich mochte Hanna, also fuhr ich für sie.

Wir trainierten schon das ganze Frühjahr wie verrückt für dieses Ereignis, das wirklich eines war, nicht nur in den Augen der Fahrer, es spielte überhaupt eine bedeutende Rolle im Leben unserer kleinen Stadt. Viel war ja nie los bei uns: im Winter ein paar Bälle, von denen die Frauen bis zum Mai sprachen, dann kamen die ersten Fremden und damit änderte sich der Gesprächsstoff. Aber das Radrennen gab dem Ortsgeschehen eine Sonderstellung. Vor 20 Jahren, oder etwas früher, als man die ersten Rennen bei uns veranstaltete, da gab es einmal einen Sieger, der von diesem Rennen weg entdeckt wurde und zwei Jahre später die große Rundfahrt gewann. Alle Zeitungen brachten seine Geschichte und in jedem Blatt stand natürlich auch unser Ort.

Seit damals waren die Radrennen und sein Sieger Ehrenbegriffe ersten Ranges. Jeder Junge, der etwas auf sich hielt, nahm daran teil und es kann als Faktum angesehen werden, daß die Gedanken vieler meiner Kameraden sehr oft mit dem Rennen und ihre Träume mit jenem Augenblick beschäftigt waren, in dem man einmal einige Längen vor den anderen ins Ziel kam; na, und dann noch die Geschichte mit Entdeckung, Rundfahrtsieg, usw.

Das was also in dem Jahre, als ich zum 1. Mal an den Start ging. Aber ich ging nicht als Außenseiter ins Rennen. Diejenigen, die die Übungsrunden stoppten und uns trainieren sahen und überdies etwas vom Radrennen verstanden, machten keinen Hehl daraus, daß es in diesem Jahre nur zwischen Emil und mir entschieden würde.

Und dann war es eines Tages soweit. Wenige Sekunden nach dem Startschuß wußte ich nicht mehr, welchen taktischen Plan ich mir zurechtgelegt hatte. Ich wußte nur, daß ich für den Spurt ein verdammt schnelles Rad hatte, sonst war mein Schädel wie leergebrannt. Ich war froh, Emils Hinterrad unmittelbar vor mir zu sehen. Was sonst im Rennen geschah, entging mir ganz.

Wir hatten die ersten Runden hinuntergekurbelt und ich begann das tote Gefühl in den Beinen zu bekommen und dann fiel mir wieder ein, daß ich nun beschleunigen müsse, um nur einigermaßen das Tempo zu halten. Ich sprach mir im Rhythmus zu: Rechts tritt, rechts tritt, hopp tritt, flotter tritt, geht schon tritt. So kam ich wieder gut in Schwung und zog langsam mit Emil gleich.

„Führ du die nächsten Runden“, keuchte er mir zu und ich wußte, nun kämpfte er mit dem Blei in den Beinen.

Als wir aus der 7. Runde heraukamen, drehte ich mich einen Augenblick um und ich sah außer Emil, der knapp hinter meinem Hinterrad blieb, erst einige hundert Meter zurück die anderen Fahrer in einem Pulk herankriechen.

Da passierte der entscheidende Fehler. Es gab ein knarrendes Geräusch, wie jenes beim schlechten Schalten eines Wagens, und dann spürte ich das Schleifen der Kette am Speichenkranz und die verheerende Bremswirkung. Als ich absprang, war Emil schon 50 Meter vor mir weg, aber während ich mich fluchend bückte und versuchte, die Kette wieder auf die Zahnräder zu legen, stand er plötzlich neben mir, hielt mein Rad und drehte das Pedal langsam durch.

Der Schaden war schnell behoben. Es war eigenartig: von da an war das Rennen schon entschieden, wir fuhren Seite an Seite, als wären wir nur ein Rad und ein Fahrer. Das war eigentlich selbstverständlich. Es war selbstverständlich bis zur letzten Runde, bis zu den letzten 200 Metern vor dem Ziel. Es wäre auch dann noch selbstverständlich gewesen, aber da fuhr es einfach in mich. Ich sah Hanna vor mir, und alle Geschichten, die ich je in den vielen Trainingsrunden geträumt hatte, waren plötzlich da. Das Rad fuhr wie alleine, ich hörte und sah nichts mehr um mich. Ich fühlte nur das Rauschen in den Ohren und es rauschte lauter und es ging schneller und dann spürte ich das Zielband auf der Brust.

Auch das Rad war wie von selbst zum Stillstand gekommen, denn ich kam erst wieder zu mir, als ich mich von den Zuschauern umringt sah, die mir alle die Hand schütteln wollten. Sie hoben mich gerade auf die Schultern, als Emil vom Rad stieg. Er lächelte zu mir herauf, aber mit einem Lächeln, das ich nie wieder vergessen kann. Es machte mich ganz elend und ich mochte mich mit einem Mal gar nicht mehr leiden. Und als dann noch Hanna stolz zu mir herüberschaute - wie gern wäre ich diesem Blick entgangen und es wäre mir keineswegs unrecht gewesen, sie nie wieder zu sehen - da hatte ich die bedrückende Gewißheit, daß dieser Sieg meine größte Niederlage war.

Hermann ANDRECS

1931 in St.Paul im Lavanttal geboren.

1949 maturiert er am Stiftsgymnasium, wo sein Vater über 30 Jahre als Leibeserzieher tätig war.

An der Universität Graz studiert er Leibeserziehung und Englisch. Das Studienjahr 1951/52 verbringt er aufgrund eines Fulbright-Stipendiums am Montclair State Collage, N.Y., USA.

1954 Lehramtsprüfungen, 1957 Promotion.

1954-58 Lehrtätigkeit in Graz, dann 3 Jahre in St.Johann im Pongau.

Im Schuljahr 1961/62 unterricht er an der Österreichischen Schule am Institut Monte Rosa in Montreux/Schweiz.

Von dort wird er ins Unterrichtsministerium berufen (Abteilung Leibeserziehung) und ist seit 1969 (!) Leiter der Abteilung.

Während der Studienzeit Wettkampftätigkeit in der Leichtathletik (Zehnkampf), später Leichtathletiktrainer in Graz und Wien. Initiator des ersten LA-Breitenbewerbes mit dem Zwei-Brückenlauf 1964 in Wien.

Seit 1970 auch Lehrbeauftragter am Institut für Sportwissenschaften Wien.

Zahlreiche Veröffentlichungen in Fachzeitschriften und Sammelbänden.

Seit 1962 Mitglied des Internationalen Arbeitskreises für zeitgemäße Leibeserziehung und Vorsitzender.
Seit 1975 Vorstandsmitglied des Internationalen Arbeitskreises Skilauf an Schulen, von 1985 bis 1993 dessen Vorsitzender.

Mitbeteiligt an der Gründung der Internationalen Schulsport Förderation, von 1972 bis 1990 Vorsitzender der Technischen Kommission Skilauf der ISF.

Mitarbeit in der Österreichischen und Internationalen Olympischen Akademie sowie im Comité International Pierre de Coubertin. Vorsitzender der Österreichischen Olympischen Akademie seit 1994.